AF273278

Oveja negra millonaria

JOSÉ LUIS SENA

OVEJA NEGRA
MILLONARIA

Claves para el éxito sin seguir la corriente

Papel certificado por el Forest Stewardship Council®

Primera edición: enero de 2026

© 2026, José Luis Sena
© 2026, Penguin Random House Grupo Editorial, S. A. U.
Travessera de Gràcia, 47-49. 08021 Barcelona

Penguin Random House Grupo Editorial apoya la protección de la propiedad intelectual. La propiedad intelectual estimula la creatividad, defiende la diversidad en el ámbito de las ideas y el conocimiento, promueve la libre expresión y favorece una cultura viva. Gracias por comprar una edición autorizada de este libro y por respetar las leyes de propiedad intelectual al no reproducir ni distribuir ninguna parte de esta obra por ningún medio sin permiso. Al hacerlo está respaldando a los autores y permitiendo que PRHGE continúe publicando libros para todos los lectores. Ninguna parte de este libro puede ser utilizada o reproducida con el propósito de entrenar tecnologías o sistemas de inteligencia artificial. PRHGE se reserva expresamente la reproducción, la extracción y el uso de esta obra y de cualquiera de sus elementos para fines de minería de textos y datos y el uso a medios de lectura mecánica u otros medios que resulten adecuados (art. 67.3 del Real Decreto Ley 24/2021). Diríjase a CEDRO (Centro Español de Derechos Reprográficos, http://www.cedro.org) si necesita reproducir algún fragmento de esta obra. En caso de necesidad, contacte con: seguridadproductos@penguinrandomhouse.com.

Printed in Spain – Impreso en España

ISBN: 978-84-666-8097-4
Depósito legal: B-19669-2025

Compuesto en M. I. Maquetación, S. L.
Impreso en Rodesa
Villatuerta (Navarra)

BS 8 0 9 7 4

ÍNDICE

REFLEXIÓN DEL AUTOR

En este libro se narran las hazañas de todos mis personajes surgidos a lo largo de la vida (si eres capaz de identificarlos a medida que lo estés leyendo es porque tu nivel de consciencia es muy alto). Como sabrás, ni mi propio nombre es mío —nada es nuestro—, me lo pusieron mis padres, ¿crees que habría elegido ese nombre? No lo sé, la verdad, pero llamarme así ya fue mi primer personaje; los seres humanos somos más que un nombre, un equipo de fútbol, una bandera, etc. Somos parte del creador, somos un pedacito de la inteligencia infinita a la que podemos llamar «alma», «luz» o «Dios». Pero ¿sabes qué?, lo hemos olvidado y creemos que somos un yo independiente, ya que hemos perdido el don de la visión, que es ver más allá de la sombra del ego, y eso bloquea nuestro gran poder.

Detrás de un guerrero siempre hay un gran corazón y un ser dispuesto a dar amor incondicional. Me he pasado la vida persiguiendo resultados materiales y tangibles, olvidándome de lo más esencial de la vida, que es cuidar el alma; tu creerás que mi vida es envidiable —y puede ser que lo sea según desde dónde se valore—, pero después de muchos años y un largo camino de desarrollo personal e introspección, he observado que está llena de mentiras construidas por mi ego, un mecanismo de autoprotección que nunca tiene suficiente.

Sin embargo, a través de mi camino de aprendizaje —y para llegar hasta aquí y que tú puedas leer este libro—, tuve que pasar por muchas dificultades que te traigo en forma de historias para resumirte muchos años de mi vida, aunque con todos sus detalles. Solo conozco a un autor que hizo algo parecido y por eso lo admiro tanto, ¿sabes de quién hablo? Se llama Napoleon Hill.

Con esto no te digo que no debas luchar por tus sueños hasta conseguirlos, pero si lo haces, no olvides lo más importante, ¿sabes de qué hablo? Lo más importante es cuidarte a ti, cuidar tu singularidad, amarte con todas tus fuerzas y creer en ti más allá de lo que consigas. Solo así crecerás en todos los sentidos de la vida y conseguirás ser feliz, porque la felicidad no son los logros materiales en sí mismos, sino que va más allá de todo eso, y aunque para cada ser humano la felicidad es una cosa distinta, debes encontrar la tuya propia. Una vez leí a un gran sabio contemporáneo que decía: «No hay suficientes cosas en el mundo para llenar el vacío de una persona que no se ama a sí misma», y su reflexión me hizo pensar y llegar a la conclusión de que todo lo que buscamos fuera para ser felices se encuentra en nuestro interior; pero no te lo creas y compruébalo a través de tu propia experiencia.

PRIMERA PARTE

CAPÍTULO 1

INTRODUCCIÓN

Bienvenido a la lectura de *Oveja negra millonaria*. Mi nombre es José Luis y quiero que sepas cuáles han sido mis secretos para conseguir el éxito que tú estás buscando. Si tienes paciencia y lees una o dos páginas cada día, los conocerás y te ayudarán a ser tu mejor versión.

Lo primero, decirte que hablo desde la experiencia y los resultados; nada de lo que leerás está inventado: todo son vivencias personales. Escribiré lo que me gustaría leer cuando estoy perdido y no sé cómo encontrar las respuestas.

No quiero enseñarte nada, solo te contaré mi experiencia de vida, las malas decisiones que más tarde me hicieron tomar buenas decisiones, y los hábitos que han hecho de mí la persona que soy hoy en día.

A nivel empresarial he fundado cuatro empresas y voy camino de crear la quinta; una de ellas, Oblack Caps, está valorada en mucho dinero y es conocida en casi todo el mundo. ¿Te suena?

Cuando hable sobre salud y alimentación, te contaré mis peores momentos y, gracias a ellos, mis grandes aprendizajes: he superado dos ECM (experiencias cercanas a la muerte) y un largo listado de enfermedades; muchas de ellas, diagnosticadas como fatales y con poca posibilidad de cura. Gracias a estas vivencias, he observado y creado hábitos propios de acción, los cuales te contaré para que también tú puedas aplicarlos y ser tu mejor versión.

Y ya para cerrar la intro, querido lector, quiero decirte que no vengo de una familia millonaria, ni mucho menos; todo lo que he conseguido ha sido a base de esfuerzo y perseverancia, pues nadie me regaló nada. En este libro sabrás cómo lo hice.

CAPÍTULO 2

LA RELACIÓN CON MIS PADRES

En este capítulo te hablaré de la relación con mis padres y de cómo ellos influyeron en mí. Verás que hago algunos comentarios sobre su forma de educar o darme ejemplo, en ningún momento pretendo que tenga una connotación negativa, ya que valoro y agradezco mucho todo lo que hicieron por mí, siempre estaré en deuda con ellos por haberme regalado lo más importante que tengo, que es la vida; y considero relevante matizarlo para que no se generen malentendidos cuando hablo de ellos y de algunas experiencias en concreto. Si te sientes identificado con alguna de las situaciones de esta historia, te animo a que la leas hasta el final, porque las cosas siempre suceden para llevarnos a algo mejor.

Desde bien pequeño, establecí vínculos con la parte femenina de la familia, es decir, con mi madre y mi abuela; la figura masculina no estaba casi nunca, al menos en mis cinco primeros años. Te lo explicaré en detalle para que te hagas una idea: mi padre se limitaba a trabajar entre semana durante todo el día y los fines de semana se iba a cazar con sus amigos. En aquella época, los hijos eran responsabilidad de las mujeres o al menos así se vivió en mi entorno. Crecí influenciado por la energía femenina y por dos caracteres muy fuertes; si conoces el eneagrama de la personalidad, entenderás a qué me refiero: mi abuela materna era del eneatipo 1 y mi madre es del eneatipo 8, ambas viscerales, racionales y, para ser mujeres, muy poco emocionales. Yo describiría esa influencia como una disciplina militar. Me educaron para ser formal, ordenado, respetuoso, trabajador y disciplinado. Si no me comportaba de tal manera, obtenía malas caras y castigos. Así que, poco a poco, interioricé esa forma de pensar y actuar, algo que, con el tiempo, me forjó el carácter.

Siempre recuerdo cuando mi abuela me hacía rezar el padrenuestro o la avemaría. Según ella, eso me libraría del infierno, por lo que debía recitarlos, sobre todo, cuando me había portado mal o hecho alguna fechoría. Pero de mi abuela hablaré en profundidad más adelante…

Mi madre fue programada con creencias religiosas y católicas; en consecuencia, de pequeño fui bautizado y tomé la comunión. Me obligaron a pasar por todas las cosas típicas del lugar donde nací; me enseñaron a creer en algo divino relacionado con la Iglesia que con los años he transformado en fe, así que para mí hay una fuerza creadora a la que llamo «Dios», y es en la que creo y confío. Tú puedes llamarla «vida», «universo», «inteligencia infinita» o como prefieras. Deja la religión a un lado, esto va más allá. Es espiritualidad y es intangible.

Mi padre siempre fue un buen padre, me dio libertad y bastante comprensión, típico de las almas libres como él. Yo siempre digo que en parte tengo una mentalidad de oveja negra gracias a él. Le gustaba mucho llevarme a cazar, pero a mí no me gustaba y realmente solo lo acompañaba para complacerlo. En aquellos tiempos, me costaba mucho conectar con él emocionalmente, era como si lo impidiera una barrera imaginaria; años más tarde entendí el motivo. No obstante, y dejando a un lado esto último, siempre lo admiré y lo veía como a un héroe.

Uno de los valores que más le agradezco a mi padre es la cultura del esfuerzo, para él las cosas se ganaban de esa manera; recuerdo que cuando iba a pedirle alguna cosa material, él se negaba. Siempre me decía, «Si lo quieres, tendrás que ganártelo, si quieres más dinero de paga, tendrás que ganártelo», todo había que ganarlo. Y llegados a cierto punto, lo tenía tan interiorizado que ya ni se lo pedía, me dirigía a él y le decía: «Papa, ¿qué tengo que hacer para que me des X dinero?». Y respondía: «Puedes venirte a trabajar conmigo en tus ratos libres y te pagaré a X la hora para que ahorres», así que eso hacía para comprarme las cosas con mi propio esfuerzo.

A diferencia de mi padre, que era más rígido con lo material, siempre acababa convenciendo a mi madre, ella me consentía; también resultaba más fácil negociar, la chantajeaba un poco emocionalmente y ella accedía.

En resumidas cuentas, fui un niño feliz, solitario y muy tímido; mi madre siempre me preguntaba por qué no quería salir con los amigos a dar una vuelta, pero mi hobby favorito era quedarme en casa dibujando o viendo películas; me gustaban mucho las de peleas. Sobre todo, las de Rocky, Bruce Lee o Jean-Claude van Damme. Eso lo heredé de mi padre, ya que su actor favorito era Sylvester Stallone.

La relación entre mis padres era buena, aunque los veía discutir a menudo. Recuerdo que mi padre llegaba tarde por las noches los fines de semana y me despertaban los gritos de mi madre, qué impacto emocional más grande para mí. Realmente no me gustaba nada oírlos, siempre decían lo mismo y ambos querían tener razón. Muchas de las veces, estaba tan cagado de miedo que no sabía ni cómo reaccionar, y aquello fue creando en mí cierta forma de pensar y de ver las relaciones sentimentales. Fruto de esa realidad, normalicé determinados comportamientos que en la etapa adulta acepté como normales en mis relaciones de pareja. Pero permíteme que te diga, querido lector, que eso no es sano. El verdadero amor de pareja va más allá, se basa en la aceptación y el respeto al prójimo, en tratar a los demás como te gustaría que te trataran a ti; los gritos y las malas formas no deben entrar en la ecuación. Mis padres, a día de hoy, siguen juntos y felices.

Supongo que ellos hacían lo que podían con lo que tenían, fueron padres de muy jóvenes, mi madre tenía veintiuno y mi padre veintisiete; así que sus limitaciones eran obvias. Cuando digo «limitaciones», me refiero a nivel de pensamiento: a esas edades resulta complicado saber mucho de la vida, y ellos ya tenían un hijo en fase experimental. Sin embargo, no hay día que no agradezca haber tenido unos padres como los míos: fueron perfectos, gracias a ese proceso, soy como soy. Tú podrás conocerme más a fondo a lo largo del libro y sacar tus propias conclusiones.

También recuerdo que me decían que hiciera cosas de un modo distinto a como las hacían ellos, y cuando les replicaba, siempre escuchaba de mi padre la típica frase: «Cuando seas padre, comerás huevos», que significaba que cuando creciera podría hacer lo que me diera la gana, sin tener que obedecer órdenes. Y digo yo: ¿no es mejor predicar con el ejemplo?

> ## Dar el ejemplo no es la principal manera de influir sobre los demás, es la única.
>
> ALBERT EINSTEIN

Pues gracias a este aspecto de mi padre, aprendí que la mejor forma de influir sobre los demás era el ejemplo. Me recuerda a la historia de un pescador que me gusta mucho y que desvela un gran mensaje oculto, si sabes verlo. ¡Seguro que te gusta!

LA HISTORIA DEL PESCADOR

Había una vez, un pescador al que le gustaba ir todos los días al mismo sitio; ni él mismo sabía por qué, la verdad es que allí donde iba, no pescaba nada.

Un día por la mañana, cuando acababa de tirar la caña al mar para ver si pescaba algo, notó una presencia, era un anciano y, al parecer, era muy sabio. Le dijo:

—¿Qué tal va la pesca?

—Pues la verdad es que mal, vengo aquí desde hace mucho tiempo y nunca pesco nada. Pero ¡no me sé otro sitio!

—¿Y por qué vienes aquí, si no pescas nada? —quiso saber el anciano.

—Porque todo lo que sé de pesca lo aprendí de mi padre, y no sé hacerlo de otra manera.

—¿Y tu padre era un buen pescador o simplemente se limitaba a pasar un rato en el mar sin pescar nada?

—Mi padre no pescaba nada, la verdad es que no se le daba muy bien... —le aclaró el pescador.

El anciano sabio se quedó pensando y le dijo entonces:

—Si quieres pescar, busca un referente, busca a un buen pescador, lee sobre él, analiza sus técnicas y si es posible, hazte su amigo, y pronto serás un buen pescador. —Y acto seguido, se fue...

Un año después, el anciano paseaba por una de las playas que frecuentaba el pescador, lo vio a lo lejos y decidió acercársele para ver cómo le iba todo.

—¿Cómo estás? —le preguntó al pescador—. Veo que tienes la cesta llena de peces, ¿qué sucede ahora en tu vida?

—Pues, señor, ¡le hice caso! Busqué un referente, aprendí de él, nos hicimos amigos y ¿a que no sabe lo que pasó? Vengo todos los días y pesco un montón, es algo increíble, pero funciona. ¡Muchas gracias por su gran consejo!

Moraleja: Si tus resultados no son los que esperas, busca ayuda en el exterior, el entorno más cercano te aportará lo mismo de siempre, y quizá eso ya no te sirva. A veces nos perdemos y no sabemos las respuestas, pero alguien con buenos resultados puede ayudarnos a encontrar el camino o hacer que nuestra vida dé un giro de trescientos sesenta grados. Somos el resultado de las cinco personas con las que más tiempo pasamos. ¡Elige bien!

Por sus frutos los conoceréis.

JESÚS DE NAZARET

Efectivamente —y como hemos visto en esta historia—, los padres siempre nos van a influir con las mejores intenciones, nunca quieren hacernos daño o perjudicarnos, pero aquí dejaremos algunas cosas claras para que sepas cómo avanzar.

Lo primero que hice en cuanto tomé consciencia de mi sistema de creencias, fue observar qué creencias eran mías y cuáles eran de mis padres. Tus padres siempre te dirán lo que ellos harían y lo que quieren que hagas tú porque ellos no pudieron hacerlo. A mí me decían —sobre todo mi madre— que estudiara Medicina, Derecho o Ingeniería. ¿Por qué crees que lo hacían?, muy sencillo, ellos eligieron otro camino y se arrepintieron, por lo que proyectaban en mí su frustración; tardé muchos años en identificarlo, pero ahora tú puedes detectar este tipo de cosas de primera mano: debes ser tú mismo, nadie mejor que tú sabe lo que has venido a hacer. Y si no lo has averiguado todavía, no te preocupes, seguro que te surgen ideas a medida que leas el libro.

Los padres son capaces de hacer cualquier cosa por sus hijos menos dejarlos ser ellos mismos. Los padres siempre te influyen desde su nivel de consciencia y según los resultados que obtuvieron; si no quieres repetir su historia, crea la tuya propia, pero para lograrlo tienes que afrontar tus miedos y cuestionar lo que te dicen que hagas. Al principio tendrás discusiones y no resultará fácil, te animo a que perseveres, porque valdrá la pena; no te lo creas y compruébalo a través de la propia experiencia.

En mi caso, nada de lo que hacía les parecía bien, siempre había un «pero» para todo. Solo conseguí convencerlos a través del ejemplo y los logros. Muchas veces tenemos que ver las cosas para creerlas, y si hablas mucho y haces poco, nadie te tomará en serio. Hay una frase que me encanta, dice: «Las cosas no se dicen, se hacen, porque al hacerlas se dicen solas»; es lo mismo que otra que siempre me decía mi padre cuando hablaba más de la cuenta en las comidas familiares: «El movimiento se demuestra andando», y qué razón tenía. ¿Tú a quien seguirías antes?, ¿a alguien que habla mucho y no cumple nada, o a alguien que habla poco pero te inspira con su ejemplo? Piensa en ello, yo lo tengo clarísimo.

De pequeños somos como esponjas, aprendemos por repetición, de nuestros seres queridos: nuestros mayores maestros son los padres, los abuelos y los hermanos mayores, si los tenemos. Yo, al ser el hermano mayor, no viví esa gran experiencia y me pasé cinco años aprendiendo de mis padres y abuelos. Aprendí sus buenos y sus malos hábitos, no tenía pensamiento propio y daba por bueno lo que escuchaba y veía en mi entorno.

Solo había una cosa que no repetí jamás, a pesar de verla en casa: el vicio de fumar, siempre odié el tabaco y su olor. Creo que, además, es el único vicio que tenían mis padres, pues nunca los vi beber alcohol o consumir sustancias tóxicas, y sus hábitos alimenticios eran bastante buenos. En este aspecto, me inculcaron el ejemplo de alimentarse con comida real; recuerdo que mi madre cocinaba muy bien y se preocupaba por nuestra nutrición, además nunca les parecía un buen plan comer en sitios de comida basura; al contrario, crecí yendo a buenos restaurantes y ese valor siempre me ha ayudado a mantener unos buenos hábitos alimenticios. Doy gracias a Dios por haber tenido el privilegio de recibir esos valores familiares, ya que, como sabrás, en gran medida somos lo que pensamos y comemos.

A nivel de gestión emocional no tuve la misma suerte, no me enseñaron a gestionar las emociones porque, como era habitual en esos tiempos, ellos no habían recibido esa educación. Más tarde tuve que aprenderlo por mi propia cuenta. Te contaré cómo lo hice; si te gusta esta historia, sigue leyendo, porque muchos secretos que descubrí a base de errores te pueden servir de ayuda para encontrar tu camino y ser feliz.

INCREÍBLE REVELACIÓN CUANDO HABLÉ CON MI MADRE SOBRE ESTE LIBRO

María Jesús Miquel, mi madre, mi gran relación de apego emocional, mi gran maestra espiritual y la que me trajo a este mundo.

No sabía mucho de mí hasta que hice consciente lo inconsciente, ¿me explico?, bueno, más adelante lo entenderás todo. Siempre tuve una gran necesidad de aprobación por parte de mis padres, especialmente de mi madre. Para no variar, fue la primera persona a la que llamé cuando Gonzalo, editor de Penguin Random House, me dijo que íbamos a avanzar con mi primer libro.

Eran las nueve de la noche del miércoles 10 de abril de 2024 cuando, supereufórico y entusiasmado, llamé a mi madre para comunicarle que habían aprobado la edición de mi primer libro.

—Mamá, ¿cómo estás? Te llamo para contarte algo que me ilusiona mucho, me han aprobado el libro en una de las mejores editoriales del mundo. —Y me callé para escuchar su reacción.

—Pero, hijo, ¿estás seguro? ¿Eso es peligroso? ¿Puede salir mal? Y si sale mal, ¿qué van a pensar de ti? ¿Qué vas a contar en ese libro?

—Mamá, esto jamás puede salir mal, voy a contar mi experiencia de vida, es mi momento, no hay nada que temer.

Pero mientras respondía, tuve una gran revelación, vaya, esa información que te llega de no se sabe dónde y te da las respuestas a alguna situación que no entendías pero por arte de magia pasas a entenderlo todo; eso es una revelación. De modo que, de repente, supe de dónde venían la gran mayoría de mis miedos, dudas y debilidades; no eran míos, los había heredado del sistema de creencias de mi madre. ¿Cómo no me había dado cuenta antes? ¿He necesitado tantos años para aprender a detectar lo que es mío y lo que no? Y claro que también tengo mis propios miedos, y los afronto cada día; sin embargo, gracias a esa situación, identifiqué algunos de ellos.

Si estás viviendo algo similar, y tus padres, pareja, familiares o amigos te influyen de esa manera, no les des ese poder: sé tú mismo con todas las consecuencias, ya que la única forma de encontrar tu camino es arriesgándolo todo y pensando por ti mismo; ellos siempre querrán ayudarte, pero recuerda que lo harán desde su nivel de consciencia y los logros obtenidos. Alguien que no ha conseguido lo que tú persigues, difícilmente podrá darte la fórmula mágica para alcanzarlo.

Esta revelación me ayudó a conocer más a mi madre y a comprender más su proceso de desarrollo personal. Ella siempre me quiere proteger e intenta sugestionarme, pero desde sus miedos. Ahora la comprendo y sé que sus miedos no son míos, y he descubierto que mi madre me da todo su amor a través de la protección; para ella protegerme es amarme a su manera.

DOS CONVERSACIONES CONSCIENTES CON MI PADRE ANTES DE SU ICTUS EN 2019 Y 2022

Siempre sentí que tenía muchas cosas que decirle a mi padre, pero por miedo o demasiado respeto nunca se las dije; sin embargo, hay dos momentos que cambiaron la relación con él para el resto de los días. Te lo voy a contar porque, si te sucede algo similar, puede que esta historia te ayude a reflexionar; si lo aplicas y te mejora la vida, me daré por satisfecho. Este es mi único objetivo.

Como ya sabes, la relación con mi padre siempre había sido buena en términos generales; sí, me daba mucha libertad, pero algo no marchaba bien: nunca hablábamos con profundidad sobre cómo veíamos nuestra relación. Los dos evitábamos la situación, aunque estaba claro que los dos sabíamos que tarde o temprano deberíamos mantener ese tipo de conversaciones.

Desde pequeño, siempre había pensado que mi padre me tenía celos porque él creía que yo prefería a mi madre, y que ella me prefería a mí antes que a él, así que se creó un distanciamiento emocional entre ambos; nos llevábamos muy bien, pero ese punto estaba ahí, y se sabía. Años más tarde, mi madre me lo confesó. Gracias a mi proceso de transformación como ser humano y al desarrollo personal, logré trascender los miedos que me alejaban de mi padre en algunas facetas de nuestra vida y conseguí hacer algunos acercamientos que más tarde dieron sus frutos. Ten en cuenta que la educación de mi padre era de otros tiempos; en su época (1957) los hombres no lloraban ni decían «Te quiero». Mi padre nunca me dijo que me quería, nunca me abrazó y nunca me dio un beso, al menos que yo recuerde. Al no haber recibido educación emocional él no sabía dar amor, y eso nos mantenía separados emocionalmente. Como hijo lo sufrí durante muchos años.

Hoy en día todo es diferente, ya que un día decidí tomar acción. Llevaba mucho tiempo observando a mi padre, que estaba triste y cabizbajo; nunca antes lo había visto así, comía más de la cuenta y compulsivamente. Así que yo no comprendía cómo la persona que me había enseñado a no comer con compulsividad, a ser feliz y a estar ilusionado con la vida podía estar de esa forma. Y ¿sabes qué sucedió? No me atrevía a dar el paso de preguntarle qué le pasaba, tuve que vencer mis propios miedos y hacer lo que nunca había hecho él conmigo: mantener una conversación cara a cara, a solas, y tocar temas emocionales. Creé un plan y fui a por él.

Nunca es tarde si la dicha es buena.

REFRANERO ESPAÑOL

Un día del 2019 le llamé por teléfono para decirle que quería hablar con él cuando tuviera un momento, me contestó lo que yo imaginaba, «Pásate por casa y hablamos», pero allí estaría mi madre y yo quería hablar con él a solas. Las conversaciones importantes me gusta tenerlas uno a uno sin nadie más delante que pueda opinar y crear confusión. Así que quedamos esa misma semana para hablar; me propuso que diéramos un paseo, pero como yo quería tenerlo cerca y que no se escapara de la conversación, le dije que de paseos nada, que daríamos una vuelta en su coche, él y yo solos; así me garanticé que no habría escapatoria y podría decirle todo lo que quería.

Aún recuerdo su cara cuando entramos en el coche, parecía asustado, en vez del padre parecía el hijo esperando una bronca; la única diferencia es que yo no iba a culparlo por nada. Primero le agradecí que me diera la oportunidad de quedar a solas para tener esa conversación, y entonces le pregunté:

—¿Cómo estás, papá?

—Bien, ¿cómo voy a estar? —respondió, y seguidamente añadió—: ¿Se puede saber qué es lo que quieres hablar?

—Claro que sí, papá, me gustaría saber cómo te encuentras de verdad, y no aceptaré que me digas que estás bien, llevo observándote más de dos meses y no te reconozco. —Le dije lo que había visto—: Comes rápido, se te ve triste y siempre tienes mal humor. Tú no eres así, papá, así que cogeremos este toro por los cuernos y pondremos solución al problema, estoy aquí para ayudarte en lo que pueda, pero necesito tu consentimiento, ¿me lo vas a contar o no?

Y en ese momento se abrió y empezó a contarme todo lo que le pasaba por la cabeza y lo hacía sentirse mal y estar frustrado constantemente.

Aquí no te detallaré sus malos pensamientos porque le prometí que nunca lo contaría a nadie, y lo más importante que tiene un hombre es su palabra, pero sí te explicaré lo que hice para ayudarlo y que lograra cambiar el rumbo de su gestión emocional. Cuando ya se había vaciado verbalmente hablando, le dije que tenía una solución, y añadí:

—¿Confías en mí, papá?, ¿crees que soy inteligente?

—Sí —me respondió, ya muy receptivo como para poder influir sobre él de forma positiva.

—Papá, ¿sabes que tengo una *coach* emocional, ¿verdad? —Cuando me dijo que sí, añadí—: ¿Y tú cómo me ves?

—Te veo muy bien.

—Pues entonces vamos a hacer una cosa, hablaré con ella y te pagaré las tres primeras sesiones, solo tienes que preocuparte de ir y hablar con ella, no vas al matadero ni nada por el estilo. Quítate de la cabeza todo lo que te han contado de que a los psicólogos solo van los locos; las personas más exitosas del mundo tienen a un *coach* o psicólogo. ¿Por qué no lo vas a tener tú? —Y eso fue el inicio de la nueva versión de mi padre.

Después de cinco sesiones, mi padre volvió a ser el de siempre y eso creó un gran cambio en su relación conmigo. A título personal, creo que mi acción e interés por ayudarlo y convencerlo de que tomara ese camino en ese momento le hicieron verme con otros ojos. Desde entonces percibí una gran admiración por su parte y, sobre todo, más comprensión respecto a todo lo que yo hacía en mi vida. Sentí que empezaba a verme de una manera diferente. Y sobre todo creo que empezó a sentir que él era importante para mí.

LA SEGUNDA CONVERSACIÓN PROFUNDA CON MI PADRE

La segunda conversación profunda que tuvimos fue en una tarde de septiembre de 2022. En los últimos meses había vuelto a enfadarse más de la cuenta por asuntos laborales que lo afectaban a nivel personal y le hacían discutir con mis hermanos gemelos y con mi madre. Un servidor solía decirle: «Papá, tu única faena es disfrutar de las cosas de la vida, deja de preocuparte por todo y por todos y relájate, que te lo has ganado». Y él siempre me respondía: «¡No puedo, hijo!».

Gracias a Dios por darme la oportunidad de hablar con él tan profundamente ese día; honestamente, sabía que su obsesión por controlarlo todo y querer hacer las cosas a su manera sin saber delegar en mis hermanos traería alguna consecuencia, y así fue. Atento, que te voy a contar lo que sucedió: un día me llamó y estaba bastante nervioso, me dijo: «¿Estás en casa? Quiero hablar contigo». Le dije que viniera y salimos a dar un paseo por una zona de naturaleza que nos queda cerca. Ese día tuve una intuición, sentí que algo malo podía ocurrirle a mi padre si no conseguía relajarse y aceptar la realidad que estaba viviendo.

Vi una faceta hasta entonces desconocida de mi padre, estaba fuera de sí, había vuelto a identificarse demasiado con su ego y se había obsesionado de nuevo con controlarlo todo. No le hacía ningún bien, estaba a la gresca con mis hermanos y con mi madre, prácticamente el mismo escenario de la última vez. Mi único objetivo era ayudarlo a cuestionar sus pensamientos; le pregunté muchas cosas, pero él solo quería contarme que nadie le hacía caso y que él sabía mejor que nadie llevar la empresa familiar, le dije que debía soltar esa mochila y empezar a confiar en mis hermanos y mi madre, solo así conseguiría estar bien consigo mismo y con ellos. Todo mi esfuerzo fue en balde, me decía que sí a todo, pero luego hacía lo que quería. A final tuve que aceptar que ese proceso era necesario para el aprendizaje de la familia y solté el afán de ayudar a mi padre.

EL DÍA QUE LE SALVÉ LA VIDA A MI PADRE

El sábado 1 de octubre de 2022, hacia las dos del mediodía estaba comiendo con mi amigo Rubén Conchillo en el restaurante de mis hermanos. Allí algo me impactó de forma brutal: aunque mi padre ya estaba jubilado, le gustaba ir a ayudar a mis hermanos; de repente lo vi tambalearse y salir hacia la calle; recuerdo que dejé de comer inmediatamente y empecé a observar sus movimientos, sentí que algo sucedía cuando quiso salir por la puerta y chocó con ella, literal, como si fuera completamente borracho. Mi amigo Rubén me dijo: «Bro, tu padre no está bien y creo que puede ser un ictus. Hazme caso, que a mi padre le pasó algo parecido y al final fue eso lo que tenía». Salí a toda velocidad a la puerta y lo cogí para sentarlo en una silla; le hice una pregunta: «Papá, ¿quién soy yo?», algo obvio para un padre. Pero no respondía, su mirada estaba ida, le pregunté algo distinto: «Papá, ¿qué ves en ese balcón?». Pero me respondió una cosa totalmente distinta a lo que yo le había preguntado; entonces me dije: hago la última y si no acierta, llamamos a la ambulancia. «Papá, ¿qué coche es ese?». Era el suyo, si no lo conocía, teníamos un grave problema; efectivamente, respondió otra barbaridad. Ahí fue cuando unos conocidos me dijeron que ya habían llamado a la ambulancia, entonces seguí cuidándolo, y cuando a los cuatro minutos no había venido nadie, lo llevamos en su coche a Urgencias. Conducía un amigo, y mi hermana Paula iba de copiloto; yo, sentado con él detrás, le hablé durante todo el trayecto, pero no reaccionaba, me impactó mucho, pues nunca había visto a mi padre así y me pasaban mil cosas por la cabeza. Te lo estoy contando y se me saltan las lágrimas. Imagina la situación por un momento...

Por fin llegamos al hospital y entré directo a Urgencias con él, me salté todos los protocolos habidos y por haber, mi padre estaba en peligro y no pensaba detenerme ante nada ni nadie, eso era una misión especial y solo había un objetivo: conseguir que mi padre se salvara. Entré gritando: «¡¡Mi padre ha sufrido un ictus y está muy grave, déjenme pasar y que venga un médico ya!!». Así fue, el equipo del hospital de Manises en Valencia (España) cooperó en todo y lo metieron rápidamente en observación; los médicos tardaron menos de tres minutos en constatar que se trataba de un ictus cerebral y que había que tratarlo de inmediato para evitar daños mayores. Y eso es lo que hicieron, gracias a Dios.

Más tarde el médico nos dijo que le habíamos salvado la vida a nuestro padre, que el tiempo de reacción es lo que suma o resta en estos casos y que nuestra reacción había sido brillante, que si no hubiéramos reconocido esos pequeños síntomas, habríamos llegado tarde y habría quedado mucho peor. Aun así, tenía afectada la parte izquierda del cerebro, donde se encuentra el área de Broca que afecta a la comprensión y al habla. Esta situación unió mucho más a mi familia; nos enseñó que todo sucede por algo y que siempre es para mejor, aunque a veces nos cueste verlo así. Tras un año de clases de logopedia, mi padre empezó a hablar mucho mejor, y, aunque no se pueden mantener grandes conversaciones con él, está superfeliz con su nueva vida.

Los primeros que supieron que dejaría la música para montar una marca de moda fueron mis padres; sucedió durante una cena. En el año 2018 —no recuerdo el mes con exactitud— salimos a cenar; solía hacerlo en aquella época, era mi forma de estar con ellos y dedicarles el tiempo que se merecían. Lo que sí recuerdo es dónde y cómo fue la conversación. Atento, que no tiene desperdicio y es muy inspiradora.

No sabíamos dónde cenar y decidí tomar las riendas proponiéndoles ir a un bufet que quedaba cerca de casa; yo llevaba una dieta especial y así podría comer cualquier tipo de alimento saludable. Cuando estábamos terminando la cena, les dije:

—Voy a dejar la música para montar una marca de moda, vamos a hacer gorras.

Mi madre me miró en silencio, pero mi padre se quedó pensando y me dijo:

—Pero, hijo, ¿cómo vas a dejar la música?, te ha costado casi toda la vida llegar al nivel que tienes, estás bien económicamente y gozas de reputación, me parece una locura. ¿Quién va a comprar gorras? Llegas el último, nadie lleva gorras y hay muchas marcas, ¿estás seguro de eso?

Me reí, lo miré fijamente y dije:

—¿Sabes por qué me irá bien? Porque haré lo que muy pocos están dispuestos a hacer, sacrificaré el ocio y lo convertiré en negocio, cambiaré amistades o personas que no aporten nada y venceré el miedo a la soledad, dejaré atrás los malos hábitos y los convertiré en buenos, transformaré la mala costumbre de derrochar dinero para invertir todo lo que gane y aprenderé todo lo que no sé para llegar donde nunca he llegado. Trabajaré más duro que nunca y mi único objetivo en la vida será hacer de Oblack la mejor marca de gorras del mundo, y por último me rodearé de personas con la misma mentalidad y objetivos que yo, por eso sé que lo lograré.

Se me quedó mirando fijamente y me dijo:

—Si haces todo eso, todo irá bien, hijo, ¡adelante!

El discurso me hizo ver que tenía la suficiente determinación para conseguir cualquier cosa que me propusiera, tenía un claro objetivo principal y estaba rodeado de personas que también lo tenían. Me había atrevido a pensar de forma grandiosa y estaba dispuesto a luchar por mis sueños haciendo lo que fuera necesario. Me acostaba pensando en Oblack y me levantaba igual, llamaba a mis socios Rubén y Nacho a cualquier hora para contarles las ideas locas que se me pasaban por la cabeza, y esa pasión por el proyecto me llenaba de felicidad y bienestar. Tras más de nueve años dedicándome a la música, había vuelto a encontrar algo que tenía sentido para mí y que me aportaba las mismas sensaciones. Nunca dejes que las opiniones de los demás apaguen tu voz interior, aunque sean las de tus propios padres, amigos o familiares cercanos.

Los sueños no son lo que ves cuando duermes, son las cosas que no te dejan dormir.

ILIA TOPURIA (Campeón mundial de UFC, peso pluma)

Empezamos el proyecto Oblack comprando mil gorras y a día de hoy las vendemos en todo el mundo. Nuestras gorras las llevan las personas más influyentes; si no conoces la marca, puedes investigar un poco sobre ella en: www.oblackcaps.com o en nuestro Instagram @oblackcaps.

A raíz del éxito de la marca, empezó a llegar el reconocimiento y con ello las entrevistas y los titulares en los medios de comunicación más prestigiosos; nuestras gorras salían todos los días en televisión, incluso en *prime time*, y mis padres estaban completamente orgullosos de mi trabajo, a pesar de que para ellos el negocio de las gorras era una locura; fíjate cómo cambió la historia. A partir de ese momento, mi padre empezó a ir con gorra a todos los sitios incluso en contra de la voluntad de mi madre, que le decía: «Tú no tienes edad de ir con gorra como si tuvieras veinte años», pero mi padre necesitaba mostrar el orgullo por el logro de su hijo y esa era su manera; la gorra pasó de ser algo loco a su complemento favorito. Fíjate en este detalle y observa cómo pueden cambiar las cosas cuando amas lo que haces.

En mayo de 2024 estaba de viaje como de costumbre y me llamó mi hermana Paula, me dijo: «José, no te asustes pero al papa lo han ingresado de urgencia otra vez, se ve que tiene mal el corazón y lo van a operar, pero tranquilo que estamos aquí con él y está bien —y añadió—: ¿Sabes qué?, cuando hemos llegado al hospital, llevaba tu gorra en la cabeza y no ha querido quitársela bajo ningún concepto; de hecho, ha entrado con ella puesta en Urgencias. Y lo mejor de todo ¿sabes qué es? Después de hacerle todas las pruebas, lo han llevado a la UCI y no quería quitarse la Oblack. Cuando hemos llegado, estaba conectado a muchas máquinas y goteros y llevaba tu gorra en la cabeza, entonces le he dicho a la enfermera: "¿Oye, por qué no le habéis quitado la gorra a mi padre?". Y me ha contestado: "Porque no deja ni que se la toquemos". Hasta que no he llegado yo misma y se la he podido quitar, el tío estaba ahí en Cuidados Intensivos con la gorra de su hijo, todo orgulloso».

Vamos a terminar con unas preguntas que te harán pensar:

¿Crees que mi padre habría hecho este cambio de mentalidad con respecto a la gorra si Oblack Caps no fuera un éxito?

¿Crees que el proyecto habría resultado un éxito si el equipo fundador no amara lo que hace?

¿Crees que una persona es capaz de sacrificar muchísimas cosas solo por dinero?

¿Sabes cuál es la mayor fuente de energía para triunfar en algo?

UNA ENTREVISTA CON MIS PADRES PARA ENTENDERNOS MEJOR

- **¿Si volvieras a nacer, ¿dónde te gustaría vivir?**
  Mamá: Alrededor del mundo en grandes ciudades como París, Nueva York o Roma, pero acabaría en mi lugar de nacimiento, donde están mis raíces.

- **¿Qué te gustaría haber hecho y no hiciste?**

  Mamá: Haber estudiado una carrera universitaria. Y no lo hice por complacer a mi marido.

  Papá: Haber montado salones de lujo para bodas y banquetes, pero no lo hice porque a mi mujer no le gustaba ese tipo de empresas.

- **¿Qué le dirías a la María Jesús de quince años?**

  Mamá: Que valorara las cosas buenas que tenía y que no fuera tan impaciente. Que pensara las cosas antes de hacerlas.

- **¿Qué opinas de la gente que va a contracorriente?**

  Mamá: Me gusta la gente que va a contracorriente, y no me gusta la gente que va en manada, la gente diferente me parece atractiva.

- **¿Alguna vez te has sentido una oveja negra?**

  Mamá: Sí, muchas veces. Cuando tenía entre quince y veinte años sobre todo, porque era una joven muy criticada por mi entorno. No cumplía el estereotipo de las chicas de mi época, en el año 1975.

  Papá: Sí, siempre. Tu madre y yo íbamos a contracorriente, en contra de la opinión pública y familiar. ¡Éramos dos ovejas negras!

- **¿Cuál es la palabra o frase que más te cuesta decir?**

  Mamá: ¡Te quiero!

- **¿Qué es más importante para ti, salud, dinero o amor? ¿O todo ello?**

  Mamá: Son todas importantes para mí, pero el orden secuencial es este: salud, dinero y amor. Hay que tener de las tres, pero sin salud no puedes conseguir ninguna de las otras dos.

- **¿Qué significado tiene un hijo o una hija para ti?**

  Mamá: Todo. He luchado toda la vida por ellos y lo seguiría haciendo.

  Papá: Lo mejor de la vida, para mí.

- **¿Qué es para ti el amor?**

  Mamá: El amor se interpreta según la edad que tienes, no es lo mismo el amor a los veinte que a los cuarenta que a los sesenta y seis, que es cuando estoy respondiendo esta pregunta. No sé especificar con exactitud qué es el amor.

  Papá: Para mí el amor es mi mujer, y la vida.

- **¿Qué es para ti Dios?**

  Mamá: Tres personas distintas y un solo Dios verdadero, el misterio de la santísima trinidad. Padre, hijo y espíritu Santo. Dios para mí es la persona que nunca me ha abandonado frente a ninguna adversidad de la vida, siempre me llevó por el camino correcto, no el que yo quería, sino el mejor para mí. Siempre le decía: «Hágase tu voluntad» y eso es lo que sucedía, para ir a mejor.

  Papá: Es lo mejor que hay en el mundo.

En esta entrevista habrás observado cómo piensan mis padres, y gracias a estas respuestas podrás hacerte una idea de por qué soy como soy y por qué tengo la mentalidad que tengo. Mis padres han sido una gran influencia para mí, igual que los tuyos lo son para ti. Las respuestas de mi padre son poco extensas porque no puede responder con mayor claridad a consecuencia de sus secuelas en el hemisferio izquierdo del cerebro, como te comentaba en la anterior historia.

Claves de esta historia

- Aprovecha cualquier oportunidad para disfrutar de tus padres, nunca sabes cuánto tiempo los tendrás cerca. En mi caso, pude mantener dos grandes conversaciones antes de que el habla y la comprensión de mi padre se vieran afectados. Si no hubiéramos hablado de nuestros asuntos pendientes, tras el ictus habría sido imposible y se me habría quedado dentro. Mi conciencia está tranquila.

- Aplica sus enseñanzas siempre que estén validadas con resultados. Yo apliqué la cultura del esfuerzo porque vi que funcionaba muy bien.
- Encuentra tu propio camino, no te dejes llevar por las tradiciones familiares dedicándote a la misma profesión que tu padre y abuelo, tú has venido a brillar, e igual tu propósito sea ser artista; cree en ti y ama lo que haces.
- Acepta los procesos de tus padres, aunque creas saber las respuestas. Recuerda las situaciones en que ellos quieren orquestarte la vida y no te gusta, y no hagas lo mismo.
- Nunca juzgues a tus padres por sus actos, son personas como tú y también están librando una batalla interior que tú desconoces.
- Si alguna vez dudas de ellos, recuerda que el primer amor de tu vida te lo dieron ellos, alimentándote y limpiándote las cacas cuando no tenías pensamiento propio; no lo olvides.
- Aprende de sus errores y no cometas los mismos; ellos también han venido a esta vida para mostrarte el camino que no debes recorrer.
- Sé generoso con ellos, pero no los consientas, nunca nadie ha evolucionado en la vida teniendo las cosas fáciles; la dificultad forja a las personas y las convierte en su mejor versión.

UN ENTORNO FORMAL PARA UNA OVEJA NEGRA

Nací en Valencia el 31 de agosto de 1979 en una familia de clase media. Mi padre era empresario y procedía de una familia humilde; mi madre era hija única, venía de una familia muy bien posicionada en la sociedad. Desde bien pequeño, me sentí como un bicho raro dentro de mi propia familia, tenía pensamientos que ni yo mismo entendía. A veces escuchaba a mis padres y abuelos hablar y pensaba que había venido de otro planeta; me preguntaba: «¿Esto será así siempre o cambiará algún día? Entonces aún no conocía la expresión «oveja negra», pero me sentía de esa manera, único y diferente, y rodeado de ovejas blancas.

Mi padre era el único que iba a contracorriente, por eso no era santo de la devoción de mis abuelos maternos; me dejé influir por su ejemplo desde bien pequeño, sí que es verdad que a veces decía unas cosas y hacía otras, como ya te he contado, pero sus actos fueron marcando un camino para mí. Lo que más me gustaba de él era su aura; era un tío alto, presumido, simpático, amigable y siempre conducía buenos coches, le gustaba vacilar de que hacía lo que le daba la gana allá adonde iba; eso me daba mucho que pensar, porque además siempre le veía muy feliz. Un día me dijo una frase que nunca olvidaré:

La ilusión es lo que mueve el mundo, nunca la pierdas. Si alguna vez te levantas de la cama sin ilusión, tienes que cambiar cosas en tu vida, nunca lo olvides.

José Luis Sena Guasp (mi padre)

A mi madre le encantaba tratarme como a un modelo y vestirme muy conjuntado, de ahí salió mi afición por la moda. Sin embargo, siempre teníamos desencuentros a la hora de vestirme porque ella quería ropa formal y yo todo lo contrario: mi objetivo era siempre llevarle la contraria, sobre todo en la forma de vestir; quería ser diferente a toda costa, era mi forma de llamar la atención y mostrar mi singularidad desde bien pequeño.

Había algo que me encantaba hacer. En el colegio había que ir con uniforme, así que todos los compañeros asistían vestidos iguales, pero de vez en cuando a mí se me ocurría llegar vestido diferente; imagínate lo que suponía para una disciplina tan rígida como la de un colegio de esas características (el Colegio Internacional de Levante). Esos días me sentía feliz y, sobre todo, muy realizado conmigo mismo, hacía lo que me daba la gana y afrontaba la bronca de los profesores y, seguidamente, la de mi madre y abuela; mi padre no hacía mucho caso a esas fechorías, siempre decía que eran cosas de niños, supongo que le recordaba a su infancia, ya que él también era y es una oveja negra.

Como puedes ver, mi infancia estuvo marcada por dos polos opuestos; por un lado, la rigidez de mi madre y abuelos maternos, y por el otro, la libertad de mi padre. Yo estaba hecho un lío, pero me gustaba más la versión que tenía mi padre de la vida, al menos por aquel entonces. Se notaba que había vivido fuera de nuestro entorno y había visto mundo. Su época en Ibiza y Mallorca le había aportado una visión más internacional y liberal, y pienso que eso es lo que quería enseñarme. Él pretendía que fuera feliz y, sobre todo, libre en mi forma de pensar y actuar. Siempre le agradeceré estas enseñanzas.

Como buena oveja negra, a mí me encantaba que me dieran libertad, por eso siempre discutía con mi madre; ella solo quería orquestarme la vida y darme ordenes, ya que ella entendía la vida de una determinada manera y había que seguir unos pasos concretos, de lo contrario mi vida sería un desastre. Aún recuerdo que cuando sacaba malas notas, me decía: «¿Ves a ese basurero? Si no estudias una carrera, acabarás como él...». Sé que lo hacía con las mejores intenciones y posiblemente sea lo que aprendió de sus padres, ¿quién sabe?

A medida que trascurrían los años, me adapté a mi entorno. La influencia de mi abuela sobre mi madre era muy poderosa y bajo ningún concepto querían que yo fuera la oveja negra de la familia. Aun siendo un niño, entendía muchas cosas que no me gustaban, pero no quería problemas con mi familia; ellos me querían y yo no deseaba perder su amor por ir a contracorriente. Así que reprimí muchos de mis deseos para ser aceptado por el clan familiar... Igual te suena porque te ha sucedido lo mismo. Pero uno no puede fingir por mucho tiempo algo que no es. Más adelante te contaré qué ocurrió con mi vida el día que todo explotó.

> **Nada puede detener a una oveja negra**
> **orgullosa de sí misma.**
>
> Anónimo

Para cerrar este apartado, te dejo un extracto del libro *La ley número 50*, del gran autor estadounidense Robert Greene. (Antes, por si no lo conoces, es preciso aclarar que 50 Cent es un rapero y compositor estadounidense).

> El mayor miedo que tienen las personas es el de ser ellas mismas. Desean ser 50 Cent o cualquier otro. Hacen lo mismo que todo el mundo incluso si no se adapta a donde están y a cómo son. Pero así no se llega a ninguna parte; tu energía es débil y nadie te presta atención. Te estás alejando de lo único que te pertenece —que te hace diferente—. Yo he perdido ese miedo, y una vez que sentí el poder que poseía, demostrándole al mundo que no me importaba no ser como los demás, ya no pude volver atrás.

MIS PRIMERAS FRUSTRACIONES

Una de las cosas que más me frustraban eran las clases en el colegio, sobre todo las de las asignaturas que no me gustaban: era aburrimiento máximo, pero había que ir por obligación y había que aprobar si quería tener contentos a mis padres. Recuerdo aquella amarga sensación, era como cuando te deja una pareja, tienes un mal día o trabajas en una empresa en la que no te sientes a gusto. Siempre pensaba: «¿Por qué nos hacen estudiar todas estas cosas innecesarias?, ¿alguna vez voy a utilizar el nombre de un río para moverme por la vida?, ¿alguna vez formularé algo químico para ganar dinero y ser feliz? La verdad es que no entendía nada y tampoco quería entenderlo, pero no tenía opción; sí o sí, había que aprenderlo para poder pasar de cursos y progresar; si no, te enfrentabas a un juicio de valor, por vago y mal estudiante. Sin embargo, a las matemáticas les encontraba todo el sentido del mundo; a pesar de ser muy joven, ya me daba cuenta de cómo funcionaba el mundo y sabía que las necesitaría en cada transacción que hiciera.

La única forma que encontraba para ser feliz y salir de la tortura del sistema educativo era convencer a mi madre para conseguir las zapatillas que me gustaban o la ropa de marca que llevaban mis compañeros del colegio; de esa manera parcheaba mi malestar con cosas materiales, lo que me llevó a elaborar grandes estrategias de chantaje emocional, incluso encerrándome en mi cuarto sin comer ni cenar, una locura total. Ahí ya estaba mi ego haciendo apariciones estelares, y ¿sabes lo que conseguía con mis comportamientos?, mucho malestar emocional, porque la tristeza y frustración me invadían por completo; odiaba aquella frase de mi madre: «Si apruebas las que te han suspendido, tendrás esas zapatillas, la ropa que quieres o ese balón de fútbol». Qué horror, memorizar algo que no me interesaba, y solo por cosas materiales; me negaba por completo y no había trato con ella. Imagínate por un momento cómo me sentía en aquel entonces, además, nadie me comprendía. Hagamos una reflexión, querido lector: ¿No crees que los niños deberían dedicarse a lo que les apasiona para ser unos cracs en lo suyo?, ¿puedes imaginarte a un niño que siendo muy joven ya tiene clara su vocación en la vida?, ¿dónde podría llegar si sus padres supieran verlo a una temprana edad? Al final, para destacar en una materia, debes dedicarte a lo que verdaderamente amas; mira a Ilia Topuria, Rafa Nadal o los negocios de Steve Jobs, el fundador de Apple. O mira el éxito de mi empresa Oblack Caps, ¿crees que habría sido posible si no tuviera los dones innatos para llevar a cabo el negocio?

Hoy en día existen centros educativos que potencian los dones innatos de los más jóvenes, pero yo no corrí esa suerte y tuve que vivir esas experiencias para convertirme en la persona que soy hoy en día. Si estás leyendo el libro, igual te sucedió lo mismo o quizá tengas un hijo al que le ocurre algo parecido; toma acción, porque su felicidad está en juego.

Otra cosa que no entendía era que me apuntaran a clases extraescolares, y es que, además, en vez de procurar potenciar mi faceta artística y convertirme en un genio, ¿sabes qué hicieron mis padres, aconsejados por los profesores?, apuntarme a clases de repaso de las asignaturas que suspendía; si no sufría ya suficiente tortura en el colegio porque las odiaba, cuando salía de allí tenía que ir a clases de repaso, algo alucinante pero real. Con ello, mis padres solo conseguían potenciar mi lado más rebelde, y no había forma de negociar con ellos, por mucho que les explicara cómo me sentía, su contestación siempre era la misma: «Tu única obligación es estudiar y aprobar, así que, ya sabes».

> **Todo el mundo es un genio.**
> **Pero si juzgas a un pez por su habilidad**
> **de trepar un árbol, pasará el resto de su vida**
> **pensando que es un inútil.**
>
> ALBERT EINSTEIN

Nunca acepté que ir a esas clases de repaso fuera mi obligación, así que hacía pellas porque los estudios, tal como se impartían en aquella época, no me interesaban. En cambio, me encantaban las tareas creativas y divertirme con ello; bajo mi punto de vista, es la única forma de hacer grandes cosas en la vida y, aunque no te lo creas, entonces ya tenía claro que mi vocación era totalmente artística y no me sentía nada cómodo memorizando conceptos innecesarios. Así somos las Ovejas Negras, rebeldes e inconformistas. Iba aprobando los cursos como podía, pero solo destacaba en mis grandes habilidades, es decir, el deporte, las materias artísticas y las matemáticas, y aprobaba las demás asignaturas por los pelos. Además, me sucedía algo que seguro que te suena: ¿solías decirles a tus padres que todos los profesores de aquellas asignaturas que no te interesaban te tenían manía? Seguro que sí, a mis amigos y a mí nos pasaba.

A continuación te dejo un texto extraído del libro de Napoleon Hill *Burlar al Diablo*. Para ponerte en contexto y que lo entiendas, casi todo el libro trata de una conversación entre Napoleon y el Diablo, al que hoy en día llamamos «ego». El que habla en este fragmento es el Diablo, y se explica en pocas palabras lo que hace el sistema educativo con las mentes de los niños.

Los maestros de escuela me ayudan a obtener el control de las mentes de los niños, no con lo que les enseñan, sino con lo que no les enseñan. Todo el sistema escolar público está tan controlado que ayuda a mi causa, enseñándoselo casi todo excepto cómo utilizar su propia mente y pensar de manera independiente. Vivo con el temor de que un día alguna persona valiente modifique el actual sistema de enseñanza escolar y le aseste un golpe mortal a mi causa, permitiendo que los estudiantes se conviertan en los instructores, utilizando a aquellos que ahora sirven como maestros solo como guías que ayuden a los niños a establecer formas y medios de desarrollar sus propias mentes desde el interior. Cuando ese tiempo llegue, los maestros de escuela ya no pertenecerán a mi equipo.

EL COLEGIO PRIVADO, MI PRIMERA CONEXIÓN CON EL MATERIALISMO

Mi madre se creó en la mente la mejor versión de mí mismo, y para conseguir que se materializara tomó una buena decisión y me apuntó a un buen colegio. Pasé muchos años estudiando allí, el sitio en cuestión se llamaba Colegio Internacional de Levante, y en aquellos tiempos era de los mejores que había en la Comunidad Valenciana. O eso decían…

Allí aprendí a trabajar en equipo y a socializar. Desde que era pequeño había sido una persona muy solitaria y así seguía, pero como pasaba la mayor parte del tiempo en el colegio, no me quedó otra que adaptarme al entorno; la verdad es que era un gran colegio e hice muy buenos amigos. Ya de muy pequeño descubrí allí mi pasión por el fútbol, ese deporte me aportaba dopamina en estado puro, y me di cuenta de que practicándolo sentía una sensación brutal, así que empezó a desarrollarse mi parte más competitiva.

Casi todos mis amigos eran hijos de millonarios y los temas de conversación se repetían, solían decir: mi padre me ha comprado esto, me ha comprado lo otro, nos vamos de viaje a Nueva York, mi padre se ha comprado el mejor coche del mercado. Sinceramente, a mí me preocupaban otras cosas que no me atrevía a contar a nadie y me aburrían sus conversaciones, así que me adaptaba como podía para no sentirme la oveja negra del grupo. ¿Recuerdas que somos el resultado de las cinco personas con las que más tiempo pasamos?, pues acabé hablando como ellos, diciendo las mismas cosas, y aquí tenemos el primer aprendizaje de esta historia.

MI ABUELA DECÍA: «EL QUE SE JUNTA CON UN COJO, ¡COJO ACABA!»

¿Sabes que estamos moldeados por nuestros hábitos de pensamiento? Si quieres convertirte en alguien exitoso, ¿de qué tipo de personas crees que debes rodearte? ¿Y si quieres tener salud?, ¿crees que deberías rodearte de gente con buenos o malos hábitos? Nuestras influencias determinan nuestros resultados. Elige bien.

Había una cosa que me llamaba mucho la atención y que quiero contarte. Yo solía empatizar mucho más con los compañeros que tenían un perfil bajo que con los de perfil alto. Los que iban de millonarios solían aburrirme porque su único objetivo era vacilar de todos sus bienes materiales, pero yo estaba educado de otra manera, esa es la verdad, y aunque me encantaban las buenas zapatillas y la buena ropa, no me gustaba quedar por encima de nadie para sentirme superior; de hecho, odiaba ese comportamiento. Recuerdo que mis amigos de fuera del colegio nunca habían visto unas Nike Jordan de bota, mientras que en mi clase había varios compañeros que ya las tenían; una locura, teniendo en cuenta el precio de aquellas zapatillas en los años ochenta.

Tenía un compañero que había venido de Madrid porque su padre trabajaba en una multinacional; nunca lo olvidaré, se llamaba Iván San Jurjo. Desde el primer día nos llevábamos a matar, él solo sabía meterse con todos y provocar, siempre vacilaba por ser de Madrid y nos trataba a todos como si fuéramos inferiores. Me tenía harto, además se metía con la gente más débil, algo que no me gustaba absolutamente nada. Un día empezó a burlarse de mí por la ropa que llevaba puesta, me decía que era muy fea. Seguro que tampoco él ha olvidado ese día, recuerdo que estábamos en el patio de arriba —el que nos tocaba por el curso en el que estábamos— y no paraba de provocarme y burlarse, lo miré fijamente y le dije: «Si no te callas ahora mismo verás lo que te va a pasar», y siguió con la burla; lo volví a avisar, le dije que se estaba pasando, recuerdo que había algunos compañeros y compañeras, pero lo único que quería él era quedar como el más chulo de clase, y me dijo: «Tú me vas a chupar la polla, Sena berenjena, hijo de puta»; de repente me abalancé sobre él, al más puro estilo de las películas de lucha que tanto me gustaban, y lo reduje tirándolo al suelo. Una vez ahí, le puse la rodilla en el pecho sujetándole los brazos; con una mano le apreté el cuello y con la otra le sujeté el brazo que tenía suelto, fue todo tan rápido e inesperado que entró en pánico y perdió toda la fuerza y chulería, y en ese momento que estaba totalmente sometido, le dije gritando: «¿Vas a volver a chulearme alguna vez más en tu vida o qué, chulo de mierda?».

Recuerdo que me cogieron varios compañeros y me dijeron: «Déjalo, Sena, que se ha cagado, tío, y si viene algún profesor vas a tener un problema», y todo extasiado dije: «El problema lo tendrá él si no se va de aquí ahora mismo», entonces lo solté y le dije: «Vete de aquí, que por esta vez está bien», y se fue corriendo. A partir de ese día, todo cambió para siempre, y aquí viene lo mejor. Realmente no hice lo que me apetecía que era partirle la cara, digamos que no quise ponerme a su nivel, pero tampoco hizo mucha falta.

> **Tienes una enorme ventaja sobre la persona que te calumnia o es deliberadamente injusta contigo, tienes la capacidad de perdonarla.**
>
> NAPOLEON HILL, *Las leyes del éxito*

A veces en la vida hay que poner límites a las personas irrespetuosas y maleducadas, y eso sucedió ese día. El chico consiguió sacar mi lado oscuro y provocar en mí esa reacción, él no sabía que podría pasarle lo que sucedió, y al jugar con fuego, se quemó. Desde entonces, nuestra relación fue yendo a mejor, ya no se metía conmigo y cuando lo veía pasarse con algún compañero le llamaba la atención y él paraba, ¿qué crees que sucedió en su mente para que cambiara la actitud de forma tan radical?

LOS VERANOS EN EL CHALET

Aquella época fue mágica, no existía el tiempo más que cuando mi abuela materna me obligaba a hacer los deberes de verano, los odiaba. Nunca entendí la tortura de mandar tareas a los niños en vacaciones, ¿no bastaba con el curso escolar?, acabábamos hartos de tanto memorizar conceptos innecesarios. Cuando no quería hacer los deberes, me inventaba las respuestas y así podía irme donde quisiera; esa técnica nunca me fallaba, porque mi abuela no lo revisaba. Como ves, desde bien pequeño era ya un rebelde con aquello que no me interesaba.

Aparte de jugar con mis amigos del vecindario, aprendía muchísimas cosas todos los veranos, y una de las más importantes fue a ir en bicicleta, ¿recuerdas cuándo aprendiste tú? La verdad es que para aprender a llevar la bici a dos ruedas hay que dar un salto cuántico de valentía y no tener miedo a caerse, ¿te imaginas cómo sería utilizar esa técnica de afrontar el miedo para las cosas de la vida? De pequeños no necesitábamos mil cursos para controlar el miedo o ir de forma correcta por la vida, simplemente aprendíamos a base de caernos y volvernos a levantar, que, paradójicamente, es lo que mejor funciona y uno aprende solo, no hacen falta cursos ni estudios. Por eso siempre digo que nunca hay que perder el alma de niño, muchas veces hacerse mayores es volverse miedosos, pero el miedo es un pensamiento que te bloquea y te hace más vulnerable; piénsalo fríamente.

Mi plan favorito era irnos al río a coger cangrejos, algo prohibido por mi madre y por mi abuela, pues según ellas era peligroso; pero el peligro y la prohibición aún lo hacían más atractivo a mis ojos. La versión oficial era que me iba al chalet de mi amigo Francisco a bañarme en su piscina, pero cuando llegaba allí, nos íbamos al río. Desafiábamos todas las barreras, mi amigo Francisco era un kamikaze en toda regla y una oveja negra, por eso nos llevábamos tan bien. Él siempre decía que para coger más cangrejos que nadie había que hacer lo que nadie hacía, y yo le preguntaba: «¿Eso qué quiere decir?», y me contestaba: «Muy sencillo, vamos a meternos por las partes del río en que no se mete nadie, en las más peligrosas, es donde más cubre y donde más corriente hay», y la verdad es que me daba mucho miedo, hasta que lo hacía y veía los resultados que cosechábamos. Un día normal en que fuéramos cuatro o cinco amigos —la mayoría, con miedo a seguir a Francisco—, cogíamos veinte cangrejos, y los días que íbamos Francisco y un servidor a meternos por los sitios más peligrosos, entre ciento cuarenta y doscientos cangrejos, ¿sabes qué significa?

Muy sencillo: Si quieres tener lo que nunca tuviste, deberás hacer lo que nunca hiciste; las cosas no caen del cielo, siempre son el fruto de lo que siembras con tu trabajo y esfuerzo. A mí, en aquel entonces me resultaba muy difícil seguir a Francisco porque me daba miedo, aun así, lo hacía con miedo, y sin darme cuenta fui aprendiendo a cuestionar esos pensamientos que hacen que te detengas ante los retos que te regala la vida.

A Francisco siempre lo vi como a un líder y aprendía muchas cosas de él; como siempre digo, en la vida hay que tener referentes, y en aquel entonces él era uno para mí, sus habilidades lo hacían único y diferente y por eso lo admiraba. Además de ser el mejor de la pandilla cogiendo cangrejos, también lo era con la bici, se sabía todos los trucos, se atrevía a saltar por todas partes y a desafiar cualquier dificultad. Un servidor siempre pensaba que estaba loco, pero esa locura me parecía atractiva y me hacía seguirlo a todos lados, él aprendía rápidamente cualquier cosa, algo que yo consideraba un don innato con el que había nacido, quizá sea eso lo que generaba el magnetismo entre él y yo. La verdad es que aprendí mucho de él y cuando ya no hubo aprendizaje en nuestra relación de amistad, dejamos de juntarnos, así es la vida, siempre te da y te quita las cosas a su debido tiempo; si es para ti, ahí estará, y si no lo es, acabará yéndose; Dios siempre tiene lo mejor para ti, no sufras y confía.

Después de muchos veranos e historias juntos, fui dejando de juntarme tanto con mi amigo Francisco, él fue cogiendo unos caminos que a mí no me gustaban en aquel momento y finalmente nuestra amistad se enfrió. Después de muchos años sin verlo, un día mi madre me dio una mala noticia:

—¿Sabes quién ha muerto, hijo?

—Pues no, mamá, ¿quién?

—¿Te acuerdas de tu amigo Francisco?

—¡Sí! ¡No puede ser! ¿Qué le ha pasado?

—Pues venían de una fiesta y chocaron contra un muro a la entrada del Barrio del Cristo en Aldaya.

Me quedé totalmente perplejo; ese día estuve muy triste y me acordé mucho de todas nuestras historias.

Dedicado a mi amigo Francisco

En homenaje a todo lo que aprendí de ti, he querido darte el honor de salir en mi primer libro y ser el protagonista de esta historia, porque sé que si pudieras leer esto, estarías orgulloso de mí, nunca te olvidaré, amigo, y sé que Dios te tiene en el cielo, que es donde mereces estar; tu bondad y generosidad eran inmensas. Y con tu mentalidad de oveja negra habrías llegado muy lejos y aportado grandes cosas a este mundo.

¡Que Dios te bendiga!

EL ARTE Y MI PRIMERA ENFERMEDAD MORTAL

Todo comenzó un día a la llegada del colegio, estábamos en casa cuando de repente mi madre me miró las piernas y me dijo: «Hijo, ¿qué tienes en las piernas?, ¿te has dado algún golpe?». Las llevaba todas llenas de moratones y ni me había dado cuenta, esa es la verdad. No sé cómo se pudo fijar mi madre en ese detalle. Pero eran unos moratones extraños y por eso le llamaron la atención.

Me dijo: «A ver, quítate los pantalones, que quiero ver bien las piernas», y le hice caso. Yo creía que exageraba, porque me encontraba superbién, pero resultó que era la sintomatología de una grave enfermedad mortal, y yo no era consciente de ello, fíjate cómo el desconocimiento de una materia puede hacer que te sientas bien o mal. De haber sabido yo que estaba en peligro de muerte, ¿cómo crees que habría reaccionado?, ¿crees que me habría ido al colegio a jugar con mis amigos tranquilamente?, ¿o me habría quedado llorando en casa muy muy triste? Te hago estas preguntas para que veas que muchas veces los estados emocionales de felicidad o tristeza son mentales; es decir, vienen de nuestros pensamientos. Un servidor estaba enfermo, pero no lo sabía, y al mismo tiempo estaba feliz. Sigue leyendo, que esta historia me cambió la forma de pensar para siempre y me gustaría que descubrieras las claves que esconde.

Seguimos, pues. Entonces mi madre, al verme los moratones, me dijo: «Vámonos al hospital ya mismo, esto no es normal y quiero que te lo miren en Urgencias». En ese momento tenía siete años y lo único que me preocupaba en la vida era jugar, dibujar e ir al colegio, recuerdo que era una noche de invierno y hacía frio. Llegamos al hospital y no tuvimos que esperar mucho, mi madre transmitió muy bien que su hijo tenía algo peligroso y entré sin perder un instante en una consulta pequeña y con mucha luz. Llegó el doctor y me hizo varias preguntas que no recuerdo, me miró las pupilas y las piernas, obviamente; al ver los moratones, mandó que me hicieran una radiografía de tórax y una analítica completa. Cuando tuvieron los resultados, volvió el doctor a la consulta y llamó a mi madre, lo que me hizo sospechar que pasaba algo malo. Vuelvo y repito, todavía no sabía que estaba en peligro de muerte y seguía feliz, mi único pensamiento era terminar e irme a mi casa a pintar dibujos.

De repente entró mi madre con la cara desencajada; había visto una mancha blanca en la radiografía de tórax que me habían hecho, y es que dos años antes su padre —mi abuelo materno— había fallecido de cáncer de pulmón y ella había visto la misma mancha. También entró el doctor, mucho más serio que la primera vez, se me acercó y me dijo: «José Luis, ya tenemos las pruebas y no están mal del todo, pero queremos asegurarnos de que todo vaya bien, para eso seguiremos un plan, te dejaremos en observación y para eso te tendrás que quedar ingresado aquí esta misma noche».

Recuerda que tenía siete años, que desconocía la gravedad del asunto y que estaba completamente apegado a mi madre, y esa noche debía quedarme ahí solo y sin conocer la verdad de lo que me ocurría, ¿sabes cuál fue mi primera reacción? Me puse a llorar de miedo, en ese momento tomé consciencia de que los moratones no eran unos simples moratones y de que había un problema. Aun así, me armé de valor y conseguí hacerme el duro y dejar de llorar. Mi único objetivo era no preocupar más a mi madre y verla bien. Me sentaron en una silla de ruedas, me obligaron a despedirme de ella y me llevaron por unos túneles hacia la habitación donde pasaría casi un mes de mi vida, totalmente recluido y aislado de otros pacientes, y en la zona donde estaban los niños con cáncer, a quienes pude ver con mis propios ojos. Me ingresaron y me dejaron ahí sin darme más explicaciones hasta el día siguiente. ¿Puedes imaginarte la situación por un momento?, ¿cómo dormirías tú esa noche?, ¿qué cosas pensarías?

Sin saber cómo ni de dónde, saqué fuerzas para dejar de estar triste, seguramente Dios me acompañaba, recuerda que desde que nací había sido educado por mi abuela materna y ella era creyente. Siempre me inculcó el valor de la fe, sobre todo en los momentos difíciles, así que, de forma inconsciente, en todo momento creí que todo iría bien y que debía estar feliz. Esa noche se apagó la luz y sentí un gran vacío, era la primera vez en la vida que dormía fuera de mi casa y lejos de mi madre, la echaba de menos y sentía que la necesitaba; finalmente me dormí de tanto marearme la cabeza, y cuando me quise dar cuenta, me despertaron las enfermeras al día siguiente. «Hola, José Luis, ¿cómo estás? Uy, qué niño más guapo, ¿quién se va a poner bien enseguida?». Allí estaba un servidor cagado de miedo, era todo nuevo para mí, no entendía nada. Recuerda que aún no sabía ni qué hacia allí, la enfermera me dijo: «José Luis, te vamos a meter unos tubos por la nariz para hacerte unas pruebas en los pulmones y no te dolerá nada, sabemos que tú eres muy fuerte, ¿a que sí?». No me quedaba otra opción que afirmarlo, y la enfermera siguió hablando: «Ahora cuando terminemos, vendrá el doctor a verte y te contará cuál es tu situación».

Dios no elige a los preparados, prepara a los elegidos.

Anónimo

Mientras venía el doctor, apareció mi madre; no te puedes imaginar la sensación de paz y bienestar que sentí al verla. Lo primero que me preguntó fue:

—¿Cómo estás, hijo?

Le dije que estaba bien; a ella se la veía bastante preocupada y yo no sabía el motivo. Cuando encontré el momento, le dije:

—¿Qué te pasa, mamá? Te veo triste, ¿me puedes contar la verdad?

—Sí, claro —me contestó ella—. Hijo, tienes tuberculosis, es una enfermedad muy contagiosa y de la que se muere la gente, y tengo miedo de que te pase algo grave.

En ese momento yo la miraba fijamente y sentía que necesitaba mi apoyo, entonces le dije:

—Mamá, estoy muy bien, no me va a pasar nada, ya verás, voy a salir de aquí muy pronto, así que no llores, que todo irá bien.

No sé de dónde saqué las fuerzas, pero lo hice y conseguí alegrarle el día a mi madre. A continuación, añadí:

—Lo que sí que quiero es que me traigas todos mis blogs de dibujo, mis pinturas y todos mis rotuladores, así me dedicaré a pintar cuando me aburra.

Al rato vino el doctor y me explicó qué tipo de enfermedad tenía y cómo actuarían para que no avanzara.

—José Luis —me dijo—, tienes una manchita en los pulmones y vamos a quitarla con un tratamiento, porque si no se quita, puede perforarte el pulmón y que no puedas respirar. Estate muy tranquilo, que te hemos cogido a tiempo.

Recuerdo que yo lo miraba atentamente y para mis adentros pensaba: «Pues claro que voy a salir de aquí, además, más pronto de lo que os imagináis; ni esto ni nada podrá conmigo», y créeme que, a pesar de ser un niño, ya tenía esa mentalidad; ahí me di cuenta de que era superoptimista, y años después he sabido que la solución a los problemas empieza por uno mismo: hay que creer de verdad que todo saldrá bien y así es como acaba saliendo. Como siempre digo, mi abuela me enseñó a tener fe y eso es lo que hice en aquel momento.

Sin embargo, había una cosa que no entendía, ¿por qué estaba aislado de otros niños, si todo iba bien como decía el doctor? Entonces, cuando el doctor se fue, le pregunté a mi madre: «Mamá, ¿por qué me tienen aislado en esta habitación tan rara? Dime la verdad». Y me dijo: «Hijo, tu enfermedad es muy contagiosa y tienen miedo de que vayas contagiando a otras personas y las pongas en peligro». Para ponerte en contexto, hoy en día la tuberculosis es una enfermedad totalmente controlada y de la que no hay que tener mucho miedo, pero en el año 1986 las personas se morían si se hacía una mala praxis y no se detectaba a tiempo. Imagínate hasta dónde llegó el asunto, que le hicieron pruebas a todos mis familiares, a amigos cercanos míos y de mis padres, a todos mis profesores del colegio y a un largo etcétera de personas. Y todo, para intentar averiguar cómo me había contagiado yo de esa enfermedad mortal; al final no se pudo averiguar de quién la había cogido.

Los únicos que podían entrar en la habitación eran mi madre y los médicos; todos los demás familiares me visitaban y veían a través de un cristal, aquello era muy frío, pero un servidor lo llevaba bien, la verdad. En esa habitación aprendí muchas cosas que me han servido para toda la vida, y lo más importante que aprendí es la aceptación: las cosas suceden de determinada manera y no se pueden cambiar, si luchas por cambiarlas, sufres y si las aceptas, se transforman; obviamente, esto lo sé explicar con palabras ahora, en la madurez, pero por aquel entonces tan solo sabía ponerlo en práctica, que es más importante que saber explicarlo. Y prueba de ello es que me sirvió para estar bien en aquella situación.

En esa habitación también aprendí y descubrí que tenía alma de artista. Durante todas las horas del día y siempre que podía levantarme de la cama porque no tenía máquinas o goteros, me dediqué a hacer dibujos llenos de color; eso me alegraba, y alegraba el día a todas las enfermeras que me atendían, incluso se los regalaba a ellas, que siempre decían: «Mirad, chicas, qué bien pinta José Luis, es un artista»; mi madre me dijo que la habían felicitado de lo bien que dibujaba. Esa era mi forma de sentirme bien en ese momento, así encontraba la calma dentro de la tempestad. Fíjate que uno elige cómo vivir cada experiencia, me podría haber limitado a quejarme, llorar y estar triste, pero hice todo lo contrario, y creo que eso supuso casi el noventa y cinco por ciento de mi curación. Estuve casi un mes metido en aquel hospital y al final conseguí que me dieran el alta, había logrado superar aquel reto de salud y eso me había preparado para afrontar las grandes adversidades que te contaré en los próximos capítulos.

La buena madera no crece con facilidad.
Cuanto más fuerte es el viento,
más vigorosos son los árboles.

J. Willard Marriott
(Fundador de Hoteles Marriott Internacional)

En aquella experiencia también aprendí una de las cosas más importantes que puede tener un ser humano en la vida, se llama «disciplina» y te voy a contar cómo lo hice. El día que salí del hospital, me recetaron un tratamiento; recuerdo las palabras del doctor, que dijo: «José Luis, tienes que tomarte todos los días durante un año y medio esta medicación y venir todos los meses a hacerte analíticas de sangre, en tus manos está que la enfermedad desaparezca por completo o que nos volvamos a ver con una complicación más seria, ¿lo harás?». Mi respuesta fue, sin lugar a duda, un ¡sí! Eso me sirvió para perder el miedo a las agujas, ya que me pinchaban en varios sitios una vez al mes. Además, no había tenido en cuenta lo que más dificultó el tratamiento: debía tomar dos pastillas cada día en ayunas y eran tan grandes que no lograba tragarlas, así que me tocó deshacerlas y diluirlas en agua; me provocaba unas náuseas brutales, pero tenía el objetivo de terminar con mi problema de salud y, sobre todo, cumplir mi palabra con el doctor, y es lo que hice, no hay excusas cuando existe disciplina y determinación. ¡Piensa en ello!

Y quiero que sepas una cosa más. Cuando leí un libro titulado *El método japonés para vivir cien años*, un dato me llamó la atención: casi todos los japoneses longevos habían superado una tuberculosis entre los cero y diez años de edad; según ellos, eso te preparaba para una larga vida. Casi todos estaban de acuerdo en que una vida activa y sana es el primer paso para una vejez activa y sana. Y me quedo con esta frase de Tomotaro Aikawa que extraje del libro, y que dice así: «Estos cien años han pasado muy rápido. Solo he vivido esforzándome por superar los retos que surgían». A día de hoy, podría escribir lo mismo que ese hombre japonés.

CAPÍTULO 3

MI ABUELA MATERNA, MI MAYOR MAESTRA

Mi yaya —como yo solía llamar a mi abuela materna—, fue para mí un referente, me enseñó muchísimas cosas valiosas que aún utilizo a día de hoy, pero me ha costado más de treinta años averiguarlo. Como siempre digo, aprendemos por imitación y de pequeños copiamos a nuestros mayores. Sigue atento y verás que muchas de mis acciones están basadas en sus enseñanzas.

Ella era una mujer muy sabia, hija de un ama de casa y de un comerciante de terrenos y fincas —hoy en día diríamos que se dedicaba al sector inmobiliario—. Creció y fue educada para vivir a la sombra de un hombre, algo que más tarde le inculcó a mi madre. Mi yaya era asidua a la iglesia, una fiel creyente, y me inculcó grandes valores católicos; siempre me decía que Dios era nuestro gran padre y que había que obrar de buena fe con los semejantes si no queríamos ir al infierno. Recuerdo que yo siempre le preguntaba: «¿Qué es el infierno, yaya?», y ella me lo describía como algo horrible, y luego le decía: «Yo no quiero ir ahí, prefiero ser bueno».

Cuando teníamos reuniones familiares, siempre se sentaba de espaldas al televisor y yo no lo entendía, solía preguntarle: «Yaya, ¿por qué te pones de espaldas, es que no te interesa la tele? Ella siempre me explicaba: «Ahí solo cuentan mentiras y no me interesan, además las comidas familiares son para dialogar entre los miembros de la familia y esa caja tonta os tiene abobados y no habláis entre vosotros»; la verdad, yo no entendía nada en aquel momento, pero sabía que algo de verdad había.

Otro de los grandes hábitos que aprendí de mi yaya fue el de hablar poco y escuchar mucho, ella solía mantener la boca cerrada y a lo sumo formulaba alguna pregunta muy concreta. Yo solía preguntarle: «Yaya, ¿por qué no bebes Coca-Cola?», y me respondía con otra pregunta: «¿Tú sabes de qué está hecha esa bebida?», a lo que yo siempre decía: «No lo sé, pero me da igual, mi madre la bebe y no le pasa nada», entonces ella me contestaba con un «Si tú hubieras visto lo que vi yo dentro de esa botella un día, te aseguro que no querrías beber más en la vida, además te digo otra cosa: el agua aclara la vista y quita la sed, esa bebida no». Siempre me dejaba sin contestación y me hacía pensar; aunque en aquellos años me daba rabia, ahora recuerdo y valoro mucho su honestidad, sus enseñanzas y la coherencia a la hora de educarme.

Mi yaya me inculcó hábitos de alimentación, como el de no beber agua durante las comidas, tomar el café por la mañana sin azúcar y sin sacarina, comer mucho pescado y comida real. Mantenerse activo también es algo que aprendí de ella. Y aunque yo no practicaba esos hábitos por ignorancia, años más tarde descubrí, al ponerlos en práctica, que me resultaban familiares y era porque mi gran maestra lo practicaba a diario; siempre le estaré agradecido por haberme aportado tantos valores.

Mi yaya vivía debajo de nosotros, ella en el primer piso y nosotros en el segundo. También aprendí de ella —y lo sigo practicando a día de hoy— el orden y la limpieza; su casa parecía un auténtico palacio, siempre estaba todo perfecto y en silencio. Muchas veces bajaba a verla sin avisar y allí estaba sentada en su mecedora, leyendo algún libro y con la tele apagada. Dado que yo bajaba de mi casa, que estaba llena de ruido por el televisor, mi pregunta siempre era la misma: «¿Qué haces aquí en silencio y con la tele apagada?», y me decía: «Pues, chico, aquí estoy relajada, en la tele no dicen nada que me interese, y el silencio es muy bueno para estar en paz». Sinceramente, en aquel entonces no conseguía comprender esos comportamientos, pero me gustaba porque eran diferentes a lo que estaba acostumbrado. Siempre me llamaron la atención las personas que se comportaban de una forma distinta, y mi yaya era un gran referente en ello.

Su casa era una mezcla entre un palacio y una iglesia, llena de motivos y estatuas religiosos; en el salón tenía un gran cuadro de *La última cena*, donde Jesús estaba con los apóstoles y algunas figuras de santos importantes para ella. Era una casa llena de buena energía, me encantaba bajar allí y cotillearlo todo. ¡Nunca la olvidaré!

LAS VERDADES ABSOLUTAS DE MI YAYA

Mi yaya era muy respetada en nuestro entorno, había sido una mujer bien parecida y, luego, también la viuda de mi abuelo Jaime, un gran empresario de su época. Era una líder, se veía por la forma en que la gente se le acercaba y la saludaba; reconozco que me despertaba mucha admiración que la gente nos parara por la calle y mostrara interés en hablar con ella. Eso me hacía pensar mucho, siempre pensé que de mayor quería ser como ella en ese sentido, ya que me gusta la gente respetable y que despierta admiración en el prójimo, será que teníamos un carácter parecido. Y es que compartíamos modelo mental y eneatipo de la personalidad: como te he comentado en otro capítulo, ella era un eneatipo 1, pero es que, además, era del ala 2; exactamente como yo.

Mi yaya me enseñó a hablar, pero mucho más a escuchar. Le encantaba decirme frases cortas que para mí eran difíciles de comprender en aquella época. Ahora parecen fáciles, pero de pequeño yo era incapaz de comprenderlas y ella siempre me decía: «Ya lo comprenderás algún día». Te anoto una más abajo para que te hagas una idea; era una de sus frases favoritas y solía utilizarla cuando se hablaba negativamente sobre alguien que no estaba presente en la conversación. Y qué razón tenía, hoy en día sé que el karma siempre vuelve:

> **Las maldiciones son como las procesiones,**
> **por donde salen vuelven a entrar.**
>
> María Guzmán Ros (mi yaya)

LA DISCIPLINA, EL ORDEN Y LA PERFECCIÓN: LOS VALORES DE MI YAYA

Ella era una gran apasionada del orden y la perfección, siempre recordaré cómo tenía los jardines del chalet donde veraneábamos: siempre perfectos; le encantaba levantarse pronto por las mañanas y hacer faena, era una persona tranquila pero inquieta.

Ya sabes, la mejor manera de influir sobre los demás es el ejemplo, y eso mi yaya lo hacía muy bien, no solo me daba las órdenes de palabra, sino que me inspiraba con su ejemplo. Como siempre digo, hay que buscar un referente y seguir sus pasos, y eso hice con mi yaya; ella se limitaba a hacer sus tareas de la mejor forma posible y acabé copiándolo, así que cuando tenía algún trabajo personal —como los deberes, alguna manualidad o algo que me mandaran mis padres—, me acordaba del jardín que había hecho mi yaya y me decía a mí mismo: «Voy a dejar esto como ella deja todo lo que toca, perfecto», y cuando alguien veía lo que yo había hecho, me felicitaba. Así fui creciendo y amando la excelencia en cada cosa que hacía, aunque en ese momento solo lo hiciera por imitación; sin embargo, más tarde me di cuenta de que hacer las cosas con pasión y buscando el mejor resultado era la mejor forma de obtener una respuesta positiva de los demás.

Podría haberme limitado a decir que no sabía hacer las cosas mejor y tener una mala actitud ante la vida, pero siempre me gustó aprender de los mayores e intentar ser más sabio cada día; hoy agradezco esos aprendizajes del pasado que fueron curtiendo mi carácter y forjando a la persona que soy hoy en día. Además, pienso que la excelencia se practica, es una labor que requiere dedicación y perseverancia, los maestros se forjan con la práctica de una técnica y la repetición. Yo nunca habría aprendido a hacer todo lo que sé si no me hubiera esforzado por hacerlo una y otra vez hasta conseguirlo.

La disciplina fue otro valor que me inculcó mi yaya. Como sabes, los niños son como fieras salvajes que solo quieren libertad y que nadie se la reprima; pero si corriste la suerte de tener cerca a una persona muy disciplinada, aprendiste algo que luego resulta fundamental para funcionar en la vida y progresar en cualquier ámbito que uno se proponga. A mí, por suerte o por causalidad —míralo como prefieras—, Dios me puso a una mujer como mi yaya para forjarme a base de esfuerzo; ella me enseñaba cada día que las grandes cosas de la vida solo cuestan un poco más y que si trabajas cada día con disciplina, amor y pasión, todo es cuestión de tiempo.

Cuando llegaba el verano, me pasaba los tres meses de vacaciones al cargo de mi yaya en el chalet porque mis padres debían trabajar. Recuerdo que por las mañanas cuando me levantaba, ella ya estaba haciendo faena, en el jardín o en cualquier parte de la casa; al bajar yo al comedor, me preparaba el desayuno y cuando le decía que me quería ir a la piscina o con la bici, lo primero que me decía era: «Tu primera faena de hoy son los deberes; una vez que los acabes, tienes que ordenar el desastre que dejaste ayer ahí sin recoger, y luego quiero que me ayudes con una cosa que no puedo hacer sola, solo ahí podrás irte donde quieras. Lo primero es la obligación y luego la distracción». Con esta frase debía lidiar todos los días de mi vida, aunque estuviera de vacaciones, así que llegó un momento en que venían a buscarme mis amigos del chalet y yo mismo les decía que no podía salir hasta que no hiciera las tareas; sin darme cuenta había sido sugestionado por mi yaya y había aprendido a ser responsable de mis tareas diarias sin querer escaquearme: poco a poco fui interiorizando la disciplina que ella practicaba y me di cuenta de que funcionaba y que mi vida era mucho más ordenada. Siempre le estaré agradecido por estas enseñanzas.

Un día recibió una amarga noticia; el médico le dijo que tenía metástasis —es decir, la propagación de un cáncer por varias partes del cuerpo—. Cuando esto sucede, suelen decirte que te queda poco tiempo de vida, así que eso le comunicó el médico a mi yaya: que le quedaba muy poco de estar en este plano, que se fuera preparando.

En aquel entonces, mi yaya vivía en un convento de monjas; ya sabes que ella era creyente y muy religiosa, así que le resultaba muy gratificante vivir en aquel entorno. Llámame loco o cuerdo, según creas, pero siempre supe que mi yaya no se moriría, sabía que su fe la salvaría de ese supuesto estado moribundo y que sus hábitos atómicos de alimentación y oración serían la llave que abriría la puerta de la salud duradera, y así sucedió: aunque le habían diagnosticado que moriría en menos de cinco meses, mantuvo la salud y la cordura mental durante más de catorce años. Y aquí me gustaría lanzar unas preguntas: ¿Cuán peligroso es un cáncer? ¿Qué nos hace más daño?, ¿el problema de salud en sí o el estado de pánico y miedo a la muerte en el que entramos tras recibir la noticia?

Si la enfermedad fuera tan mala como pensamos, nadie se salvaría teniendo un diagnóstico de estas características, pero sucede que cierto tipo de personas —como, por ejemplo, mi yaya— no quieren irse tan pronto de este mundo y creen en una fuerza superior llamada Dios, confían ciegamente en él y le ceden el poder de decidir incluso por su propia salud; y funciona: allí donde va tu atención, va tu energía y en eso te conviertes. Ella quería vivir, sabía que aún le quedaban cosas por hacer, mucho valor que aportar y creía firmemente que merecía vivir. Así que vivió, contra todo pronóstico sobrevivió a lo que los médicos llaman «una enfermedad mortal e irreversible»; otros lo llamaron «milagro» y yo prefiero llamarlo «obra divina de amor propio».

> La muerte no existe, empiezas a morir
> cuando dejas de amar la vida. Piensa en ello.
>
> JOSÉ LUIS SENA MIQUEL

LAS FRASES QUE APRENDÍ DE MI YAYA

Estas frases las aprendí de mi yaya y te voy a explicar, una por una, cómo conseguí aplicar su significado a situaciones reales de la vida.

El que a buen árbol se arrima, buena sombra le cobija

Esta solía utilizarla ella para dar a entender que en la vida hay que situarse cerca de la abundancia en cualquier estado; puedes utilizarla como prefieras. Yo siempre la he usado cuando no sabía qué decisión tomar o con quién hacer negocios; por ejemplo, hubo un gran punto de inflexión en Oblack Caps y tuvimos que decidir con qué plataforma trabajábamos, fue ahí cuando, recordando esta frase, decidí apostar por Amazon. El resultado fue ¡millones de euros en ventas!

Haz el bien y no mires a quién

Esta frase siempre me la decía cuando yo hablaba mal de alguien o contaba alguna historia en la que otra persona había hecho algo que supuestamente era malo y yo tenía pensado tomar represalias; siempre me miraba y me decía lo mismo. Con los años he verificado que esto es real, y funciona porque recibes lo que das; siempre digo que cuando das, te lo das. Si haces daño a alguien, te lo estás haciendo a ti mismo, y si haces el bien a alguien, recibirás más de lo mismo. Considero que somos energía y atraemos lo que somos; si vibras en alta energía, te vendrán cosas grandiosas. ¡El resultado de aplicar esta ley ha sido atraer a personas maravillosas a mi vida!

El que guarda cuando tiene, gasta cuando quiere

Esta solía utilizarla ella cuando se hablaba de dinero. Como sabrás, la gran mayoría de personas no reciben una educación financiera y siempre piensan en gastar más de lo que tienen. Yo solía gastarme el dinero antes de haberlo recibido, fue entonces cuando mi yaya me dijo un día esta maravillosa frase que me hizo cambiar la mentalidad y empezar a ahorrar siempre que podía. Ella me daba dinero en mi cumpleaños y en Navidad, y siempre acompañaba el acto con esta frase. La repetía tanto que se me grabó en el subconsciente. ¡Gracias por tanto, Yaya! El resultado de aplicar este hábito ha sido generar un colchón económico y poder invertir en crear empresas.

Tú no sabes que no sabes

Analiza esta frase, tuve que leerla y repetirla miles de veces para poder entenderla. Esta me la recitó muchas veces, de hecho fue la que más utilizó conmigo. Siempre me la decía cuando discutía sus reflexiones o sus directrices; en aquel entonces me creía demasiado listo y estaba gobernado por la ignorancia más profunda, así que, para no entrar en conflicto conmigo, ella culminaba las conversaciones con esta frase, que significaba que no tenía idea de mi propia ignorancia. Y aquí me gustaría dejarte otra frase que utilizo mucho y que aprendí gracias a ella:

Saber que no se sabe es el primer paso para alcanzar la verdadera sabiduría.

JOSÉ LUIS SENA MIQUEL

El que se salva, sabe; y el que no, no sabe nada

Esta frase es más compleja de explicar, estaba basada en salvarse del pecado, ya que para ella la palabra «pecado» significaba actuar con maldad; solía utilizarla para dar a entender que una persona era muy sabia cuando sabía cómo salvarse de la tentación de hacer las cosas mal o de perjudicar al prójimo con una mala actitud. Como ves, es todo sabiduría contemporánea que utilizaba conmigo de niño; normal que no entendiera muchas cosas y haya tardado muchos años en comprender los mensajes ocultos que había tras sus grandes enseñanzas. El resultado de aplicar este principio de sabiduría contemporánea fue que buscara mi camino para encontrar la paz mental.

Larga vida, larga cuenta

Esta encerraba claramente un mensaje para uno mismo o para Dios. Cuantos más años vivimos, más posibilidades tenemos de cometer errores, y de los que poder arrepentirnos. Para mí significa que, si vivías muchos años y hacías las cosas mal, tendrías que limpiar un gran karma y tendrías que lidiar con tu propio cargo de conciencia; como sabes, la gente que actúa de mala fe no puede dormir por las noches. Y como decía ella, acababan en el infierno. Reflexionar sobre esta frase me ha hecho aprender a obrar de buena fe con el prójimo.

EL CLUB DE LA CASA DE MIS PADRES, MI PRIMER EMPRENDIMIENTO

Como sabes, ya de niño mis propósitos eran claros y me gustaban las cosas artísticas. Y como verás en esta historia, y ya de niño apuntaba maneras como emprendedor: con tan solo diez años decidí montar un club privado de música en el altillo que había en la terraza de la casa de mis padres y simular una discoteca en versión miniatura. Había decidido que la música me gustaba mucho y estaba dispuesto a dar los pasos necesarios para convertirme en un experto profesional en la materia. Para ello reuní a varios amigos, les propuse el plan, y les dije: «Chicos, he tenido una idea, voy a montar un club en el altillo de mis padres, se llamará Vértigo, ahí podremos pasar nuestros mejores momentos, bailar escuchando música o simplemente estar allí hablando de nuestras cosas, ¿os unís al proyecto?». Me dijeron que sí y empezamos a montarlo todo con aquello que cada uno podía aportar.

El equipo de música era cosa mía, poco a poco y con mucho esfuerzo había ido adquiriendo los aparatos que se necesitaban para poner música y ya disponía de un mezclador, dos platos y unos pequeños altavoces. Pero para que sonara como una verdadera discoteca, faltaban unos grandes altavoces, que era lo más difícil de conseguir. Entonces se me ocurrió una idea, y me pregunté, «¿por qué no le pido al profesor de Música los altavoces que tienen almacenados sin usar?»; siempre me llevé bien con los profesores de las materias que me apasionaban, así que lo aproveché para negociar y conseguir mi objetivo. ¿Quieres que te cuente cómo lo hice?, ¡vamos a ello!

Un día de examen, después de clase vi al profesor bastante contento y muy empático conmigo, cosa totalmente normal porque el examen me había salido perfecto; entonces aproveché el momento para acercarme a él y decirle:

—Don Juan, ¿podríamos hablar unos minutos?

Me dijo que sí, y ahí ya tenía la gran oportunidad que buscaba, entonces le dije:

—Quiero comentarle un proyecto que estoy montando en casa, se trata de un club privado donde voy a reunir a todos mis mejores amigos y lo utilizaremos para poner música, hacer reuniones privadas y practicar lo que aprendemos en las clases que usted nos imparte; creo que es una buena idea y me gustaría saber si usted nos puede ayudar. —Y me quedé mirándolo fijamente, callado.

—No sé a qué te refieres ni qué tipo de ayuda quieres, pero si me das más detalles, podré decirte sí o no —dijo él.

Como ves, aquí ya tenía más del ochenta por ciento del pacto a mi favor, ¿y sabes por qué lo digo?, pues porque lo primero que hace una persona interesada en algo es preguntar sobre ello; así que él se había interesado en mi proyecto. Entonces se lo expliqué:

—Mire, he visto que tienen unos altavoces en una sala, y por el tiempo que llevan allí parados, creo que nadie del colegio los está utilizando; había pensado que si usted me los cede podré seguir avanzando con la idea que le acabo de comentar, además —añadí—, la música me apasiona, pero a día de hoy ni yo ni mis amigos podemos comprar unos altavoces de esa magnitud, porque valen mucho dinero, ¿qué le parece la idea?

—Está bien, José Luis —aceptó el trato, jejeje. Me gustan las personas con iniciativa y creo que van a estar mejor en vuestro club que parados aquí en el colegio, ¿cómo quieres que lo hagamos?

Como ves ya había conseguido mi objetivo, había convencido al mismísimo profesor de Música. Ninguno de mis amigos me veía capaz de conseguirlo, pero en mi mente siempre creí que era posible; me dijeron que estaba loco, que el profesor no me haría ni caso, que eso estaba parado pero pertenecía al colegio. Nunca los creí y me dije a mí mismo: «Por intentarlo no pierdo nada, y justo me salió todo bien. Cuando quieras algo, ve a por ello y no dudes jamás, solo tú sabes de lo que eres capaz, no hagas caso de los miedos de los demás y cree en ti.

¿Quién dijo que no podía hacerse? ¿Y qué grandes victorias se le reconocen a esa persona, que la capaciten para juzgar a otros correctamente?

NAPOLEON HILL, *Las leyes del éxito*

Con el trato cerrado solo había que coger los altavoces y llevarlos hasta mi casa; aquí venía la segunda parte de la historia, ¿cómo íbamos a transportar esos grandes altavoces siendo unos niños?, había que convencer al padre o hermano mayor de alguno de los colegas del club para que nos los recogieran con un vehículo grande, así que aproveché que uno de mis colegas tenía hermanos mayores y le dije: «Tío, tu hermano nos haría el favor de venir con un vehículo grande para llevar estos altavoces a mi casa?». Me dijo que sí, y así conseguimos tenerlo todo listo para poner en marcha nuestro primer emprendimiento.

Una vez que nuestro club estaba equipado con todo lo necesario, era hora de explotarlo haciendo eventos para los chavales de la zona. Entonces se me ocurrió la idea de organizar unas fiestas los sábados por la tarde en las que se pondría música y habría refrescos, picapica y golosinas. Tenía la idea, pero necesitaba el apoyo de mi equipo de colegas para congregar a más personas y que el plan saliera rentable; entonces les dije a mis tres socios del club: «Mirad, chicos, he tenido esta idea y es fácil, solo tenemos que conseguir entre cinco y diez amigos cada uno; una vez que nos confirmen que vienen, les diremos que para entrar en la fiesta y tenerlo todo gratis hay que pagar un poco de dinero, algo simbólico, y eso nos permitirá comprar todas las cosas que necesitamos y ganar un pequeño margen para gastos inesperados o por si se rompe alguna cosa, ¿qué os parece la idea?».

Me dijeron que sí y así comenzó mi primer emprendimiento. Allí se hacían unas fiestas increíbles y todo salía genial. Poco a poco fui dándome cuenta de que me gustaba mucho emprender ideas y liderar personas, me sentía feliz de ver que había creado ese club desde cero y todos los chavales de la zona se morían por venir a conocer qué pasaba allí. Fíjate que todo nació en mi mente, como es dentro es fuera, pero todo empieza con una idea que acaba haciéndose realidad con trabajo y esfuerzo; no fue fácil, porque tuve que pensar mucho y tener buenas ideas, recuerda que debí convencer al profesor, luego a mis amigos y finalmente a mis padres para que no se lo tomaran como una locura y prohibieran la entrada a todo el mundo una vez que nos hubieran pagado. Así es como llevé a cabo mi primer emprendimiento, que aparte de divertirme, me sirvió para verificar mis habilidades comerciales y de liderazgo.

Las fiestas fueron creciendo masivamente hasta que un día entró más gente de la cuenta, nos habíamos metido unas cuarenta personas allí dentro y había un buen escándalo; me di cuenta de que no podíamos controlar a toda esa gente y empezamos a tener los primeros problemas porque los chavales se asomaban por la terraza y tiraban cosas a las casas colindantes, también abrían mucho la puerta y la música salía causando molestias a los vecinos..., así que llegaron las primeras reclamaciones en forma de llamadas telefónicas y amenazas; según me contó mi madre, le decían: «Si tu hijo no deja de montar estas fiestas, vamos a llamar a la policía y os vamos a denunciar». Ahí entró en escena mi padre y me dijo que por él no hiciera caso, pero que si pasaba algo de causa mayor, yo era el responsable; entonces decidí dejar de montar aquellas *parties* tan masivas y las cambié por reuniones de *petit comité*. El club siguió activo, pero, más que para fiestas, era para reuniones de amigos de la pandilla y para escuchar música cuando yo practicaba pinchando la que me había comprado nueva cada mes.

Claves de esta historia

- Lucha por tus sueños y cree en ti, todo es posible si piensas, planeas y ejecutas.
- La ilusión por conseguir algo grande hace que te esfuerces y lleves a cabo más de lo que nunca hiciste, busca una motivación y trabaja duro, ¡todo llega!
- Los obstáculos se vuelven invisibles cuando tu determinación es mayor que tu miedo, no te lo creas todo y compruébalo con tu propia experiencia.
- El dinero pasa a un segundo plano cuando amas lo que haces. Este club nunca habría existido si el fin hubiera sido ganar dinero en vez de pasarlo bien.
- Hasta tus padres creerán en ti cuando tú mismo lo hagas, demuéstrales con hechos que has venido a brillar.
- Y, por último, rodéate de personas mejores que tú, esta es la única forma de evolucionar y crear cosas increíbles.

FÚTBOL, COMPETICIÓN Y ARTES MARCIALES

LOS GOLES Y LA DOPAMINA

Desde bien pequeño había tenido una gran influencia futbolística por parte de mi padre, a él le encantaba su Valencia CF e intentó que yo siguiera sus pasos. Si no hubiera sido porque el hijo de su mejor amigo nació antes que yo, me habría llamado Mario, en homenaje a Kempes —jugador del Valencia CF en aquella época— en vez de José Luis, ya que para mi padre Mario Kempes, apodado el Matador, era un referente dentro del fútbol, además del mejor jugador del mundial de 1978 y el máximo goleador con Argentina; por eso él quería que su hijo se llamara así.

En el chalet que teníamos me hizo un campo de fútbol siete con hierba y todo lo necesario para que practicara desde pequeño, y allí fue donde empecé mis primeras prácticas. Siempre me insistía en que lo más importante era mantener el balón controlado con los pies, me decía: «José, tienes que dominar la pelota, tienes que conseguir que no caiga al suelo durante el rato que tú quieras; cuanto más dominio tengas, mejor jugador serás». Obviamente, le hacía muchísimo caso, mi padre era un gran referente para mí en aquel entonces.

Los primeros partidos en los que ya había competición los organizábamos en ese campo, y acudían los chavales de los chalets del vecindario; aquello era superdivertido, menos cuando perdíamos contra nuestros rivales. Nunca me gustó perder. Los Polleros era un grupo de chavales al que llamábamos así porque sus familias se dedicaban a la venta de gallinas y huevos. En mi equipo estaban mis colegas más cercanos, con los que salía en la bici e iba al río a coger cangrejos. Allí empecé a sentir las primeras emociones positivas y negativas; cuando ganábamos, sentía mucha alegría y cuando perdíamos, mucha frustración. Gracias a las experiencias del chalet, había sentido por primera vez lo que era un pico de felicidad —al marcar los goles decisivos— y me había dado cuenta de que eso me gustaba. Así que quería sentirlo continuamente; ahí fue cuando le dije a mi padre que quería jugar todas las semanas y contra otros equipos, y decidí apuntarme al equipo de fútbol oficial del colegio.

Con ese equipo fui creciendo como futbolista en las dos primeras categorías y aprendí a trabajar en equipo. Lo bueno del fútbol es que no se consiguen buenos resultados si trabajas de forma individual, así que poco a poco dejé el ego a un lado y empecé a mirar más por el trabajo grupal que por el individual. Aun así, como buen delantero que era, me encantaba la sensación de buscar la oportunidad, meterme en profundidad hacia la portería contraria y marcar los goles decisivos; como sabes, aunque el trabajo sea del equipo entero, la gran ovación se la lleva el artífice del gol y eso fue generando en mí una adicción que se convirtió en algo parecido a una droga. Conoces la dopamina, ¿verdad?, pues mi mente generaba esa sustancia, y me volví completamente adicto a ella. Te voy a contar cómo funciona y cómo puedes utilizarla cuando vuelvas a percibirla en el cuerpo.

SOMOS ADICTOS A LA DOPAMINA, YO EL PRIMERO...

Todo comenzó cuando era pequeño, ¿recuerdas los días en que venían los Reyes Magos, ibas al parque acuático, te llevaban al cine o, si es el caso, cuando tenías un partido de fútbol importante?, ¿esa sensación que sentías pensando en una futura recompensa? Yo no podía ni dormir la víspera, y me despertaba muy temprano. Cuando pensamos en algo que va a suceder en el futuro, segregamos un pico de dopamina. Esta hormona segregada por el cerebro la producen las neuronas del hipotálamo y nos da placer inmediato. Es puro vicio, ¿te suena de algo?

La dopamina es necesaria para nuestro crecimiento y desarrollo como seres humanos. Grandes logros deportivos y empresariales se han conseguido gracias a la gratificación que nos proporciona esta hormona, pero ¿sabes cuándo viene el problema?, pues cuando nos volvemos adictos a ella, de forma desmesurada, y nuestro carácter se vuelve dopaminérgico. Por si con esta corta aclaración no se acaba de entender, a continuación te hago un resumen sencillo y te dejo el nombre de un libro; quién sabe, igual te interesa el tema y quieres profundizar en ello. A mí me ayudó mucho a comprender cómo funcionan estos mecanismos.

Cuando nos volvemos adictos a los picos de dopamina, la buscamos de la manera que sea, ya nos da igual, porque la mente no distingue de qué fuente viene, solamente nos pide más de esa sustancia y nosotros se la damos de forma inconsciente. De ahí vienen las grandes adicciones. Te lo cuento con más en detalle. ¿Sabes por qué te enfadas cuando pierdes en un juego o cuando la chica que te gusta te deja tirado o incluso cuando no te salen las cosas bien? Ahí está la clave: la dopamina, la hormona de la recompensa, desaparece y, con ella, tu estado de ánimo cambia. Durante muchos años fui un esclavo de esta hormona y no tenía ni idea de que algo así podía controlar mi vida totalmente.

Actividades como consumir drogas, alcohol, café, sexo o comer en exceso son grandes generadoras de dopamina. ¿Cuántas personas conoces totalmente adictas a cualquiera de estas cosas? Yo fui una de ellas, y hoy en día aún echo de menos los picos de dopamina que me producían. He tenido que hacer un gran trabajo de introspección y desarrollo personal para entender por qué me volví adicto a las sustancias y, sobre todo, para aprender a conseguir la hormona de fuentes saludables, como el deporte, la lectura, la meditación o la comida saludable. La conclusión ha sido clara y te la voy a contar para que tú también puedas identificarlo si estás viviendo algo parecido.

Me pasaba el día buscando estímulos externos para parchear mi malestar y llenar mi vacío existencial; no sabía en qué trabajar, y si lo hacía, era a cambio de dinero. Y pensarás que uno siempre trabaja a cambio de dinero, claro que sí, pero hay que ir más allá. Si no te dedicas a lo que te apasiona, vas a estar frustrado y amargado, créeme, el dinero no da la felicidad, obviamente ayuda y mucho, pero no es suficiente. Estuve muchos años dando vueltas de un trabajo a otro hasta que me cansé y empecé a emprender; pero ¿sabes qué?, cuando emprendí tampoco era feliz, porque solamente lo hacía para buscar dinero, estaba obsesionado con el dinero, hasta que un día llegué a una conclusión que me cambió la vida. Tenía que dedicarme a algo que amara, y fue ahí cuando encontré mi camino.

A partir de ese día, casi toda la dopamina que buscaba en cosas externas como comer en exceso, salir de fiesta o tener sexo la obtenía de mi propósito de vida. Sí, lo estás leyendo bien: mi trabajo me hacía segregar dopamina, es decir, me hacía feliz. Y cuando tu trabajo te hace feliz, no parece que estés trabajando y es una diversión constante. ¿Conoces a alguien que esté viviendo esta experiencia?

> **Si mi vida va a ser trabajo y nada de juego,**
> **quiero que mi trabajo sea un juego.**
>
> Phil Knight (Fundador de NIKE)

Personas tales como el fundador de NIKE lo explican en su biografía: «No habría podido crear un imperio como Nike si no hubiera amado mi trabajo». Así que, si no sabes qué hacer con tu vida, lo primero es encontrar tu propósito y una vez que lo encuentres, trabajar duro cada día.

Y aquí te dejo el título del libro sobre la dopamina: *Dopamina*, de Daniel Z. Lieberman y Michael E. Long.

TONI, MI GRAN ENTRENADOR Y EL QUE ME ENSEÑÓ EL VERDADERO LIDERAZGO

Antonio Pascual Cintero —o como me gustaba llamarlo a mí, Toni—, una de esas personas que son luz e iluminan el camino por donde pasan; así es como lo recuerdo. Para muchos, un simple entrenador de fútbol, para mí, la persona que supo sacar mi máximo potencial deportivo y enseñarme muchas grandes lecciones de liderazgo. En esta historia quiero contarte todo lo que aprendí gracias a este maravilloso hombre. Hoy en día todavía aplico sus enseñanzas, tanto en la vida como en la empresa, ¡estate atento!

En el fútbol, como en todos los deportes, hay dos tipos de entrenadores, los que se limitan a dar instrucciones y poner en práctica las técnicas estipuladas para entrenar, y los que hacen todo eso y aplican la psicología para llevar la mente del deportista a su máxima expresión. Toni era uno de esos últimos; nunca olvidaré sus lecciones magistrales de liderazgo, ya que lo suyo era algo innato y su entusiasmo era pegadizo. Con solo una mirada, ya sabías lo que tenías que hacer. En mi trayectoria como futbolista amateur, fue el único entrenador que tuve que se vestía de corto para entrenar con nosotros.

Sus técnicas de liderazgo eran infalibles, se metía en el campo de entrenamiento con el equipo y se ponía a correr a nuestro lado. A partir de este momento hablaré solo de mí para que sea más fácil de entender, pero hacía lo mismo, y uno a uno, con todos los jugadores que formábamos el equipo. Cuando se ponía a mi lado y veía que no corría lo suficiente, me decía: «Vamos, Sena, estás bajando el ritmo, ¿quieres que seamos los mejores o no? ¿Creo que se te ha olvidado eso? ¡¡¡Vamosss!!!». Recuerdo que estas palabras me impactaban mucho a nivel emocional, cuando no podía más y me las decía, me salían las fuerzas de lo más profundo, me motivaba mucho y me hacía esforzarme aún más, si cabía.

Otra cosa que a Toni se le daba muy bien era hacerme pensar, él sabía que el liderazgo trata de extraer de las personas lo mejor que llevan dentro, y es lo que hacía. Yo solía jugar siempre de titular, menos cuando no me esforzaba tanto como de costumbre, y ¿sabes por qué?, pues porque él, para sacarme del estado de pereza, me dejaba en el banquillo de reserva; él sabía perfectamente que no me gustaba nada estar ahí, de hecho no lo soportaba, ya que me sentía muy frustrado, pero esa era su forma de decirme «Trabaja más duro y serás titular otra vez». Aún recuerdo la vez que le pregunté: «Toni, ¿por qué soy reserva y ya no soy titular, si estoy jugando como siempre?». Y su respuesta fue: «Eso no me lo preguntes a mí y pregúntatelo a ti; si hicieras lo que sabes hacer de la mejor forma que lo sabes hacer, serías titular indiscutiblemente, así que ya sabes lo que tienes que hacer a partir de mañana, ¡deja de hablar y trabaja duro!».

Otra de las cosas que desempeñaba muy bien mi querido entrenador y maestro de vida Toni era el liderazgo motivacional; cuando había problemas, te cogía en privado y te hacía preguntas, siempre enfocadas a lo personal y con la intención de comprenderte para poder motivarte mejor y sacar tu máximo potencial. Había una cosa que también se le daba muy bien; la cogí prestada de él y la utilizo con mis equipos hoy en día. Y es que cuando había hecho un buen partido en el fin de semana, siempre esperaba el momento en que estábamos juntos todos los compañeros del equipo y me felicitaba en voz alta para que todos lo oyeran, te pongo un ejemplo: «¿Habéis visto al crac de Sena cómo volvía locos a los defensas del equipo contrario? Menudo recital les dio, no podían con él, qué cabroncete; cuando quiere, no hay nadie que lo pare». Este tipo de actos eran pura motivación y hacían que lo vieras como un líder.

Otra gran lección de motivación y liderazgo fue prometernos que, si ganábamos la liga, organizaría un viaje a Mallorca con los gastos pagados por el club; en concreto nos dijo: «Chicos, este año lo tenemos complicado porque hay varios equipos muy buenos, si queremos ganar la liga, vamos a tener que trabajar muy duro para poder ser mejores que ellos. Si cumplís vuestra parte del trato, os prometo un viaje todos juntos para celebrarlo, ¿qué os parece la idea?». Fíjate en cómo ese pequeño incentivo del viaje impactó sobre nosotros: logramos ganar la liga y competir contra equipos de otro nivel que estaban en una liga superior. El poder de la palabra; lo dijo y lo cumplió. Eso es, bajo mi punto de vista, lo que diferencia a un líder de un simple entrenador.

LAS ARTES MARCIALES NO ERAN LO MÍO; MI PRIMERA PALIZA

Al mismo tiempo que experimentaba mis primeras sensaciones con el fútbol, hacía artes marciales. Todo empezó a raíz de un problema en la calle con unos delincuentes que quisieron robarnos y me vi totalmente indefenso ante ellos. Fue ahí cuando hablé con mi padre y le dije que quería apuntarme al gimnasio de su primo, el Gimnasio Sena; era el único en los alrededores donde daban clases de artes marciales y, según me dijo mi padre, su primo era un experto en la materia. Empecé haciendo taekwondo, se me daba bastante bien y ahí fui aprendiendo una disciplina deportiva que me ha servido para muchas cosas en la vida.

A medida que subía de nivel, entrenaba cada vez con compañeros más expertos, algo que me gustaba porque aprendía mucho de ellos y ellas. Pero un día pasó algo que me impactó de forma negativa para siempre y me hizo abandonarlo; en ese momento todavía no tenía la capacidad de comprender que todo sucede para mejor, así que el hecho que te voy a contar me llevó a dejar las clases, a pesar de lo que opinaba mi maestro.

Había ido subiendo de cinturones rápidamente, la verdad es que cuando algo me motiva, tengo facilidad de aprendizaje, y sucedía con ese arte marcial; así que mi tío —que era mi maestro— me veía muy superior a los chicos de mi nivel y decidió ponerme con una chica que era muy buena. Hasta aquí todo normal, ¿verdad? En ese entrenamiento nos pusimos a calentar y poco a poco la cosa fue cogiendo intensidad; vi que la chica era bastante directa, de hecho me di cuenta de que quería demostrarme su superioridad y bajé la guardia; en ese momento me dejé llevar por mis creencias limitantes, mi mente me decía: «Es una chica, no tiene nada que hacer, tú eres más fuerte, los hombres tienen más fuerza que las mujeres», etcétera —son creencias que ya he transformado, hoy en día pienso de manera diferente—, y mientras pensaba todo eso, empecé a recibir golpes, y no podía esquivarlos, intentaba atacar y era en balde, no paraba de recibir golpes. En ese gimnasio peleábamos de forma real, no era como hoy en día, que se marcan los golpes sin llegar a impactar; recibía los impactos por varios sitios y no sabía ni cómo defenderme, fue ahí cuando me invadió una sensación muy amarga, hoy la identifico como frustración y sé que es una de las emociones que siente el ser humano cuando no se cumplen sus expectativas; para mí es de las sensaciones más difíciles de gestionar, te nubla la visión y te hace verte a ti mismo como insuficiente y defectuoso. Y con todo ese caos, ella siguió a lo suyo hasta que mi tío dijo: ¡¡¡Basta!!!

Fue tal la lección y tan alto el nivel de frustración que decidí dejar las clases para siempre. Pero antes de hablar de otra cosa, me gustaría analizar con profundidad el aprendizaje que hay detrás de esta historia para ver si aprendemos algo juntos, ¿qué te parece la idea?

Ahí varios factores desencadenaron ese desenlace. Por un lado estaban mis creencias limitantes acerca del sexo opuesto —como ya te he contado—, y por otro, mi interpretación de la situación. Como ves, al fin y al cabo ambos factores son pensamientos, y nada de lo que sucedió se puede etiquetar como bueno o malo, pero yo lo hice y le di una connotación negativa, en ese momento no tenía la información correcta, por lo que me rendí antes de tiempo. Quién sabe, si hubiera seguido, dónde estaría ahora mismo. Igual sería un campeón europeo o mundial de esa disciplina deportiva, ¿tú qué crees? Con esta historia intento decirte que también soy humano y también he dejado a medias algunas cosas debido al miedo; pero aprovecho para decirte que ese no es el camino, las personas que logran grandes cosas en la vida son las que nunca se rinden y perseveran, y no existe la suerte, no te creas lo que te han contado, la suerte la creamos nosotros mismos cuando tomamos decisiones acertadas y trabajamos cada día con disciplina e inteligencia.

**Nada es tan bueno ni tan malo,
es el pensamiento el que lo hace tal.**

WILLIAM SHAKESPEARE, *Hamlet*

LA SEGUNDA PALIZA PELEANDO

Después de esa mala experiencia estuve unos años jugando solo al fútbol, pero transcurrido un tiempo volví a la carga; esta vez tenía ganas de aprender un deporte diferente pero que fuera de contacto, me decidí por el kickboxing. Cogí a un amigo y le pregunté si quería apuntarse conmigo, así no tendría excusas cuando no me apeteciera entrenar y él me animaría, igual que cuando le sucediera a él, lo animaría yo; la verdad es que la técnica nos funcionó y no faltábamos a ningún entrenamiento, éramos los más jóvenes de la clase pero aprendíamos muy rápido. Debo decir que la base del taekwondo me sirvió muchísimo y, aunque este deporte era diferente, ya tenía más técnica que mi amigo, como si no estuviera empezando de cero; poco a poco subí de niveles y me ponían con compañeros más expertos. Parecía que la historia se repetía, los sabios dicen: «Quien no conoce su historia está condenado a repetirla», al parecer, eso es lo que me iba a suceder. Llegó un momento en que ya no quería ponerme con los más nuevos e inexpertos, solo con los más veteranos; al principio me marcaban los golpes y me parecía como una broma, no sé por qué mi instinto quería lucha de verdad, mi carácter era fuerte y no me sentía a gusto de esa manera.

Un día el maestro me vio cara de pocos amigos y me dijo: «Hoy te vas a poner con ese de ahí», y es que el maestro era el más sabio de todos, pero ¿te digo la verdad?, no me daba ningún miedo enfrentarme a ese compañero, luego entenderás por qué. Mi respuesta fue clara: «Vamos, maestro, lo que haga falta, estoy aquí para aprender cueste lo que cueste»; empezamos a guantear y a marcar patadas, pero todo en plan tranquilo, hasta que vi que subía la intensidad y me metía las manos hacia la cara; su intención era impactarme, con manos y con piernas. Fue ahí cuando empecé a atacar, y cuanto más atacaba, más recibía, hasta que me hizo una combinación de patadas y puñetazos que, sin que yo me diera cuenta, me reventó la nariz y el ojo, y la lentilla que llevaba salió disparada; estuve más de diez minutos sin ver nada, la verdad es que me asusté. Su nivel era muy alto y quizá mi inexperiencia hizo que me precipitara y lo agrediera más de la cuenta, por lo que él se defendió. Como ves en esta historia, a veces en la vida no son las ganas lo único que cuenta, a mí ganas me sobraban y mira lo que me pasó, recibí unos buenos golpes que me dieron mucho que pensar. La ignorancia es muy atrevida y a menudo nos metemos en situaciones complicadas por desconocimiento, ¿crees que, si hubiera conocido el desenlace, lo habría atacado?

Claves de estas historias

- Tus pensamientos pueden ser tu peor enemigo, elige bien lo que quieres creer, porque lo que crees, lo creas.
- Un alto impacto emocional puede enseñarte más que cinco años de universidad, mira mi historia.
- Nunca subestimes a nadie, y menos por ser mujer; recuerda que Dios dotó a las mujeres de un cociente intelectual superior al nuestro.
- Mi educación me jugó una mala pasada, cuestiona lo que te dijeron que era verdad y crea tu propia verdad a través de la propia experiencia.
- El miedo te bloquea si no aprendes a afrontarlo.
- Si no aprendes la lección, la repetirás tantas veces como sea necesario.
- La fuerza descontrolada no sirve de nada, piensa, planea y ejecuta.
- Tuve que recibir golpes físicos para saber cuál era mi camino.

CAMBIO DE COLEGIO Y NUEVOS APRENDIZAJES

Lo que tenía claro era que nadie iba a decirme lo que debía hacer, ni mis propios padres; siendo tan joven, ya tenía la capacidad de discernir entre lo que quería y lo que no, y me limitaba a aprobar los cursos por complacer a mi madre, a pesar de tener muy claro que ese no era mi camino. Siempre me sentí juzgado por los profesores, solían decir que era un vago y que no me esforzaba, que no entendían cómo podía sacar sobresalientes en algunas materias y en otras un cero rotundo. Esto tiene una clara explicación, ahí va.

Mi inteligencia es artística y creativa. Cuando me obligaban a estudiar, me frustraba muchísimo y entraba en rebeldía y pasaba de los profesores. En cambio, cuando estaba en las clases en que no había que memorizar conceptos y que eran más participativas, me involucraba mucho y acababa sacando mejores notas, ¿cómo era posible que los profesores no lo supieran ver? Pues no podía entenderlo… En alguna ocasión cogía el examen y lo entregaba en blanco; el profesor me decía: «José Luis, tu examen está en blanco, ¿no has estudiado nada?», y le respondía con una sonrisa: «NO, no me interesa esta asignatura». Ese día tenía castigo y bronca al llegar a casa.

Con este tipo de historias no pretendo hacer apología de la rebeldía, sino todo lo contrario. Creo que un niño que no es comprendido tiene muchas más posibilidades de crecer frustrado y tener problemas de gestión emocional que uno al que comprenden y apoyan para potenciar sus dones innatos, y considero la educación emocional como algo fundamental para que los niños aprendan y evolucionen de forma sostenible. Por causalidades de la vida, o por la ley de causa y efecto, yo tuve que transitar ese camino y aprender por mi cuenta cuál era mi vocación; si me hubiera dejado llevar por mi entorno, habría estudiado una carrera a gusto de mi madre, e imagínate vivir toda la vida haciendo algo que no has elegido tú mismo.

Por fin llegó el momento que tanto les había pedido a mis padres, quería cambiarme del colegio en el que estaba a otro, y recuerdo que tomé la decisión porque mi amigo Carlos Palacios estudiaba allí y nos habíamos hecho buenos amigos gracias a nuestra forma de pensar; éramos dos ovejas negras y nos encantaba el *skate*. En aquella época solo nos preocupaba sacar buenas notas para complacer a nuestros padres, hacer grafitis, comprar ropa diferente a la que llevaban los demás y patinar. Nos sentíamos muy distintos a los compañeros de clase y era evidente que lo éramos por nuestras aficiones y nuestra manera de ver la vida; de hecho, éramos los más raros de clase, y me encantaba. Pasé de ir a un colegio de pago a estar en uno concertado, y todo cambió de un modo radical: las conversaciones de mis nuevos compañeros eran otras, su forma de vestir era distinta, nadie —o muy pocos— llevaba ropa de marca... dejé de ver una realidad de color de rosa para ver la cruda realidad.

En el nuevo colegio no convivía solo con hijos de millonarios, también tenía compañeros que venían de familias de clase media y clase baja, pero eso me gustaba, debo ser honesto. Sentía que había mucho aprendizaje en la nueva etapa y que las personas son personas más allá de sus ropas o su clase social; así que hice buenos amigos allí. El contraste me permitía ver el otro lado de la moneda, fíjate que de haber continuado en el anterior colegio, nunca habría valorado muchas cosas que aprendí gracias a esa nueva etapa.

ME LIGUÉ A LA GUAPA DE LA CLASE POR SER DIFERENTE

Nada más llegar al nuevo colegio, empezaron a pasar cosas impactantes y que me resultaban nuevas. Como te he ido contando, mi manera de vestir era muy diferente a la de los demás, solía usar ropa muy ancha y de marcas americanas, vaya, el outfit típico de los *skaters*, pero como podrás imaginarte, en el nuevo colegio nadie vestía así, solo mi amigo Carlos y yo, así que dábamos la nota por todos lados. Eso me sirvió para llamar la atención de una chica morena, digamos que era la más guapa del colegio. Vaya, casi se convertiría en una tradición, lo de llegar a los sitios y ligarme a la chica más bonita. Lo que no sabía era que eso me ocasionaría un gran problema con unos chavales que eran amigos de su exnovio.

Todo empezó en clase, recuerdo que me sentaron muy cerca de ella y no dejaba de mirarme, parecía como una obsesión; se notaba que ver a una persona que se mostraba diferente le llamaba la atención. Desde el primer día quiso entablar conversación conmigo y era muy simpática, me ayudaba con los deberes y todo eran facilidades. Así, a medida que pasaban los días se iba creando un vínculo mayor, hasta que una compañera de clase me dijo que le gustaba mucho; sin forzar nada ya me había ligado a la chica que perseguían todos los niños del colegio y ¿sabes por qué? Muy fácil, por ser único y diferente.

Un día estaba entrenando a fútbol y vi una banda de chavales detrás de la portería; por sus caras se notaba que buscaban a alguien y observé que me señalaban, entonces intuí que iba a tener un problema, no sé por qué, imaginé que la chica había hablado con su exnovio y venían a ajustar cuentas conmigo. Cuando acabó el entrenamiento y salí del vestuario, me estaban esperando y se me acercó el más grande de todos a decirme: «Tú eres Sena», le dije que sí y le pregunté qué pasaba, me contestó rápidamente, diciéndome que estaba tonteando con la novia de su amigo; me quedé mirándolo y finalmente le dije: «Yo no tonteo con nadie, es ella la que me seduce en clase; si tiene novio, que no haga esas cosas. De todas formas, dejemos esto claro ahora mismo: os doy mi palabra de que, a partir de mañana, si esa chica está con tu amigo, ya no hablaré con ella, estate tranquilo». Así que me libré de un problema y dejé las cosas claras de una vez.

COMIENZAN LOS PROBLEMAS POR SENTIRME UNA OVEJA NEGRA

Una de las cosas que me reveló que me sentía muy oveja negra fue el cambio de colegio y, con ello, el cambio de amistades. Como decía, hice muy buenos amigos, pero tenía una gran sensación de separación; no me divertían las mismas cosas, me movían otras inquietudes y tenía claro que quería dedicarme a algo artístico, cosa que ellos ni sabían en aquel entonces. Además, el colegio me parecía un trámite innecesario, pero nadie de mi entorno creía en mí, así que fui creando una barrera de separación respecto a los demás y potenciando la imagen que tenía sobre mí mismo; en todos los sitios me decían que era una oveja negra, tanto los profesores como mis familiares e incluso mis nuevos amigos, siempre decían a mis espaldas que era un tío muy raro. Y tanto que lo era, pero no por el físico, sino que era algo más mental, pues mi forma de pensar difería de la de casi todos ellos; a veces les hablaba sobre cosas que me preocupaban y a ninguno de ellos se les pasaban por la cabeza temas de ese tipo.

Intentaba expresar mis pensamientos con todo aquel a quien tenía algo de aprecio, pero era en balde, nadie me comprendía; parecía que los temas en los que yo pensaba eran locuras para ellos; imagínate por un momento sentirte de determinada manera y que nadie te entienda. Pues eso es lo que yo vivía día tras día. Así que poco a poco dejé de conectar con mis padres, con mis profesores y con todo el que no estaba alineado conmigo, me fui quedando muy solo y únicamente me juntaba con quienes se sentían como yo. Cada vez se cerraba más el círculo.

En el colegio me sentía muy juzgado, nada de lo que hacía le parecía bien a nadie, y menos a los responsables del colegio; me convertí en el líder de la clase y los profesores no lo soportaban; tenía la capacidad de revolucionar a una clase entera, incluso al delegado, lo que alertó a los profesores y, por tanto, llamaron a mis padres para informarlos de que era un chico problemático. Cuantas más quejas recibían mis padres, más rebelde me volvía yo; estaba muy confundido y no entendía nada, hasta que años después comprendí que solo buscaba atención y amor, que simplemente actuaba desde mi instinto de niño. Llegaron a decirles que, si seguía así, acabaría metido en las drogas o en la cárcel; si les hubiera creído, posiblemente no existiría hoy en día Oblack Caps. Lo que no entendía ni entenderé jamás es cómo se puede decir eso a unos padres. Supongo que hoy en día ya no pasan estas cosas…

No permitas que nunca nadie te diga lo que vales, tú eres el único capaz de saber tu propio valor.

Muhammad Ali

Ese primer curso en el nuevo colegio fue un desastre, porque el cambio había despertado en mí a una fiera salvaje etiquetada como oveja negra. Pero yo tan solo me sentía diferente y no quería problemas con nadie, me limitaba a aprobar las asignaturas que me gustaban y en las otras sacaba un cero, era mi manera de mostrar la rebeldía; los profesores estaban muy obsesionados con castigarme y hacerme la vida imposible, algo que terminó en un conflicto continuo. Recuerdo un día en que estada muy cabreado, me habían castigado sin recreo y encima habían llamado a mis padres para hablarles muy mal de mí; imagínate la bronca que me cayó al llegar a casa. Así que ideé un plan y hablé con mi amigo Carlos Palacios, que era mi compañero de fechorías: «Carlos, estos profesores me tienen muy harto, es injusto lo que hacen con nosotros, quieren cambiarnos a la fuerza y eso no lo van a conseguir, ¿qué piensas?». Él me dijo que estaba de acuerdo, y entonces se nos ocurrió una gran gamberrada. A día de hoy reconozco que fue un gran error, no quiero hacer apología del mal comportamiento en los colegios, pero en aquel momento fue superdivertido, así que te lo cuento… Un día después de la clase de Educación Física, Carlos y yo nos quedamos los últimos en el gimnasio, que fue donde comenzó la cosa; el plan era pintar parte del gimnasio y las puertas de los vestuarios con mensajes de crítica hacia los profesores y el colegio, los letreros decían mensajes como estos: «Este colegio es una mierda», «Los profesores no tienen ni idea de nada», «Arriba la rebeldía», y alguno más que no recuerdo con exactitud. Imagínate, cuando llegaron al día siguiente y vieron pintadas por todos lados… Aún recuerdo cómo fue la cosa; estaba en clase y vino el jefe de estudios para llevarme a una sala donde había más profesores y mi amigo Carlos, y nos acusaron directamente de los hechos; obviamente los negué, pero no sirvió de nada, me dijeron que habían reconocido mi letra, por lo que sabían a la perfección que habíamos sido nosotros.

Con esta historia solo pretendo ser la voz del cambio, ya está bien de obligar a los niños a estudiar cosas innecesarias, ¿quién ha utilizado un río para gestionar a un equipo de personas en una empresa?, ¿y las fórmulas de la tabla periódica para alimentarse bien y tener buena salud? Creo que habría que rediseñar la estrategia educativa de pies a cabeza e incluir educación emocional, educación financiera, educación alimentaria y dejar de obligar a los niños a memorizar conceptos para aprobar exámenes sin ni siquiera comprender lo que escriben. Yo llegué hasta las puertas de la universidad con chuletas: hecha la ley, hecha la trampa; y como yo, muchos niños y adolescentes. La educación va más allá de leer y memorizar información, la palabra «educación» viene del latín *educare* y significa «extraer desde dentro lo que uno lleva de forma intrínseca y potenciarlo», no lo que se suele hacer, que es mutilarlo con información errónea y que condiciona al niño. Por ese motivo nunca tuve pelos en la lengua, por eso me reñían y yo seguía con mi mensaje y mi forma de pensar; había venido a este mundo a brillar y quería hacerlo a toda costa, y tuve que atravesar todos estos procesos por defender la verdad que hoy en día se ve de una forma más que obvia.

Eres hijo de Dios. Que juegues a ser pequeño no sirve al mundo. Nada hay de iluminado en encogerte para que otros no se sientan inseguros en tu presencia. Todos fuimos hechos para brillar, como brillan los niños. Nacimos para manifestar la gloria de Dios que llevamos dentro. Esa gloria no está solo en algunos de nosotros, está en todos. Y al dejar brillar nuestra propia luz, inconscientemente damos permiso a otros para hacerlo también. Al liberarnos de nuestro miedo, nuestra presencia libera automáticamente a otros.

MARIANNE WILLIAMSON
(Activista por la paz y filántropa)

CAPÍTULO 4

MÚSICA, ARTE URBANO Y *SKATE*

A medida que pasaban los años, cada vez me interesaba más el movimiento artístico y cultural que representaba a las ovejas negras. Como ya desde pequeñito mostraba una clara afición por la música y la pintura, esto último me llevó al arte urbano y al *skate*, aficiones en las que encontraba un gran alivio para el sinsentido de vida que me tocaba vivir. No sabía ya ni qué hacer para encontrar mi camino y sentirme realizado, pero, por más que hacía, me veía obligado por el entorno a cumplir con lo establecido: seguir el camino trillado. Como sabes, siempre fui muy rebelde en la forma de pensar, aunque era bastante pacífico.

Gracias a estas tres aficiones tenía algo muy claro y siempre me lo repetía en la mente: «Haga lo que haga en la vida, debo dedicarme a algo que me divierta y sea artístico», así que invertía mucho tiempo en estas tres actividades, sobre todo en la música y el arte gráfico, entre semana practicaba muchas horas porque quería especializarme y ser mejor cada día. Gracias al ensayo-error, desarrollé el hábito de la disciplina, cada día me levantaba de la cama y, tuviera ganas o no, me ponía a practicar para mejorar la técnica; no había excusas si quería progresar. Ahora, con todo mi bagaje profesional, me doy cuenta de que sin esas experiencias nunca habría conseguido lo que tengo hoy en día, porque me empujaron hacia mi mejor versión. Los objetivos, se consigan o no, te ayudan a transformarte como persona, algo que en sí mismo ya es un gran hito. Así que, si estás frustrado porque las cosas no te salen bien, piensa que todo son procesos e igual tu actividad del ahora es una forma de desarrollarte para un bien futuro, ¡sigue luchando y cree en ti!

Por otro lado, el *skate* me aportó habilidades sociales, nos pasábamos días enteros haciendo *street* y conociendo a gente nueva; más que un deporte parecía un trabajo de relaciones públicas. Y es que las personas traen consigo aprendizajes, y yo nunca me cerré a conocer a gente nueva, de hecho mis amigos siempre dicen sorprendidos que conozco gente en todo el mundo, ¡y qué bueno es eso!, ¿no? Lo aprendí de mi padre, ya que le pasaba lo mismo; cuando yo era niño e íbamos de viaje, me llamaba la atención ver que mi padre siempre conocía a alguien allí adonde íbamos.

Otra cosa que aprendí del *skate* fue soportar los golpes y no rendirme. Como sabrás si has practicado este deporte, los golpes son muy dolorosos, bien por caerte de cabeza contra el suelo cuando saltas por unas escaleras o por una rampa profesional, bien porque te caes fuera de la tabla y de espaldas al practicar algo más complicado. Recuerdo que me caía y a los pocos minutos me levantaba y seguía, ¿crees que podría hacerlo hoy en día sin quejarme durante una semana?, ¡yo creo que no! Además, para que salieran los trucos había que practicar muchas horas cada día; eso requería paciencia, perseverancia, disciplina y pasión, sin lo cual resultaba difícil mejorar la técnica y añadir más trucos.

¿Y sabes de qué me sirvió desarrollar y potenciar estas habilidades? Pues gracias a la paciencia, perseverancia, disciplina y pasión he progresado en el mundo empresarial; donde muchos se rinden, yo siempre seguí. Del *skate* aprendí que, por más duros que sean los golpes, si no te rindes, los resultados llegan más pronto que tarde. Para conseguir los mejores trucos tenías que pegarte los peores golpes, tanto contra el suelo como contra la tabla, pero el premio era la evolución. Siempre me gustó progresar y superarme día tras día, y este ha sido el secreto para construir la comunidad de ovejas negras más grande del mundo, llamada Oblack Community. ¿Te suena?

UNA FIRMA VIRAL EN LOS PERIÓDICOS

Para mí siempre tuvo una gran importancia pensar de manera diferente, nunca me gustó copiar a nadie y se me daba bien diferenciarme de los demás creando mi propio estilo y forma de pensar; me costaba mucho esfuerzo debido al entorno, pero como siempre digo, «lo que crees, lo creas», algo que para mí era una prioridad. Extrapolé esta forma de vida a mis tres aficiones; por ejemplo, en el arte urbano me creé mi propia imagen corporativa, mis propias tipografías para los *letterings* urbanos y demás; no entendía cómo la gente podía copiar a los demás y no tener una personalidad propia y auténtica. Nunca llevé bien las reglas impuestas porque pretendían que todos fuéramos iguales, y yo no estaba de acuerdo con esa ideología. ¡Todos somos únicos y diferentes!

Hoy, tras muchos años rayando las paredes de media España, puedo contar aquí en el libro que aquello me hacía feliz. Hoy en día no está mal visto pintarlas, pero en aquel entonces los artistas teníamos que escondernos para que no nos detuviera la policía. Solíamos pintar por las noches y con excesiva vigilancia de los miembros de la pandilla; cualquier despiste podía resultar letal y traernos un grave problema con la ley. Me pasaba los días dibujando en casa y en las calles, por lo que fue algo más que un hobby; nos gustaba dejar nuestra firma —grabar nuestra seña de identidad urbana— en los sitios más rebuscados posibles: autobuses, trenes, patios de fincas, las ya extinguidas cabinas de teléfono, etc. En aquella época, mi firma era «Sena», una locura a ojos de la policía, ya que grabar mi propio apellido les facilitaba mucho el trabajo; sin embargo, siempre me gustó jugar al límite, como buena oveja negra.

¿Y sabes lo que sucedió un día con alguien sin personalidad? Esta historia te hará ver por qué siempre me ha gustado ir a contracorriente. Había un chaval que iba imitando mi firma por las calles —me lo habían contado unos amigos—, pero se notaba de sobra que era una copia barata. Un día tras otro me llegaban comentarios de gente que me decía que había un chico que me copiaba, que debía decirle algo; pero a mí me daba igual, la vida siempre se encarga de estas cosas. Así que seguí tranquilo con mi vida. Un día llegué a casa y mi madre parecía asustada, me enseñó un periódico y en la portada salía una foto del ayuntamiento de Valencia con mi firma en la puerta, el titular decía: «Detienen a un joven por hacer pintadas en la puerta del ayuntamiento»; mi madre pensó que me habían detenido a mí, pero adivina quién era: mi detractor; en otro sitio lo habían cogido con las manos en la masa y creyeron que la firma del ayuntamiento era suya, pero ¿sabes quién había firmado allí en realidad?, yo. Como te he dicho, siempre me gustó firmar en sitios arriesgados y que tuvieran cierto morbo. La vida jugó su papel y le dio una lección al chaval por no ser autentico; la enseñanza fue clara.

PIENSA DIFERENTE

En este libro te darás cuenta de que todo está conectado y que los iguales se atraen, no puedes atraer lo que no eres. Esta ley universal hizo que me fijara en una marca de ordenadores americana fundada por una gran oveja negra llamada Steve Jobs, un gran empresario que cambió el mundo de la tecnología para siempre y del que te hablaré con detalle más adelante, ya que tuvo en mí una gran influencia a nivel personal y profesional.

Me gustaría dejarte el texto de su campaña publicitaria «Think Different», que fue lanzada en el año 1997, coincidiendo con el nacimiento de otro genio en su materia y un gran referente del deporte: Ilia Topuria, ¿crees que es casualidad o causalidad? ¿Conoces la ley de causa y efecto?

Texto de la campaña de Apple «Think Different», 1997

Esto es para los locos. Los inadaptados, los rebeldes, los problemáticos, los alborotadores. Las clavijas redondas en agujeros cuadrados.

Los que ven las cosas de manera diferente y no se dejan arrastrar por el *statu quo*. Puedes citarlos, discrepar de ellos, ensalzarlos o vilipendiarlos. Pero la única cosa que no puedes hacer es ignorarlos… Porque ellos cambian las cosas, empujan hacia delante a la raza humana y, aunque algunos puedan verlos como locos, nosotros vemos en ellos a genios. Porque las personas que están lo bastante locas como para creer que pueden cambiar el mundo son las que lo logran.

EL SIGNIFICADO DE SER LA OVEJA NEGRA DE LA FAMILIA

Las llamadas «ovejas negras» de la familia son en realidad buscadores natos de caminos de liberación para el árbol genealógico.

Aquellos miembros de un árbol que no se adaptan a las normas o tradiciones del Sistema Familiar, aquellos que desde pequeños buscaban constantemente revolucionar las creencias, saliéndose de los caminos marcados por las tradiciones familiares, aquellos criticados, juzgados, incluso rechazados…, esos, por lo general, son los llamados a liberar el árbol de historias repetitivas que frustran a generaciones enteras.

Las ovejas negras, las que no se adaptan, las que gritan rebeldía, cumplen un papel básico dentro de cada sistema familiar; ellas reparan, desintoxican y crean una nueva y florecida rama en el árbol genealógico. Gracias a estos miembros, nuestros árboles renuevan sus raíces. Su rebeldía es tierra fértil, su locura es agua que nutre, su terquedad es nuevo aire, su apasionamiento es fuego que vuelve a encender el corazón de los ancestros.

Incontables deseos reprimidos, sueños no realizados, talentos frustrados de nuestros ancestros se manifiestan en la rebeldía de dichas ovejas negras buscando realizarse. El árbol genealógico, por inercia, querrá seguir manteniendo el curso castrador y tóxico de su tronco, lo cual hace la tarea de nuestras ovejas una labor difícil y conflictiva.

Sin embargo, ¿quién traería nuevas flores a nuestro árbol si no fuera por ellas?, ¿quién crearía nuevas ramas? Sin ellas, los sueños no realizados de quienes sostienen el árbol generaciones atrás, morirían enterrados bajo sus propias raíces.

Que nadie te haga dudar, cuida tu «rareza» como la flor más preciada de tu árbol. Eres el sueño realizado de todos tus ancestros.

BERT HELLINGER (teólogo y espiritualista alemán, creador de las constelaciones familiares)

BUSCANDO MI CAMINO A TRAVÉS DE LA LOCURA

Tras varios años perdido en la vida e intentando encontrar mi camino, escogí un grupo de amistades peligrosas pero muy necesarias para mi transformación personal. Recuerdo que más allá del deporte, el arte y la música, la vida no tenía ningún sentido para mí, remaba a contracorriente para ver si podía centrarme, pero resultaba imposible; todo jugaba en mi contra o al menos así lo interpretaba yo en ese momento. Tenía varios grupos de amigos, los sanos y los menos sanos, dejémoslo ahí. Me sentía más identificado con los que se cuidaban y no bebían alcohol, que eran mis compañeros del fútbol, y con ellos pasaba mucho de mi tiempo libre.

Pero un día todo empezó a cambiar, el sufrimiento era cada vez mayor y me sentía totalmente incomprendido por mi familia; ya sabes, era la oveja negra de la casa y no conseguía entenderme con mis padres, ellos querían un tipo de vida y yo otra, ¿te suena? Así que empecé a juntarme más con mis «amistades peligrosas» —como las llamaba mi madre—, aunque entonces a ese tipo de chavales se los llamaba «ovejas negras». La gente me preguntaba cómo estaba y les decía que muy bien —reconozco que mentía—, ¿a quién le gusta decir que está mal? Ahora, con otro nivel de consciencia, veo cómo me autoengañaba, pues la madurez me ha permitido saber que el cambio empieza por uno mismo, por lo que hay que reconocer la propia realidad en cada momento, sea buena o mala; si te mientes, no podrás evolucionar y ser feliz, te lo digo por experiencia personal.

Esa situación de sufrimiento me empujó poco a poco y sin darme cuenta hacia el consumo de alcohol —¿quién no ha bebido para «olvidar las penas»?—. Al principio era algo muy esporádico y lo compaginaba con los estudios y aficiones, pero poco a poco fue en aumento: de beber en fechas clave como cumpleaños, Navidad y vacaciones, pasé a consumirlo muchos fines de semana; el consumo de alcohol estaba completamente normalizado, ¿a que nunca te ha parecido raro que los jóvenes beban en un parque? La cuestión es que, sin darme cuenta, adquirí un hábito letal para la salud. Beber para no sentir el malestar no te ayuda a evolucionar sino todo lo contrario, te nubla la mente y te intoxica el cuerpo, además de detener la evolución personal y espiritual. ¿Conoces a algún deportista de élite que tenga problemas con el alcohol?, yo no, y los que adquirieron ese mal hábito acabaron con su carrera deportiva. Y no te digo que no te bebas una copa de vino o cualquier tipo de alcohol de forma puntual, que incluso puede ser saludable porque te ayuda a socializar, pero una cosa muy diferente es volverte adicto y utilizarlo para evadirte de la realidad. Si tu realidad no te gusta, trabaja en ti cada día para cambiarla, pero no te emborraches cuando llegue el fin de semana para no pensar y verlo todo de color de rosa, eso no solucionará nada, y cuando llegue el lunes, tu realidad será la misma y no habrá salida.

LOS PROBLEMAS CRECEN EN MI VIDA Y EN MI FAMILIA

Como sabrás, lo que mal empieza mal acaba; aunque parezca un dicho popular, es una verdad como un templo. A medida que transcurría el tiempo, cosechaba más insatisfacción, no me gustaba estudiar y cada vez veía menos salidas profesionales; yo quería dedicarme a mis pasiones, pero justamente de eso no había ninguna carrera. Recuerdo que mi madre me llevó a un centro especializado para estudiar Imagen y Sonido, era lo más parecido a lo que me gustaba, pero al reunirme con el jefe de estudios, me dijo que para obtener la plaza debería estudiar todas las demás asignaturas; yo no entendía nada y le dije: «¿Para qué quiero estudiar todas esas asignaturas innecesarias si yo solo quiero aprender acerca de la materia que me gusta?».

Según mi madre, tenía que estudiar una carrera, me gustara o no; ella quería que fuera médico, abogado o arquitecto, y esta última se me hubiera dado bien por mi don innato con el dibujo y el arte, pero, sinceramente, no me seducía ir a una clase a estudiar conceptos innecesarios: yo solo quería divertirme con lo que me gustaba y todo lo demás me daba igual. Así que me fui desilusionando con los estudios y pasé los cursos sin pena ni gloria, era una obligación que me tenía amargado. A esa situación se le sumaron algunas adversidades familiares, y mi vida cambió de forma radical y para siempre. Verás…

En los últimos años, mis padres se habían deshecho de propiedades y de algunas empresas que tenía la familia. En ese momento yo ni sospechaba que la crisis familiar estaba cerca, ya que nunca había vivido algo parecido, y aunque veía que poco a poco bajaba nuestro nivel de vida, no podía ni imaginar la que nos esperaba. Hoy puedo afirmar que fue perfecto para impulsarme hacia mi mejor versión, ya que vivir entre algodones no hace crecer a ningún ser humano. A continuación me gustaría contarte los detalles de aquel proceso, por si te sirven de inspiración.

CRISIS ECONÓMICA FAMILIAR, UNA FORMA FORZADA DE EVOLUCIONAR

Cuando creía que no se podía estar peor, llegó un aprendizaje más para seguir puliéndome como un diamante; como sabes, esas piedras preciosas se forman bajo presión y eso es lo que hacía la vida conmigo. Hoy doy gracias a Dios por las grandes experiencias que te cuento a continuación.

Al principio nadie me decía nada, pero siempre se me dio bien observar el entorno y analizar las cosas; veía a mis padres discutir y, sobre todo, tocaban temas relacionados con el dinero. Supongo que para protegerme me ocultaban la realidad que teníamos en casa, pero algo estaba claro, era una situación difícil. Mi padre había tenido que cerrar la empresa, la única fuente de ingresos familiar; mi hermana mediana tenía doce años y mis hermanos gemelos tres. Era un escenario complicado, ni mis padres sabían qué hacer. En ese momento me di cuenta de mi gran sentido de la responsabilidad, ya que no me permitía mirar para otro lado y seguir mi vida como si no pasara nada; ten en cuenta que venía de una crisis personal y ya estaba adquiriendo el hábito de salir de fiesta y beber los fines de semana para canalizar el malestar emocional. Entonces ofrecí ayuda a mis padres con lo que fuera necesario y cooperé en todo lo que pude; entre otras cosas, pedí préstamos a mi nombre, trabajaba sin descanso, daba apoyo emocional a mis padres en la medida de lo que podía y estudiaba al mismo tiempo. Así que mi vida pasó de ser la de un adolescente normal a la de una persona con muchas responsabilidades, pero ¿sabes qué?, mi único objetivo era que a mi familia no le faltara de nada, no podía ver a mis hermanos pequeños en esa situación y quedarme de brazos cruzados.

Fui asumiendo responsabilidades que me eran ajenas, algo que me fue generando mucha frustración porque no podía vivir la vida de un chaval de mi edad. Trabajaba, entregaba todo mi dinero en casa y a veces no tenía recursos económicos ni para mis propias cosas; además, ninguno de mis amigos vivía una situación parecida a la mía e inevitablemente me comparaba con ellos; eso me hizo mucho daño. Hoy en día tengo la capacidad de entender que ese mecanismo solo me producía envidia y mucho sufrimiento. Además, siempre esperé que mi padre asumiera el rol de líder y arreglara la situación que —bajo mi punto de vista— solo él había creado; y supongo que no pudo hacer más debido a sus creencias limitantes, pero yo perdí la admiración por él, al menos en ese momento determinado, ya que sentí que el rol de líder familiar lo asumía yo, que era el hijo y no el padre. Me gustaría dejar una cosa clara por si pasas por algo parecido: en aquel momento yo sufría porque no supe darle el enfoque correcto a mi situación, pero por eso te digo que las cosas siempre suceden para algo mejor; cuando logras verlo de esta manera, tu vida se transforma, da igual lo que estés viviendo si sabes verlo con positividad. Y te digo más, la vida me ha demostrado que todos los procesos son perfectos y necesarios para evolucionar y llegar a nuestra mejor versión. ¡No te lo creas y compruébalo!

Dentro de ese proceso aprendí cosas como la responsabilidad, el amor incondicional, la disciplina, la cooperación, el esfuerzo y la perseverancia. Como ves, lo que parecía una maldición se convirtió en una bendición, ¿ves como todo pasa para mejorar?, lo que sucede es que dentro de la tempestad resulta muy difícil ver las cosas claras, pero igual que el día sigue a la noche, el sol sale cuando deja de llover; siempre es así, solo debes confiar en los procesos de la vida, confía para estar en paz y vivir feliz. La vida no es de color de rosa como nos han contado, la vida presenta muchas dificultades y lo que diferencia a unos seres humanos de otros es su interpretación del proceso: si lo interpretas como algo bueno, el resultado es felicidad y paz mental; si lo interpretas como algo malo, el resultado es amargura y frustración: Como ves, todo depende de la interpretación ante una misma situación. Yo tuve que vivir esas experiencias para lograr la mentalidad que tengo hoy en día; lo mío no es suerte, la suerte no existe, ha sido un trabajo muy duro de años y años pasando por adversidades. Así que cree en ti y sigue agradeciendo todo lo que te sucede en la vida, porque gracias a ello acabarás brillando como lo hace el sol cada mañana.

No puedes asustar a un hombre que está en paz con Dios, con sus semejantes y consigo mismo. No hay lugar para el miedo en el corazón de alguien así. Cuando el miedo es bienvenido, es porque hay algo que necesita despertar.

Napoleon Hill, *Las leyes del éxito*

La situación personal y familiar no era nada buena, pero después de dar muchos bandazos de trabajo en trabajo, tuve la gran fortuna de que un ser de luz se me cruzara en el camino; lo recuerdo como si fuera ayer: un día a la hora de comer mi padre me dijo que Jaime Ortí quería vernos en su empresa, así que fuimos allí para hablar con él; nada más llegar, me saludó con dos besos como solía hacer al verme. Jaime era más que un amigo de la familia, yo lo veía como a un tío y sabía que nos tendería una mano dándome una gran oportunidad en su empresa multinacional, la primera pregunta que me hizo fue: «¿De qué te gustaría trabajar en esta empresa?».

Antes de contarte mi gran experiencia en la empresa de Jaime, permíteme que te explique cuál fue mi relación con él más allá del trabajo; creo que es importante conocer nuestro vínculo personal para entender el contexto. Sin ser familia, teníamos muy buena relación, ya que mi abuelo materno Jaime había sido el padrino de nacimiento y de boda de Jaime Ortí, algo que unió a nuestras familias. Para mí era como un tío, desde pequeño iba a su casa y me quedaba allí cuando mis padres salían a divertirse alguna noche; también veraneamos juntos en Alcocebre (Castellón), nunca olvidaré aquellos veranos. Además, mi padre tenía un grupo de amigos con los que jugaba al fútbol y en ese grupo estaba Jaime; como imaginarás, muchas veces iba con mi padre a los partidos amistosos y me dejaban jugar con ellos: rodeado de mayores, siempre aprendía muchas cosas, me gustaba hablar poco y escuchar mucho. Lo que más me llamaba la atención de Jaime era su gran carisma, era un líder nato, solo había que observar cómo se comportaba cuando estaba rodeado de gente y cómo despertaba admiración en todos los que estaban junto a él; lo observé ya desde muy pequeño y siempre pensé que algún día llegaría a ser así. Era ese tipo de persona que siempre tiene una buena cara y buenas palabras, y siempre estaba dispuesto a ayudarte en la medida de sus posibilidades, ¡lo que para mí es un gran hombre!

Sigamos con la parte de la empresa: mi respuesta a su pregunta «¿De qué te gustaría trabajar en esta empresa?» fue clara: «Jaime, quiero trabajar de lo que sea, ¿cuándo empiezo?»; hasta hace poco yo no sabía que en ese momento él y mi padre tenían un pacto. Al final de la reunión concluimos que empezara el lunes siguiente; me había designado un puesto en secretaría haciendo albaranes y ayudando en el departamento de contabilidad, ya que siempre se me dieron bien los números. Pero ¿te digo algo?, ese trabajo me parecía superaburrido y me sentía muy frustrado; creo que se me notaba, y al mes me llamó el director general de la empresa y me cambió de puesto: aquí es donde empieza el aprendizaje que Jaime y mi padre me habían preparado...

Así pues, de estar en un despacho con aire acondicionado pasé al peor puesto de la fábrica; mi nuevo trabajo consistía en plantarme frente a una máquina haciendo lo mismo durante ocho horas, sí, lo que lees, ocho horas haciendo la misma tarea, la llamaban «la máquina del burlete». A los dos días ya sabía que odiaba ese puesto. Sin querer, acababa de aprender otra cosa, y me decía en mi fuero interno: «Te quejabas de estar en el despacho haciendo albaranes con aire acondicionado y mira dónde estás ahora»; era un pensamiento repetitivo, no podía soportar aquella realidad, además, todos mis compañeros —mucho mayores que yo— se burlaban de mí por estar en esa máquina y me decían que me volvería loco, que todos los que habían pasado por ahí habían acabado mal. Ingenuo de mí, no sabía que aquello era una estrategia de Jaime y mi padre para enseñarme cómo funcionaba una empresa desde el peor puesto; supongo que su forma de mostrarme su cariño era creando mi mejor versión y por eso decidieron ponerme en esa tesitura. En el puesto aprendí muchísimas cosas, sobre todo a tener mucha humildad: fíjate que pasé de ser hijo de un empresario a ser un peón en una fábrica, allí no tenía autoridad sobre nadie, todos podían mandarme y mi obligación era obedecer; reconozco que aquello me costaba mucho gestionar, pero ¡bendito aprendizaje!, me hizo madurar muchísimo y aprender cosas muy valiosas para liderar a las personas, siempre digo que, para ser un buen líder, primero hay que ser un buen seguidor.

Ese trabajo también me permitió pensar mucho, sobre todo en lo que quería hacer en mi vida; tenía muy claro que yo no había nacido para pasar ahí muchos años, no me identificaba con ninguno de mis compañeros ni con su forma de pensar, ellos tenían claro que se jubilarían en la empresa, en cambio yo sabía que solo era una parte de mi proceso y me tocaba aprender tanto como pudiera para subir al siguiente nivel. De haber sido por mí, me habría despedido el primer mes, pero como mi familia estaba en una mala situación y en casa necesitábamos el dinero que yo ganaba, mi gran responsabilidad me hizo esforzarme una vez más al máximo, y en contra de mi voluntad. El aprendizaje tenía todos los elementos para volverse crucial en mi evolución: el encargado de mi sección era un eneatipo 1 del eneagrama, como yo, y muy descentrado, era una persona poco empática y desensibilizada, vaya, un perfil muy típico en las empresas de la era industrial. De ese hombre aprendí lo que no hay que hacer con los trabajadores, es decir, cómo no hay que tratarlos. Era el típico jefe que todo lo arregla con malas caras y gritos, la verdad es que ¡lo odiaba! Pero hoy en día estoy agradecido por haber tenido la posibilidad de vivir esas experiencias tan transformadoras.

Aparte, como chico de los recados que era, me tocaban las peores faenas de la empresa: me tenía que subir al puente grúa a enganchar unos contenedores llenos de material pesado, vaciar todos los residuos de las secciones en un contenedor a cuatro metros de altura —ambas tareas, muy peligrosas, y prohibidas a día de hoy— y ayudar en el muelle con la carga de los tráileres; imagínate cargar varios camiones de doce metros y paquete por paquete, esa tarea era letal y podía durar jornadas enteras. La máquina del burlete era un paseo en barca, comparado con las labores a desempeñar cuando me llamaban como chico de los recados. Sin darme cuenta, estaba aprendiendo a valorar muchas cosas de la vida que solo se valoran cuando estás en una situación de ese tipo y no puedes disfrutar de ellas. Valoraba mi tiempo libre, el dinero que ganaba y, lo que más, que alguien me tratara bien y me valorara como ser humano, porque en ese trabajo y a espaldas de Jaime Ortí ocurría todo lo contrario. Siempre agradeceré esas lecciones de la vida que aprendí gracias al plan de mi padre y de Jaime

EL MOVIMIENTO SE DEMUESTRA ANDANDO

Como sabrás, la mejor forma de influir sobre los demás es con el propio ejemplo, eso lo tuve claro desde bien joven. En esa etapa sentía que era la persona menos influyente del lugar, como era el más joven y me tenían como el chaval de los recados, no había nadie que me respetara; así que tuve que ganarme el respeto mediante mis actos y haciendo lo que nadie hacía allí, por lo que desarrollé un plan y lo puse en práctica, ¿te gustaría saber lo que hice?

Lo primero fue observar cómo podía influir sobre todas aquellas personas, cuáles eran sus gustos y qué hacían en su momento de descanso. Resultó muy fácil averiguarlo y en eso basé el plan de acción; todos mis compañeros amaban beber cerveza fría, lo observé en el bar de la empresa durante los descansos; podría ofrecerles cerveza fría dentro de la planta de trabajo para ahorrarles tener que subir hasta el bar, además, así podrían beber a cualquier hora, mientras que con la normativa de entonces solo podían beber en las horas de descanso marcadas por dirección; solo había que llevar el plan a la realidad. Si conseguía aportarles ese valor diferencial, me ganaría su amistad y respeto. Sigue leyendo y verás lo que sucedió.

Con la idea clara, solo me faltaban dos cosas para llevarla a cabo; la primera, convencer al responsable de personal de la empresa explicándole los beneficios de mi idea; la segunda, comprar una nevera y llenarla de cervezas. Me resultó fácil, porque el responsable amaba beber cerveza fría en sus ratos de descanso; como ves, detecté la necesidad y con base en ella desarrollé el plan, nada fue al azar, y en la vida siempre es todo así. Le dije que si poníamos una nevera en mi puesto de trabajo, los que quisieran no tendrían que subir al bar y que eso optimizaría las horas de trabajo; podrían tomarse su cerveza fresca mientras seguían trabajando. Le gustó mucho la idea y me dio la autorización; con eso ya tenía la mitad del plan construido. La segunda parte del plan se basaba en la ley universal «dar para recibir», que es lo que pretendía desde el inicio dando bebida fría gratis a los empleados. Pero empecé diciéndoles a todos que las cervezas de mi nevera serían más económicas que las del bar de la empresa; así daba valor a mi producto y querrían pagar por él; sin embargo, de cara a la dirección de la empresa y para que no me bloquearan la idea, yo las iba a regalar. Me busqué a dos colaboradores para este plan, uno era José —el responsable de personal— y el otro era su hermano Aurelio, que me ayudaron a dar visibilidad al proyecto de la nevera; ellos eran unos veteranos de la empresa y encima amaban la cerveza, me ayudaron también a vender las primeras y a conseguir que más gente las quisiera pagar en vez de subir al bar. Como ves, aquí ya tenía capacidad de influir sobre las personas de la empresa, había llegado el último pero con esa idea había conseguido su respeto porque les proporcionaba algo que les ayudaba a llevar sus días de trabajo con más alegría; fue el inicio de una gran época. Recuerdo que cobraba ocho de cada diez cervezas, ya que siempre me tocaba invitar a una pequeña parte para empatizar, bendita estrategia.

Llegó un momento en que todo el mundo se llevaba bien conmigo, dejaron de verme como el chico de los recados para verme de otra forma, se notaba en la forma en que me trataban, y conseguí que hasta quienes me hablaban con soberbia —incluso mi encargado, al que odiaba— me hablaran con empatía. Fue gracias a mi proyecto de la nevera, ya que nunca nadie antes había pensado algo así en aquella empresa; y fui yo, el más joven y el novato, al que se le ocurrió la brillante idea que transformó sus vidas para mejor. Como ves, todo nació en la mente y luego se materializó, esta es la importancia de pensar cómo mejorar las cosas.

Claves de esta historia

- Encuentra una necesidad, crea un plan, ejecútalo y lidera a las personas aportándoles valor.
- Nunca dejes que nadie apague tu luz interior; si no creen en ti, demuéstrales con hechos que has venido a brillar.
- Las cosas que marcan la diferencia se construyen pensando en mejorar la vida de las personas. (Allí no había cerveza y eso fue un éxito).
- Siempre hay muchas posibilidades para mejorar una situación; si cambias la causa, siempre cambiará el efecto.
- Da igual que seas el más joven, el más nuevo o el más inexperto de un lugar. Siempre puedes ser más hábil que los demás en algo que ellos no saben hacer, ¡confía en ti!

ME GANÉ EL ASCENSO A UNA NUEVA PLANTA

Después de casi dos años encargándome de las peores tareas de la empresa, me acabé ganando la confianza de todos los jefes y me trasladaron a un puesto superior. No resultó fácil y tuve que superar muchas pruebas, pero siempre supe que lo conseguiría. En la nueva etapa construía puertas automáticas de seis metros de altura para fábricas, y persianas eléctricas autoblocantes para casas de lujo. Esto me gustaba más porque tenía una parte creativa, además, al ser los productos más caros y lujosos de la empresa, había que hacer trabajos de precisión, siempre me gustó buscar la excelencia y creo que por eso acabé haciendo ese trabajo. Recuerdo que teníamos un número de control —el mío era el cinco— con el que el departamento de calidad controlaba el proceso de fabricación y la calidad de servicio a los clientes vip que compraban ese tipo de productos; no había fallo, si un cliente se quejaba de que un producto estaba mal construido o mal embalado y a consecuencia de ello no podían venderlo o utilizarlo, se sabía qué operario lo había elaborado gracias al número de control; de esta manera, nos esforzábamos más en hacer las cosas de forma excelente, pues de lo contrario sabrían que habíamos desempeñado mal nuestro trabajo. Ahí empecé a observar estos sistemas de trabajo y entendí por qué esa empresa era líder en el sector; y aunque no lo creas, hemos implementado muchos de sus sistemas en Oblack Caps para garantizar la calidad de cada proceso de fabricación.

Tras otro año allí, empecé a sentirme estancado. Como sabes, compaginaba los trabajos y los estudios con mis aficiones, y cada vez tenía más claro que debía montar mi propio proyecto y dejar de trabajar para otros; hasta que un día decidí cambiar de aires. Recuerdo que mi padre empezaba a salir del bache e inició un proyecto de los que controlaba: sus fuertes siempre fueron la panadería y bollería industriales. Hasta que lo puso en marcha, estuve repensando qué quería hacer con mi vida. Y finalmente aquello arrancó y él me preguntó si quería unirme. Mi respuesta fue un «¡sí!».

LA VIDA ME PONE A PRUEBA: ACCIDENTE DE TRÁFICO, GRAN APRENDIZAJE Y DEMÁS

GANÉ UN CAMPEONATO DE DJ TRAS UN GRAVE ACCIDENTE DE TRÁFICO

Hay una frase de Phil Knight, fundador de la marca NIKE, que me encanta: «Nunca te pares», y la he practicado toda mi vida; lo aprendí de mi padre, un hombre que nunca se rindió en su propósito de triunfar en los negocios.

De forma inesperada, me vi como participante en el concurso de DJ más importante de Valencia y uno de los más importantes de España, que organizaba una gran discoteca valenciana de la Ruta del Bakalao —nombre de un movimiento artístico-músico-cultural que tuvo lugar en la Comunidad Valenciana entre los años ochenta y noventa—.

Aquello era superimportante para mí, porque llevaba más de ocho años practicando en casa y en fiestas privadas; era mi gran oportunidad para demostrar que estaba preparado como profesional de la música. Superé la primera fase, que consistía en enviar una maqueta para que me escucharan, y fui seleccionado entre cientos de chavales. Superé la segunda y tercera fases, en que debía pinchar en directo, y llegué a clasificarme para la final; en aquel momento me sentía pletórico y no podía creer que hubiera llegado tan lejos, todo mi entorno —que no creía mucho en eso de la música y en ser DJ— veía por fin que cuando luchas por algo y crees en ello, los resultados llegan. Como siempre digo, la mejor forma de demostrar las cosas es haciéndolas.

Pero ¿sabes qué? La vida tenía una gran lección para mí y yo ni lo sabía. Estate muy atento, que aquí viene la parte más importante de esta historia.

Un día estaba trabajando con mi padre y nos pusimos a hablar de los dolores físicos, y poco a poco la conversación desembocó en roturas de huesos y cosas por el estilo. En un punto de la conversación, le dije a mi padre: «Romperse un hueso debe de doler muchísimo, ¿qué se sentirá?»; mi padre me dijo: «Pues no lo sé porque lo máximo que me he roto ha sido el menisco». Y ahora viene la parte más importante: Donde va la atención, va la energía y en eso te conviertes —al menos, eso veo yo—. Entonces me imaginé una rotura de algún hueso de mi cuerpo e incluso me visualicé con algo roto; fue todo muy rápido, pero esa realidad se creó en mi mente y luego desapareció para poder seguir con la conversación.

Lo que crees lo creas, o como dice Ilia Topuria: «Creer crea realidades».

¿Sabes qué me ocurrió esa misma tarde-noche? Si te está gustando esta historia, ahora viene la mejor parte, de la que se puede aprender muchísimo.

Sobre las nueve y media de la noche estaba en casa de un amigo e íbamos a cenar con nuestras respectivas parejas, cuando vimos que nos faltaba la bebida; mi amigo y yo fuimos en su moto a comprarlas. Salimos a toda velocidad para no retrasar la cena y nos dirigimos a una gasolinera que cerraba tarde, por lo que nos olvidamos los cascos, pero no quisimos volver atrás, teníamos prisa. Yo iba de paquete. Al llegar a un cruce señalizado con semáforos, vi que un coche venía de cara a nosotros y pensé que seguiría recto; mi amigo continuó porque nuestro semáforo estaba en verde y, cuando menos lo esperaba, noté un golpe brutal, nunca antes había sentido un impacto de ese calibre; sin darme ni cuenta, me encontré tirado en el suelo, había salido literalmente volando como un globo en un día de mucho aire. ¿Sabes qué había pasado? Ese conductor no había respetado la prioridad que teníamos nosotros y nos había invadido, colisionando de forma violenta sobre la moto que nos transportaba y, por ende, sobre nosotros.

Al recobrar la consciencia, sentí un dolor muy fuerte en la rodilla izquierda y miré qué había sucedido, entonces descubrí que mi pierna estaba atrapada entre un muro de piedra de pizarra y un semáforo. Por lo visto, mi peso había vencido hacia el lado opuesto y generado una rotura de todos los elementos que forman la rodilla; era un dolor muy intenso y tenía el pantalón completamente roto y lleno de sangre, entonces me armé de valor y como pude saqué la pierna de ahí y —ahora viene la peor parte— me quedó colgando, debía sujetármela con mis propios brazos. Sí, lo has leído bien, la pierna colgando, no se sostenía por sí sola porque tenía la rótula y todos los ligamentos rotos y fuera de sitio.

En ese momento estaba exhausto y sentí que divagaba entre el miedo y la supervivencia. Empezó a venir gente que había presenciado el accidente y al mismo tiempo llegó el conductor del coche; todos me preguntaban si estaba bien, la respuesta fue: «¿¡¡No veis que no!!? Llevadme al hospital, que no puedo esperar a la ambulancia». El chico que había provocado el accidente cogió el coche y me llevó a Urgencias inmediatamente.

Estoy contándotelo y se me eriza la piel.

¿Alguna vez has tenido dolor de muelas? Pues imagínatelo multiplicado por diez, eso es lo que sentía físicamente entonces. Finalmente llegamos al hospital, pero lo que viene ahora no te lo esperas. Llegué como una superurgencia y justo era el cambio de turno; me dejaron en una camilla lleno de sangre y con mucho dolor, pensé que me operarían enseguida o algo así. La cosa se empezó a poner muy fea, allí no venía nadie. Nunca me gustó llorar ni quejarme —recuerda que fui educado de esa manera—, pero en aquel momento el dolor me había invadido de tal manera que no me podía controlar y me saltaron las primeras lágrimas; fíjate cómo me verían, que los mismos pacientes que esperaban en la sala de Urgencias vinieron a ayudarme y empezaron a gritar y a quejarse. Un despropósito que me tocó vivir para aprender dónde están mis límites como ser humano.

Tras más de una hora de espera, llegó una enfermera y se disculpó metiéndome a toda velocidad en un box Urgencias para intervenirme. El doctor que me atendió consideró que primero me iba a hacer unas pruebas para ver cómo estaba la rodilla; imagínate, estar allí haciendo las pruebas sin anestesia ni calmantes. Ese día aprendí mucho de mí y de mi capacidad de resiliencia. Finalmente me dieron el diagnóstico: la rótula rota, un corte que quería que me curaran y todos los ligamentos destrozados, además del menisco roto. Lo propio habría sido operarme de urgencia, pero decidieron escayolarme la pierna desde el tobillo hasta la ingle y me mandaron a casa hasta que me llamaran para hacer las pruebas que faltaban y darme fecha para la operación.

Volvamos a la parte del concurso, al día de la final que tanto había soñado. Yo llevaba la pierna totalmente escayolada e iba con muletas, mi pareja de aquel entonces me dijo que abandonara, que no estaba en condiciones de presentarme a la final, y sabes lo que hice, ¿no?, todo lo contrario: en ese momento no estaba dispuesto a rendirme y mucho menos a victimizarme, había estado practicando duramente mi sesión para ganar el concurso y lo iba a hacer, aun con la pierna escayolada y las muletas. Te pongo en contexto: pinchaba con vinilos, tenía que cogerlos de una maleta de discos y ponerlos en cada plato para mezclar las canciones y desarrollar la sesión. Con ello quiero que entiendas el nivel de dificultad que suponía hacerlo a la pata coja, apoyando todo el peso sobre una pierna.

Llegué aquella noche a la discoteca con muletas y acompañado de mi pareja y un buen amigo, ya que ellos se encargaban de llevarme la maleta de los discos. Cuando allí me vieron aparecer en ese estado, se echaron las manos a la cabeza y me preguntaron si pensaba pinchar así; obviamente les dije que sí, y se quedaron sorprendidos. Nadie me veía capaz de estar a la altura y ganar a unos rivales en plenas facultades, pero yo creía en mí mucho más que mi entorno y lo demostré con mis actos.

Había llegado mi turno y los compañeros que competían contra mí me miraban por el rabillo del ojo pensando que estaba loco y que no podría hacer una sesión mejor que las suyas, pero ¿sabes una cosa?, antes de pinchar ya había ganado el concurso, solo por mi actitud; los jueces me miraban con admiración y eso me dio la fuerza extra que necesitaba para derrotar a mis rivales y ganar la final de DJ.

¿Y la moraleja de esta historia? No existe el momento perfecto, la vida es imperfecta y nunca te va a dar las cosas como tú las quieres, pero tienes una capacidad que te dio DIOS, que es la de hacer todo lo que está en tus manos y no quedarte con un mal sabor de boca por no haberlo intentado hasta el final. Confía en ti, y todo lo demás vendrá por añadidura.

> **La vida no consiste en esperar
> a que pase la tormenta,
> sino en aprender a bailar bajo la lluvia.**
>
> MAHATMA GANDHI

Después de ganar aquel concurso de DJ comencé a ganarme la vida como profesional de la música pinchando en las mejores discotecas del momento. No fue fácil, pero el esfuerzo valió la pena. Y ¿sabes qué fue lo mejor de todo?, una vez más, aprendí dos cosas que me han servido para siempre, se llaman «disciplina» y «perseverancia».

Claves de esta historia

- Lo que crees, lo creas; cuidado con lo que piensas a lo largo del día, porque se acaba manifestando.
- La vida te pondrá a prueba para ver si deseas lograr tus objetivos con todas tus fuerzas, y si en la primera adversidad te rindes, nunca los conseguirás.
- Muchas veces los amigos, parejas o familiares quieren ayudarte, pero desde sus miedos te influyen de forma negativa, no los creas y sigue tu intuición, nadie mejor que tú sabe lo que quieres lograr.
- Los sueños se cumplen si los deseas con toda tu alma; recuerda que las cosas grandes no son fáciles de lograr y el precio por conseguirlas es muy alto.
- Si amas lo que haces, el resultado siempre es el éxito.

EL CONDUCTOR QUE ME ROMPIÓ LA PIERNA NO TENÍA SEGURO E IBA DROGADO

Aquí no termina todo y, aunque te parezca una historia con final feliz, tuvo muchas complicaciones. Te las voy a contar para que veas otro gran aprendizaje que gané a consecuencia de ello. A la salida del hospital la noche del accidente, me esperaba el chico que me había atropellado, literal; lo vi preocupado, esa es la verdad, y aunque yo no tenía muchas ganas de verle la cara, intercambié unas palabras con él allí mismo.

Me pidió disculpas y se repetía en lo mismo: «Discúlpame, pero no te he visto, sé que no es excusa, pero no puedo hacer más». Mi amigo —el que conducía la moto— estaba allí conmigo, había sufrido pocos daños. Yo no había querido que llamaran a mi familia para no preocuparlos, pero sí a mi pareja, que vino enseguida. Mi pareja y amigo llevaban la voz cantante de la conversación, así que mi amigo le preguntó si había tomado alguna sustancia y reconoció que sí, había fumado porros y bebido alcohol; mi amigo le pidió si tenía seguro de responsabilidad y —aquí viene lo peor de todo— nos dijo que iba sin seguro y que por favor no lo denunciáramos. Cuando lo oí, le pedí a mi amigo que nos fuéramos de allí y que ya hablaríamos entre semana, que nos diera su teléfono. No quise llamar a la policía en ese momento porque posiblemente esa persona habría pasado la noche en la cárcel. Fui bastante compasivo, la verdad.

Unos días después del gran susto, me armé de valor y me puse manos a la obra para gestionar un parte amistoso y que hubiera una solución para el accidente. Tras varias llamadas, por fin me encontré con el chico que nos había golpeado; su único objetivo era librarse de la sanción que recibiría en cuanto la policía verificara que conducía sin el seguro obligatorio y además intentaba convencernos de hacer un parte falso, a lo que me negué rotundamente. Para no discutir con él, recuerdo que le dije: «Si no cooperas, lo pondré en manos de un abogado y ya te llamarán para que des explicaciones, tú verás».

El día del accidente nos habíamos marchado del lugar de los hechos antes de que llegara la policía, así que los agentes no pudieron verificar que iba bajo los efectos de sustancias tóxicas de varios tipos; lo que sí tenía era un atestado que había hecho la policía junto a varias personas que habían presenciado el accidente. Gracias a Dios que tenía a mi favor ese documento, de lo contrario todo habría sido mucho más difícil.

Y es que casi toda la gente con la que comentaba mi accidente me decía que lo tenía fatal, que no recibiría ninguna indemnización porque el conductor no llevaba seguro, y que, si lo conseguía, sería muy poco dinero. Si te digo la verdad, estaba harto de escuchar la misma historia de todo el mundo, y en mi foro interno me decía a mí mismo: «Dios es justo, y seguro que me recompensa de alguna manera, voy a confiar, porque esta persona merece pagar por lo que ha hecho». A los pocos días, un amigo me presentó a un abogado experto en ese tipo de casos; en aquel momento no disponía de mucho dinero y sus honorarios eran muy elevados, así que me reuní con él y le propuse una forma de trabajar.

Me recibió en una mansión que tenía en una zona lujosa de Valencia. Al entrar, me hizo bajar a un sótano con billar y le dije: «Gracias por atenderme en su casa, me dio su teléfono Tomás», y le conté lo que me había sucedido con todo detalle. Cuando íbamos a pasar a la parte final —es decir, a sus honorarios—, me pidió mucho dinero, entonces le expliqué que no podía pagar tal cantidad y que, si le parecía bien, estaba dispuesto a acordar con él un buen porcentaje del total si se ganaba el caso; me dijo que le parecía bien y que a priori era un caso difícil, pero que con su experiencia podría ganarlo sin problema. Fue la primera vez que tuve que negociar con alguien que me sacaba más de treinta años —yo tendría unos diecinueve—, pero ahí estaba, luchando por lo mío sin titubear; no pedí ayuda a nadie, fui solo, sin mis padres y sin mi pareja, quería arreglármelas a solas porque sabía que iba a aprender muchas cosas.

Unos días más tarde le llevé toda la documentación y le dije: «Confío en usted, la experiencia es un grado». Me dijo que ya me llamaría cuando supiera algo. A los dos meses me llamó para pedirme alguna documentación y darme instrucciones. Sí, el acuerdo que teníamos era cobrar un porcentaje del total de la indemnización, pero ahí sucedió algo que no estaba pactado, me dijo: «José Luis, voy a necesitar una previsión de fondos»; era la primera vez que escuchaba eso y le dije: «¿Eso es que necesita dinero?». Su respuesta fue: «Sí, claro, eso es». No me gustó nada, habíamos llegado a un acuerdo y él ya lo estaba incumpliendo al segundo mes. Entonces supe que no era una persona de palabra, y no hay cosa peor en los asuntos de dinero que quienes no cumplen lo que dicen.

> ## Nadie ofrece tanto como el que no va a cumplir.
>
> Francisco de Quevedo

Le dije que le llevaría lo que pudiera y que esperaba que no fuera así continuamente, que habíamos pactado unas cosas y quería que se cumplieran. Trascurrieron los meses y no había ningún tipo de solución, lo único que recibía eran llamadas de su secretaria pidiéndome más previsiones de fondos, así que me presenté en su despacho y le pregunté cuánto se debía, recuerdo que su secretaria me dijo que todo el trabajo hecho subía a unos ochocientos euros. Le dije: «Que salga tu jefe, por favor, ¡esto no es serio! Habíamos quedado en otra cosa», y cuando salió el abogado, le comuniqué que quería toda la documentación lista para el día siguiente, que le iba a pagar su dinero pero que no quería trabajar con él. Y es lo que hice y terminó la historia. Como ves, aquí ya estaba aplicando mis valores, como la determinación que había aprendido de pequeño con las diferentes experiencias que había transitado. Tras salir de allí, tuve que tomar acción y buscar otras vías; no fue fácil, pero mi única opción era encontrar al mejor abogado en ese tipo de casos. Como ves, tenía un objetivo claro y ahora solo faltaba llevarlo a la realidad.

¡LE DI LA VUELTA A LA TORTILLA Y SALIÓ PERFECTA!

Así pues, mi única obsesión era encontrar al mejor profesional para que me ayudara a resolver esa situación de especial dificultad, porque si el que crea el accidente conduce sin seguro, borracho y drogado, resulta complicado percibir una indemnización. Sin embargo, yo tenía claro que la vida es justa y que recibiría mi indemnización por unos daños físicos irreparables y fui a por ello con todas mis fuerzas. ¿Sabes qué hacía?, pues preguntar a todo el mundo si conocía a algún abogado especialista en este tipo de casos; hablé con más de doscientas personas, ya que aún no existía Google y todo iba a través del boca-oreja.

Un día, alguien me dijo: «Yo no conozco a ningún abogado, pero sé un chaval que tuvo un accidente casi mortal pero se salvó, incluso estuvo en coma y al final le dieron unos cincuenta millones de pesetas». Para ponerte en contexto si eres muy joven, hoy equivaldría a unos trescientos mil euros; aunque te parezca poco, antes de hacer el cambio de moneda en España, eso era mucho dinero. Entonces se me iluminó la mente y decidí hablar con el chico del accidente, así que conseguí su teléfono y le llamé, se llamaba Ismael y casualmente vivía cerca de mi zona. Le expliqué mi caso y quedamos para hablar. Me ayudó en todo, siempre le estaré agradecido.

Cuando me contó su caso, me quedé perplejo. Le sucedió un poco como a mí, primero había tenido un mal abogado que solo quería sacarle dinero a cambio de no hacer nada, hasta que dio con Rafael Novella, el líder de un bufete de abogados situado en el corazón de la ciudad de Valencia. Le pregunté si estaba contento con los servicios de ese abogado y me contó lo que ya sabía. Así que ¡aceptó acompañarme a la primera cita con él! En menos de una semana ya teníamos hora para reunirnos con Rafael y contarle mi caso. Al entrar en su despacho, encontré a un hombre muy grandote que transmitía mucho respeto; cuando me dio la palabra, le dije que había llegado hasta allí tras hablar con mucha gente y haber sido engañado por otro abogado; le dije que todo el mundo —incluso mi propio padre— me decía que mi caso era complicado y que no conseguiría ninguna indemnización, pero que confiaba mucho en él porque conocía lo que había hecho con el caso de Ismael. Y no olvidaré jamás las palabras que pronunció cuando terminé de exponer mi situación: «José Luis, tu caso es muy complejo, pero si me haces caso en todo lo que te voy a decir, lo tenemos ganado. Sé que eres un chaval joven y tal como me has dicho no tienes dinero para pagar mis servicios, pero te quiero ayudar, lo único que te pido es máxima cooperación; si no me haces caso en algo, abandonaré tu caso y te devolveré la documentación». Me habló tan claro y con tanta autoridad que le dije que sí a todo, me transmitió confianza y honradez, algo que no me había infundido el otro abogado en ningún momento.

A partir de ese día me puse a sus órdenes, hacía todo lo que me pedía e iba allí donde me mandaba. Un día, cuando el caso ya estaba más avanzado, le pregunté por las consecuencias que tendría el responsable del accidente, y me dijo: «José Luis, ese chico no podrá tener nunca nada a su nombre, todo el dinero que te voy a conseguir a ti lo pagará trabajando, y si no tiene trabajo, mediante trabajos sociales o con cárcel, así aprenderá a hacer las cosas bien»; y por lo visto, así fue. Como ves, la vida siempre es justa y recibes lo que das; puede tardar más o menos, pero finalmente llega a tu vida lo que salió de ella.

Al final del proceso y tras varias operaciones en la pierna izquierda, todo iba cobrando forma y el caso tenía toda la pinta de solucionarse a mi favor. Vi que con trabajo y perseverancia había conseguido un buen abogado, y en contra de la opinión de muchas personas, iba a conseguir una indemnización; no creí a nadie y seguí mi intuición hasta que encontré las respuestas. Después de un largo proceso y de muchas gestiones, me llamó un día Rafael y me dijo: «José Luis, tenemos tu caso resuelto, hemos ganado y te pagarán mucho dinero, por fin se ha hecho justicia. Estoy muy contento, te lo mereces, por haber tenido tanta paciencia. Vente a mi despacho y te lo cuento con detalle». ¿Quieres saber qué pasó?

En el despacho estaba don Rafael, como a mí me gustaba llamarlo, tan grande y serio como siempre. Me dijo: «Ven y siéntate, José Luis, que te voy a informar de la resolución. Como te dije, hemos ganado y este es tu cheque, te han indemnizado con diez millones de pesetas» —lo que hoy en día serían unos sesenta mil euros—. Por fin había conseguido mi objetivo, me costó nada más y nada menos que casi tres años de mucho esfuerzo, pero gané y recibí la indemnización. ¡Mi padre ni se lo creía cuando se lo conté! ¿Y sabes qué aprendí en ese caso? Que si no te rindes, todo llega, da igual las veces que te digan «no», si tú te obsesionas en buscar el «sí»; la única diferencia entre alguien que consigue todo lo que se propone y alguien que no lo consigue es la perseverancia. Cree en ti y no hagas caso de las voces de los demás, tu intuición nunca te fallará, ella conoce las respuestas para encontrar tu camino y ser feliz; no te lo creas y compruébalo a través de tu propia experiencia.

CAPÍTULO 5

NADIE ME DICE LO QUE TENGO QUE HACER, Y MENOS MI PADRE

Antes de que sigas leyendo, quiero aclarar que el amor incondicional por mi padre es inmenso, lo que leerás no son críticas, simplemente hechos reales contados en primera persona, y aunque en algunas etapas de la vida nuestra relación se viera afectada por hechos determinados —y que ya hablé con él en las conversaciones narradas en otros capítulos—, es importante destacar que todo es perfecto ahora mismo y que siempre lo admiré por su gran actitud de positividad ante las circunstancias de la vida. Veamos qué pasó en esa etapa.

En los últimos años habíamos tenido varias adversidades familiares y la relación con mi padre se había deteriorado un poco porque, como te conté en otra historia, yo no gestionaba bien que no asumiera el rol de líder y, a pesar de que la relación no era mala, sí que hubo un pequeño distanciamiento. Gracias a ese proceso me di cuenta de que mi padre y yo éramos muy distintos en algunas cosas; por ejemplo, mi sentido de la responsabilidad era desmesurado y no veía lo mismo en él. En aquella época me llenaba de rabia y frustración, pero, mirándolo con perspectiva y positividad, eso me ayudó a superarme y a crecer mucho a nivel personal y profesional.

En el proceso dejé de idolatrar a mi padre y de verlo como a un Dios, me di cuenta de que era un ser humano con sus defectos y virtudes, y que, igual que yo, tú y todo el mundo, cometía errores, unas veces pequeños y otras grandes, qué más da. Dejé de creerme todo lo que me decía y aprendí a verificar cada información que recibía de su parte; esto lo aprendí gracias a la observación. Recuerda que él me dijo que no conseguiría la indemnización y la conseguí; ese fue un buen paso para entender que él no lo sabía todo y me permitió analizar todas sus opiniones y no tomarlas como verdades absolutas. Gracias a todo eso me di cuenta de otra cosa superimportante, había llegado el momento de responsabilizarme de mis decisiones, ya no funcionaba acudir a papá o mamá para buscar esas respuestas que desconocía, la vida tenía un mensaje claro para mí y me invitaba a buscar mis propias soluciones.

A medida que pasaba el tiempo aprendía muchas más cosas, y la decisión de responsabilizarme por completo de mi vida y apartar la opinión de mis padres fue una bendición de Dios que me permitió crecer mucho. Tanto fue así que en la etapa laboral en la que me encontraba hallaba soluciones donde mi propio padre no era capaz de verlas. ¿Quieres saber qué sucedió en la nueva empresa de mi padre?

¡MERCADONA LE DIJO QUE NO!

Al final mi padre decidió montar un proyecto con el que se sintiera cómodo; su fuerte siempre habían sido la panadería y bollería industrial, y esta vez decía que triunfaría como nunca. La nueva empresa fue cogiendo más mercado e introduciendo sus productos. Recordarás que al principio yo no trabajaba con él porque conseguí dedicarme a mi pasión, la música, y no me iba mal; con ello conseguía dinero para vivir más que de sobra y no necesitaba trabajar entre semana en algo que no me gustaba.

Sin embargo, tras muchos meses, el proyecto crecía cada vez más y mi padre me pidió que me uniera al equipo; acepté. En ese momento ya se hacían varias gamas de género y se estaba valorando si ampliarlo con muchos más productos para aumentar el alcance. En principio, entré para aprender todo lo que sabía mi padre sobre la materia a pesar de que no me apasionaba el negocio de la pastelería industrial. En el proceso aprendí mucho sobre mí y sobre mi padre; de hecho, trabajando a su lado adquirí uno de los aprendizajes más valiosos para poder llevar Oblack Caps al lugar donde se encuentra.

Mi primer día de trabajo fue impactante, mi padre ni siquiera estaba; al más puro estilo propio de él, me había preparado un buen plan de aprendizaje para empezar desde lo más bajo. Te prometo que en mi primer día empecé a odiar el trabajo y a mi padre. El encargado me indicó mis tareas diarias hasta nueva orden, y era lo que imaginaba: todo aquello que nadie quería hacer, todo lo peor —según lo veía en aquel momento— o, según se mire, todo lo mejor para mi evolución y crecimiento —que es como lo veo hoy en día—. Evidentemente, mi padre tenía un claro objetivo respecto a mi formación profesional y personal: hacer de mí un auténtico máquina.

Con el tiempo fui escalando posiciones dentro del equipo, mi único objetivo era convertirme en el mejor en todos los puestos; me limitaba a trabajar y a observar a los demás, esto me permitía no perder ni un minuto en criticar al resto, y cuando podía situarme en un puesto superior para sustituir a alguien o ayudar en algún proceso, y aunque fuera por un día, demostraba mi compromiso y eficiencia con resultados. Eso me hizo ganarme la confianza del encargado y más tarde de mi padre, y poco a poco fui subiendo desde lo más bajo hasta lo más alto. Como ves, siempre a través del trabajo y el esfuerzo, demostrando que era bueno en lo que hacía, hasta que conseguí posicionarme al lado de los responsables. Como habrás visto, no me sirvió ser el hijo del jefe.

El mundo entero se aparta cuando ve pasar a una persona que sabe hacia dónde va.

ANTONIE DE SAINT-EXUPÉRY, *El Principito*

De tanto observar los procesos, desarrollé la capacidad de ver los puntos que requerían una mejora; mi padre no llevaba muy bien ese punto, así que solía acercarme a él y decirle que había visto cómo mejorar ciertos productos, incluso algunos procesos, ¿sabes cuál era su respuesta en la mayoría de los casos?: «Mira, José, llevo muchos años gestionando este tipo de empresas, no creo que eso sea una buena idea, además tú estás aquí para obedecer, deja de pensar en cómo mejorarlo todo». Me daba mucha rabia y me generaba impotencia, me recordaba mucho a la programación del colegio y de las empresas industriales en las que había trabajado por primera vez en mi vida. La actitud que adquirió mi padre como jefe nunca la utilices, porque no ayuda a liderar a las personas, sino todo lo contrario, les mutila el entusiasmo y la creatividad empujándolas hacia la pasividad ante los desafíos del trabajo.

La tozudez de mi padre era algo de otro nivel, siempre había que hacer las cosas a su manera, no le gustaba escuchar a nadie y se creía más listo que todo el mundo. Recuerdo el día que fue a presentar unas muestras de producto al Mercadona; habíamos estado esperando aquella oportunidad durante mucho tiempo, y ese día no pude estar presente en la preparación. Al llegar, y encontrarlas dentro de varias cajas, las revisé para ver si habían salido perfectas; no te puedes presentar en una gran empresa y llevar algo que no está perfecto al cien por cien. Observé que tenían algunos errores, llamé a mi padre, pero su respuesta fue: «José, eso está bien así, no las vamos a repetir, ¿tú crees que se van a dar cuenta?». Ese modo de funcionar es uno de los que llevó a la ruina la nueva empresa de mi padre; siempre se justificaba con excusas cuando hacía algo mal, no tenía la humildad de reconocer el error, y encima no aceptaba que yo lo ayudara a mejorar.

Con la decisión tomada y las muestras en mal estado, se presentó en las grandes oficinas de Mercadona, y ¿sabes lo que pasó?, le dijeron que lo valorarían; él se quedó muy contento pensando que sería un sí, pero a la semana recibimos una llamada del responsable de compras de Mercadona diciendo que habían desestimado la propuesta y que el producto no encajaba en sus tiendas. ¿Crees que fue una excusa o que las muestras no estaban como debían y no les gustaron? Mi teoría es clara, si algo no está perfecto al cien por cien, no se lo des a nadie, y menos a un posible cliente: nunca hay una segunda oportunidad para una primera impresión, y si entras mal, posiblemente pierdas la oportunidad. Esto le sucedió a mi padre en muchas otras situaciones, no aceptaba consejos de mejora o que le dijeran que algo no estaba apto para servirlo. Finalmente perdimos a los mayores distribuidores por errores similares a ese. Llegados a cierto punto, entendí que no podía trabajar con mi padre de esa manera; nuestras visiones eran totalmente opuestas, pues yo tenía la capacidad de adivinar el fracaso a medio plazo si seguíamos haciendo cosas de ese tipo, mientras que él lo negaba de forma rotunda. Aún recuerdo que años más tarde lo comenté con mi padre en alguna comida familiar, y él continuaba negando que fuera por eso. Como ves, nuestros puntos de vista empresariales eran muy diferentes: uno se conformaba con hacer las cosas bien mientras que el otro —o sea, yo— buscaba la excelencia de forma desmesurada. Hoy en día mi padre está orgulloso de mis logros y ha entendido que yo no estaba tan loco como él creía.

Gracias a la experiencia de esa última empresa industrial de mi padre aprendí una gran lección que he trasladado a Oblack Caps y nos ha convertido en un referente internacional. ¿Sabes cuál fue el aprendizaje? Se trata de leyes universales, yo no he inventado nada; lo que te voy a contar lo hacen Nike, Apple, Mercedes, Mercadona o Amazon y lo puedes usar en tu vida o en tu empresa. Se trata de aplicar la «regla de oro», que es tratar a los demás como te gustaría que te trataran a ti; en todas las empresas que he nombrado, el cliente es el jefe, el jefe en sentido figurado, claro, es así como ellos lo llaman. ¿Has oído la frase «el cliente siempre tiene la razón»?, ¿por qué crees que la aplican las empresas que mejor funcionan en el mundo? Mi padre no lo hizo así y pagó las consecuencias, se creyó más listo que sus clientes; ese fue el error. El cliente tiene que sentir que compra la mejor calidad al mejor precio, esa es la clave del éxito de la mayoría de las empresas que triunfan. Por eso siempre estaré agradecido a la vida por darme la oportunidad de vivir el proceso junto a mi padre, así supe qué camino no debía recorrer cuando tuviera mi propia marca. En Oblack Caps tenemos miles de reseñas de los clientes y todos coinciden en que nunca han visto unas gorras de tan buena calidad y tan bien presentadas; incluso nos comparan con marcas contemporáneas y dicen que somos mejores que ellos, ¿crees que habría sido posible sin el máster que hice en la empresa de mi padre?

> **El mejor *branding* es un buen producto.**
> José Luis Sena Miquel

MIS AVENTURAS EN TRABAJOS QUE NO ME APASIONABAN

Después de dejar el trabajo con mi padre me tomé unos meses de reflexión para ver qué hacer a nivel laboral. En aquella época no estaba bien visto ser solamente un DJ, al menos en mi entorno, así que la presión era alta. Para evitar las críticas, había que tener un trabajo «normal»; yo odiaba esa expresión, la persona que más me daba la lata era mi pareja del momento, influenciada por su familia: «José, ¿cuándo te vas a buscar un trabajo normal?». Fíjate lo harto que me tenían que evitaba ir a las comidas familiares con ellos para evadir preguntas incómodas. Finalmente, y para estar en paz con mi pareja, accedí al chantaje emocional y me dejé llevar por la corriente; recuerdo que me busqué algunos trabajos de varios tipos, nada me gustaba, todo me parecía aburrido y sentía que perdía el tiempo. Pero fíjate si estaba perdido, que sucumbía a los deseos de mi entorno; como siempre digo, somos el resultado de las cinco personas con las que más tiempo pasamos, así que elige bien.

Trabajé en cosas muy distintas y probé varias sensaciones; para mí era muy importante verificar que esos no eran mis lugares y necesitaba experimentarlo personalmente. Fui vendedor en varias empresas, y no estaba mal porque aprendí mucho sobre cómo tratar con la gente y vender a puerta fría; pero no me apasionaba y sentía que estaba cambiando mi tiempo por dinero. Imagínate qué situación más complicada: trabajar en algo que no te gusta para complacer a alguien —lo hacía por mi pareja— que no te deja ser tú mismo, ¿crees que una oveja negra como yo se podía sentir bien así? Claramente no, y así me iba, necesitaba escapar continuamente de mi realidad, y ¿sabes cómo lo hacía?, a través de los parches que usa todo el mundo: sexo, mala alimentación y alcohol.

Para sentir que no cedía en todo y que seguía buscando mi camino para ser feliz, empecé a formarme como productor musical; tuve que esforzarme muchísimo, trabajaba entre semana y, al salir, por las tardes me iba a clases de Producción; el fin de semana, en vez de descansar como todo el mundo, trabajaba como DJ en discotecas. La verdad es que llevaba un ritmo frenético, pero aquello me apasionaba y uno de mis objetivos de siempre era triunfar en la música, así que lo hacía con gusto. La noche y las cabinas me enseñaron multitud de cosas, se aprende mucha psicología del ser humano; ten en cuenta que como DJ eres el centro de atención, lo que te permite conocer mejor a la gente. Te pongo algunos ejemplos: todo el mundo quería ser mi amigo o amiga, normalmente podía elegir con qué chica ligar sin esforzarme, todos querían invitarme a todo…, cuando trabajaba como DJ era una especie de Dios. Y te preguntarás: ¿qué aprendiste?

Elige un trabajo que te guste y no tendrás que trabajar ni un solo día de tu vida.

Confucio

Te voy a contestar con algunas preguntas para que saques tú las conclusiones, ¿jugamos? ¿Crees que si hubiera sido yo mismo sin ser DJ me habría sucedido todo eso con la gente? ¿Crees que a la gente le interesaba mi ser o mi personaje? ¿Crees que las chicas me veían como alguien atractivo o simplemente querían acercarse a mí por ganar estatus y entrar en la cabina? ¿Crees que querían invitarme de verdad a tomar cosas gratis o era una inversión para presumir de que eran amigos del DJ? Todas estas preguntas encontraron respuesta el día en que dejé la música temporalmente para dedicarme a otras cosas: todas aquellas personas que me querían tanto y eran tan amigas mías desaparecieron de mi vida y no supe nunca más de ellas. ¡Bendito aprendizaje!

Llegó un momento en que mi situación era insostenible, trabajaba todos los días de la semana, incluso los fines de semana, la relación con mi pareja se iba al traste y al final tuve que elegir. Te seré honesto: en este caso, ella no influyó mucho en mi decisión; fui yo quien decidió dejar ese mundo como profesión, para tener más tiempo para mí y para nuestra relación de pareja; no quería que se rompiera debido al tipo de vida que yo llevaba. Y me equivoqué, ¿sabes por qué? Porque no puedes dejar algo que te apasione por complacer a alguien o por salvar una relación, y si lo haces, tarde o temprano te arrepentirás; eso es lo que me sucedió a mí, pero de ello te hablaré más adelante.

MI PRIMER ÉXITO Y GRAN FRACASO PROFESIONAL

Desde que dejé la empresa de mi padre y tras divagar entre varios trabajos que no me apasionaban, todo se complicaba cada vez más; tenía la cabeza hecha un lío y había dejado la música para salvar mi relación. Imagínate cómo me sentía en ese momento; pero cuando me preguntaban, les decía que estaba genial, ¿te suena de algo?

En aquella época tenía algo muy claro y por eso acabé llevándolo a cabo: montar un proyecto de cualquier cosa; lo importante era emprender y demostrarme que era capaz de hacerlo solo, ya me había cansado de trabajar para otros y sentirme frustrado, y gracias a mis experiencias me veía preparado y capaz de triunfar en cualquier cosa que me propusiera, así que me lancé al vacío sin ningún miedo. Y estate atento a lo que pasó, porque fue una experiencia superenriquecedora a nivel personal y profesional. Si se lo preguntaras al José Luis de aquel entonces, te diría que lo que te voy a contar es de lo peor que le había sucedido en la vida, pero hoy en día y viéndolo en retrospectiva, me doy cuenta de que fue una bendición y uno de los grandes pilares que me ayudaron a forjar mi mejor versión.

Para montar mi primer proyecto me planteé varias preguntas. La primera, «¿Qué se te da bien hacer aparte de las expresiones artísticas? y cuando supe la respuesta, continué preguntándome para saber a qué me debía dedicar. Tenía muy claro que quería ganar mucho dinero, estaba cegado con los resultados económicos y no me importaba nada más; ese fue un gran error que tuve que cometer para aprender todo lo que sé hoy en día. Aquí van las siguientes preguntas que me planteé: ¿Cuánto dinero quieres ganar? ¿Qué quieres vender? ¿Quieres que sea un proyecto digital o físico? Es decir, ¿venta de productos digitales online, o productos físicos y con un trato más personalizado? ¿Te ves capacitado para liderar personal? ¿Harás todo lo que esté en tus manos para llevar el proyecto al éxito? Una vez respondidas todas las preguntas, tome acción y contacté con un amigo que estaba metido en el mundo del turismo; le pregunté si ahí se ganaba dinero y me dijo que sí, que con la red de contactos que tenía yo y mi forma de ser, resultaría un éxito, así que me decidí por eso. Mi primera empresa fue una agencia minorista y mayorista de viajes, era un híbrido entre un negocio digital y uno más personal, al fin y al cabo tocaba todas las ramas que yo manejaba y pensé que se me daría bien el reto.

Mi amigo me presentó a un pez gordo del Grupo Viajes Marsans, recuerdo aquel día como si fuera ayer. Al sentarnos en las oficinas centrales de la empresa, Carlos —el responsable de la Comunidad Valenciana para empresas asociadas al grupo— se quedó mirándome y me dijo: «Gracias por interesarte en nosotros, José Luis, me gusta la gente joven con ganas de hacer cosas grandes, ¿vienes del sector del turismo o es la primera vez que te dedicas a esto?». Mi respuesta fue clara: «No, Carlos, no pertenezco a este sector, pero vengo con muchas ganas, tengo muchas ideas y me veo capaz de cualquier cosa, tengo muchos contactos, y en este mundo es necesario para que el negocio funcione bien», lo miré y sonreí. Entonces cerramos unas condiciones generales, una de ellas —y de las más importantes— era tener un aval bancario muy elevado para responder ante ellos frente a cualquier tipo de fraude o estafa, y seguidamente me adherí al grupo para tener acceso a todo su *expertise*. Ahí comenzó la nueva aventura.

Sin darme cuenta, había pasado de estar divagando sobre qué hacer con mi vida a tener mi primera empresa. Empecé de forma sencilla, con una sola empleada, y juntos llegamos a unos trescientos mil euros de facturación en el primer año. Ambos estábamos muy motivados y yo tenía la sensación de estar en el momento perfecto para aquel tipo de negocio; gracias a mi red de contactos, pude potenciar las ventas, que no paraban de crecer. El segundo año mejoramos los números del primero y metí a más personas en el equipo, creamos un departamento de grupos para organizar viajes de fin de carrera para universidades y de fin de curso para colegios e institutos. La cosa iba cada vez mejor y se cerró el año con unos seiscientos mil euros de facturación; no me podía creer que, contra todo pronóstico y sin experiencia en ese tipo de negocio, pudiera irme tan bien, pero sin darme cuenta y aunque los números fueran buenos, estaba cometiendo errores, y de los graves. Luego analizaremos esta historia para que veas dónde fallé y que a veces las cosas no son lo que parecen. Te sigo contando…

El tercer año empezó muy bien, los objetivos estipulados eran altos, pero con mi equipo me veía capaz de alcanzarlos de sobra; quería llegar al millón de euros de facturación y abrir otra oficina de cara al público en un punto estratégico; sin embargo, me di cuenta de que estaba limitado por el grupo al que me había adherido, tanto en esto como en el departamento de grupos y empresas. Me encontraba en una situación que no me gustaba; el Grupo Marsans empezó a bloquear mi estrategia, no me daba buenas tarifas y me decían que iba muy deprisa, que dejara el mundo de la empresa y los grupos para ellos, ya que tenían departamentos altamente cualificados desde hacía años y que yo no estaba preparado para ofrecer un buen servicio. Entonces entendí, por primera vez dentro de ese proceso, que ese grupo no iba en mi barco sino fuera de él, que en vez de querer ayudarme, pretendían ponerme obstáculos. Como buena oveja negra, no hice caso de ninguna de sus recomendaciones y seguimos visitando empresas y cerrando buenos acuerdos. Nunca me gustaron los límites y estaba dispuesto a seguir trabajando para crecer, cuanto más, mejor.

Seré honesto contigo, la empresa me iba muy bien y los resultados económicos eran mejor de lo esperado, pero me sentía atado a un negocio que no me apasionaba; por otro lado observé que el vínculo con ese gran grupo empresarial me esclavizaba a la hora de tomar decisiones, algo que yo no gestionaba nada bien. Hubo un día en que Carlos visitó nuestras oficinas y yo iba vestido con un polo marrón y unos pantalones chinos cortos de color beige; se quedó mirándome y me dijo que no podía vestir así; le dije: «¿Cuál es el problema de esta ropa?», su respuesta fue: «Que el director de una empresa no puede ir vestido con pantalones cortos», a lo que respondí con: «Esta ropa que llevo es de marca y de mucha calidad, y voy perfectamente vestido, así que no creo que vaya dando la nota para que me digas eso, Carlos». Me dijo que eran normativas y códigos del grupo empresarial. En ese mismo momento volví a darme cuenta de que ese no era mi lugar, había dejado de trabajar con mi padre para ser libre y poder hacer lo que quisiera y ahora me encontraba en una situación parecida aun teniendo mi propia empresa. ¿Dónde estaba el error?

Hubo muchos más acontecimientos de este tipo por los que no estaba dispuesto a pasar, pero me había sumergido por completo en ese proceso y ya era tarde; tuve la opción de vender la empresa cuando estaba al alza, pero mi ignorancia y avaricia no me permitieron ver que estaba al borde del precipicio. A principios de 2008 empezaba la gran recesión española y en plena crisis económica me creía invencible, tenía veintipocos años y estaba lleno de locura y entusiasmo por tener éxito; ni por asomo pensaba que todo eso me afectaría a mí, ya que ese año había sido un éxito y finalmente habíamos llegado al millón de euros que tanto había soñado; recuerdo que hice una fiesta en mi chalet para celebrarlo al más puro estilo «lobo de Wall Street», sin saber que el año siguiente estaba esperándome para enseñarme una de las mayores lecciones que me ha dado la vida a nivel personal y profesional.

A inicios del 2009, se juntaron varios factores que desencadenaron un punto de inflexión para las empresas dedicadas al mundo del turismo de forma más tradicional: el modelo de compra de billetes por internet y las páginas de reservas de paquetes vacacionales para usuarios online se consolidaron entre las nuevas generaciones como la mejor opción a la hora de viajar, de modo que disminuyó la demanda a empresas como la mía. A ello se le sumó la crisis empresarial del grupo Viajes Marsans, que acabó cerrando puertas en 2009 con un concurso de acreedores y arrastrando consigo a empresas como la mía. Además, tuve que hacerme responsable de las indemnizaciones de mis trabajadores, porque a nivel personal me parecía desleal no pagarles su despido y finiquito, y aunque yo estuviera en una situación lamentable a nivel empresarial y literalmente en quiebra, cumplí con mi obligación moral. Cuando reventó la situación, el Grupo Marsans ejecutó un aval bancario que tenía con ellos y me dejó un descubierto en el banco de unos sesenta mil euros, que, sumados a los cuarenta mil que necesité para cumplir con los proveedores y los trabajadores, hacían un total de cien mil euros de deuda. De una semana para otra me encontré sin empresa y con una deuda enorme, o al menos así lo interpreté yo en aquel momento. Para más complicación, mi pareja de entonces no me apoyaba y me echaba en cara muchas cosas, siempre me decía que me había avisado y que eso podría suceder; tenía una mentalidad conformista, por eso la dejé, pero de ella te hablaré en profundidad en el próximo capítulo, para que lo sepas identificar si estás pasando por algo parecido y que puedas tomar la mejor decisión.

**El fracaso nunca me sobrevendrá
si mi determinación por alcanzar el éxito
es lo suficientemente poderosa.**

Og Mandino

Errores de este emprendimiento

- Elegí un modelo de negocio equivocado, donde la búsqueda era el dinero y no el propósito; no puedes ser feliz si no amas lo que haces.
- Unirme al Grupo Marsans fue un error, fui arrastrado por ellos en las decisiones y más tarde en la quiebra, no tenía libertad de expresión ante los retos empresariales; sin ellos habría crecido mucho más.
- Las empresas hay que venderlas cuando están arriba, si te apegas a ellas, puede venir algo inesperado y que lo pierdas todo.
- Firmé un aval demasiado alto para ese tipo de negocio y convencí a mi madre para que me avalara con su propia casa.
- Contraté a las personas equivocadas y eso afectó en el trato con los clientes; no tenía suficiente psicología personal.
- La rentabilidad del proyecto no era muy alta, esto hizo que no tuviera suficiente margen para lograr un buen flujo de caja.
- Contraté una asesoría laboral y fiscal incorrecta; a consecuencia de ello, tuve algunos problemas con la contabilidad.
- Viví por encima de mis posibilidades y no supe guardar cuando tenía; esto hizo que el día del cierre no tuviera recursos económicos propios.
- No supe gestionar el cambio de paradigma del sector al que me dedicaba y acabé siendo arrastrado por la mediocridad.

CREE EN TI AUNQUE NADIE MÁS LO HAGA

A partir de ese momento tuve que afrontar mi nueva situación, para ello debía pagar la deuda que había contraído debido al fracaso empresarial pero no tenía dinero para hacerlo, así que acudí al banco para negociar con ellos una salida digerible para mi economía. Entonces tenía la deuda de los cien mil euros más una hipoteca de unos doscientos mil euros —esta última, del chalet que me había comprado con mi expareja y que tenía un valor de mercado de unos cuatrocientos mil euros en aquel momento—, gracias a ello conseguí que me aprobaran la operación y me refinanciaran. Tras la negociación, me hicieron un préstamo personal para una de las deudas, y la hipoteca quedaba igual; la idea de unificar las deudas no les encajó porque decían que la hipoteca estaba en otro banco y era muy arriesgado, y el banco de la hipoteca decía lo mismo. ¡Acepté la situación y seguí adelante!

Recuerdo que pagaba casi dos mil quinientos euros al mes, entre préstamo e hipoteca. Resultaba insostenible y los problemas llegaron a mi vida en forma de discusiones; resumido en una frase de mi ciudad, «Cuando el dinero no entra por la puerta, el amor sale por la ventana», no sé si será verdad, pero todos mis desencuentros con mi pareja eran por dinero. Tuve que ponerme a trabajar de cosas que odiaba para hacer frente a mi nueva realidad, no había excusas, había que responsabilizarse de la situación y afrontar los pagos mensuales, pero me tenía amargado, todo el dinero que ganaba se lo llevaban los bancos y los gastos fijos para vivir; no tenía dinero ni para mis cosas personales, algo que me hacía plantearme muchas preguntas: ¿Para qué narices me metí en ese proyecto? ¿A quién quería impresionar? ¿Volverías a meterte alguna vez más en tu vida en algo que no te apasione? ¿Esta novia que tienes te acepta como eres o te quiere cambiar? ¿Sin dinero le gustas tanto como antes? ¿Es la mujer de tu vida o es alguien pasajero?

Iba cosechando más malestar emocional, me sentía frustrado y tenso, no le encontraba ningún sentido a la vida que estaba viviendo, mi relación de pareja estaba estancada y fingía que todo iba bien por miedo a estar solo, imagínate qué escenario. Para gestionarlo todo, que había sido creado únicamente por mí, me dedicaba a salir de fiesta los fines de semana y a consumir alcohol, quería evadirme de la realidad. Cuando estábamos borrachos, siempre les decía a mi novia y a mis amigos que ese tipo de vida no me gustaba y que algún día saldría de ahí y crearía algo grande, que yo no había venido a este mundo para perder el tiempo de fiesta en fiesta, y ¿sabes lo que hacían todos ellos?, se reían de mí, se pensaban que estaba loco o que decía esas cosas por el efecto del alcohol. En parte no se equivocaban, estaba tan desconectado del ser que no me atrevía a decretar esas verdades sin estar borracho, aunque supiera que era así en lo más profundo de mi ser.

Como sabes, ya de pequeño superé grandes retos, y dentro de mí estaba esa fuerza intrínseca que necesitaba para salir de ese proceso de la mejor forma posible; pero, por más que la buscaba, no la encontraba, parecía que había desaparecido. Sin embargo, siempre tuve fe y eso es lo que me llevó hasta donde estoy hoy en día; hasta en las peores situaciones siempre di gracias a Dios por todos los aprendizajes y experiencias. Hay un texto de uno de mis actores favoritos —y con el que me identifico mucho—, que para mí es tan real como la vida y quiero que lo leas por si te sirve de inspiración:

Voy a decirte algo que tú ya sabes, el mundo no es todo alegría y color. El mundo es un lugar terrible, y por muy duro que seas, es capaz de arrodillarte a golpes y tenerte sometido permanentemente si tú no se lo impides. Ni tú, ni yo ni nadie golpea más fuerte que la vida, pero no importa lo fuerte que golpeas, sino lo fuerte que pueden golpearte. Y lo aguantas mientras avanzas. Hay que soportar sin dejar de avanzar, así es como se gana. Si tú sabes lo que vales, ve y consigue lo que mereces, pero tendrás que soportar los golpes. Y no podrás decir que no estás donde querías llegar por culpa de él, de ella ni de nadie, eso lo hacen los cobardes y tú no lo eres. Tú eres capaz de todo.

Texto extraído del discurso que Sylvester Stallone le da a su hijo en la película *Rocky VI*

UNA EXPERIENCIA MORTAL QUE ME CAMBIÓ LA VIDA

Si has llegado hasta aquí, estás de suerte, porque voy a contarte una de las experiencias más alucinantes que puede vivir un ser humano en este plano. Se llama ECM, que son las siglas de «experiencia cercana a la muerte». ¿Has oído hablar de ella alguna vez?

No te preocupes, que ahora te cuento, ¡sigue leyendo!

Todo ocurrió cuando tenía veintinueve años, en el año 2008. Aparentemente, mi vida era perfecta y nadie sospechaba lo que yo sentía —te lo contaré de forma muy sincera—: estaba hecho un lío y parecía una oveja negra rodeada de ovejas blancas. Quería dejar a mi novia de toda la vida, estaba frustrado por el último fracaso empresarial y no me sentía apoyado y comprendido por mi entorno. Bebía alcohol y no cuidaba la alimentación; además, en esa época dejé el deporte. Imagínate, con una mala gestión emocional y unos malos hábitos, qué cóctel molotov.

Los niveles de amargura llegaron a un punto tan elevado que recurrí a los medicamentos para ser capaz de gestionar la frustración y estar en paz. Tomaba depresores del sistema nervioso central, lo que me ayudó a gestionar mi lamentable estado emocional. Y lo mejor de todo…, no sabía que estaba parcheando algo que debía comprender para poder sanarlo.

Un día habíamos hecho una barbacoa en casa y sobre las seis de la tarde mi amigo me dijo: «¿Puedes llevarme a casa?»; cogí el coche y lo llevé. Y, atento, porque estoy a punto de contarte aquello que marcó un punto de inflexión en mi vida.

Cuando íbamos por la autovía de Madrid a Valencia, de repente me irrumpió una sensación que jamás había sentido. Intentaré describirla de la mejor manera posible; fue algo escalofriante, créeme. Mientras lo escribo, los pelos se me ponen de punta. De repente empecé a notar algo extraño por el cuerpo, no sabía lo que era y quise maniobrar para detener el coche en medio de la autovía, pero me resultó imposible; entonces me retiré a un lado para evitar una colisión y por ende un grave accidente de tráfico. Fue entonces cuando milagrosamente paré el vehículo en seco, un Audi A3 negro, y ahí ocurrió todo.

De repente me atravesó un calambrazo que me subió desde el suelo pélvico hasta la cabeza, y en ese mismo momento sentí que me moría, literal. Recuerdo que gritaba: «¡¡¡Ayúdame, que me muero!!!». Y mi voz sonaba cada vez más lejana hasta que desapareció, y no recuerdo nada más. Te preguntarás qué ocurrió después; sigue leyendo, que esto no termina aquí…

En ese momento vi que mi alma salió de mi cuerpo, y visualicé la vida que quería vivir: No me pidas que te lo explique con más detalle, porque resulta difícil de expresar, además, fue todo muy rápido. Pero sé que fue así. Y lo sé gracias a la investigación que he hecho durante muchos años, leyendo libros como *La rueda de la vida* de Elisabeth Kübler-Ross y viendo un montón de vídeos del doctor Manuel Sans Segarra, además de muchos otros artículos disponibles en la red sobre este tema.

Pues resulta que en ese plano inmaterial el tiempo no existe. Y tú pensarás que estoy loco; bueno, te pido que investigues sobre las ECM, así quizá entenderás que el tiempo es una percepción de la mente humana y que en el plano espiritual no existe la mente porque no hay materia, de modo que allí todo es energía, con lo cual todo fluye de una forma distinta.

Cuando estaba experimentando la dicha y la paz de ese estado de no-mente, me desperté de repente en el hospital y rodeado de médicos, «José, ¿estás aquí? ¿Cómo estás? ¿Sabes qué te ha pasado?». Mi amigo lloraba junto a mí, y lo primero que me dijo fue: «Gracias a Dios estás vivo, qué susto me has dado, cabrón!».

Me tuvieron muchas horas en Urgencias y me hicieron muchas pruebas; al no saber qué me había ocurrido, concluyeron que habría sido un ataque de epilepsia. Y es que a veces los médicos se ven obligados a usar el descarte para diagnosticar aquello que no logran identificar.

Con ese diagnóstico salí aquella misma noche del Hospital General de Valencia y me fui a mi casa, pero la historia no termina aquí. Si te parece interesante, sigue leyendo: lo que viene, no te lo esperas.

> Cada adversidad, cada fracaso y cada angustia
> llevan consigo la semilla de un beneficio
> equivalente o mayor.

Napoleon Hill, Las leyes del éxito

UN DIAGNÓSTICO MÉDICO QUE ME LLEVÓ A LA ESPIRITUALIDAD

Unas semanas después, me visitó un equipo de neurólogos expertos del Hospital de Manises (en Valencia) y decidieron repetirme la prueba del TAC.

Días más tarde, tenía cita con el neurólogo para valorar los resultados y analizar mi situación, ya que el diagnóstico había sido por descarte, pero nadie sabía a ciencia cierta lo que me ocurría.

Llegué un día por la mañana, nunca lo olvidaré porque iba con mi madre. La verdad es que ella no solía acompañarme a las visitas médicas, pero ese día intuía que necesitaría el apoyo emocional de la persona que me había traído a este mundo; estaba en lo cierto.

En la consulta encontré a ese médico de cara seria y carácter poco empático, y le dije:

—Buenos días, doctor.

—Buenos días, José Luis, siéntate, por favor.

Sin una breve introducción ni nada de tacto, me miró seriamente y me dijo:

—José Luis, hemos visto un tumor cerebral y pensamos que fue la causa de tu problema.

Me quedé perplejo, fue una de las noticias más duras que había recibido jamás, por lo menos hasta aquel momento. Y le dije

—¿Qué solución hay?, dígamelo, por favor...

—Vamos a operarte y haremos una biopsia, con ella determinaremos si el tumor es benigno o maligno, además es un punto delicado porque está al lado del cerebro y entre los nervios ópticos; el riesgo es elevado si no se hace un buen trabajo en quirófano. Podrías quedarte ciego y si se toca el cerebro, podrías perder algunas funciones vitales superimportantes.

(Hagamos un paréntesis). Te pido que te pongas en situación, querido lector, y te imagines que te meten en una consulta y te dicen eso, ¿cómo sales de allí?, ¿con qué cara te vas a casa? ¡Solo imagínalo por un momento y seguimos!

Aquel día fue terrible, salí de allí desolado. No entendía por qué me sucedía eso a mí y ahí empecé a valorar la salud por encima de todas las cosas, pero ¿sabes cuál es el problema?, ya llegaba tarde, ahora solo me quedaba pasar por el proceso y pedirle al universo, a la vida o a Dios, como tú le quieras llamar, que me diera fuerzas para afrontarlo.

EL PODER DEL AHORA, UN LIBRO QUE CAMBIÓ MI PARADIGMA MENTAL PARA SIEMPRE

Llegó el gran día, por fin iba a enfrentarme a uno de mis mayores miedos de siempre: ser operado de la cabeza. ¿Alguna vez has pensado en algo que te da mucho miedo y lo has acabado atrayendo? Pues es justo lo que me sucedió a mí con este asunto, pero no podía quedarme atascado mirando atrás, debía afrontar la situación con toda mi positividad y valentía, y así lo hice. Allí se encontraban mis padres, mi expareja María José y algunos miembros de mi familia, acompañándome.

Sobre las diez de la mañana entré en el quirófano, aquella sala fría llena de máquinas. Y aunque siempre me había atraído la tecnología, en ese momento, más que admiración por todo aquello, sentía respeto. El primero en llegar fue el anestesista, un tío simpático que incluso me gastó la broma de «Ahora te pongo esto, y verás qué siesta más buena te pegas»; nos reímos juntos, y aunque tenía miedo, me transmitió cercanía y tranquilidad. Cuando me entró ese líquido en el cuerpo dejé de pensar y sentir, ya no había vuelta atrás.

Al despertar, me vi en la UCI lleno de cables y máquinas alrededor, y aquí vino otro de mis grandes aprendizajes…

Estaba totalmente desnudo en la cama, el motivo no lo averigüé, pero ¿sabes qué pasó en ese momento? Apareció una enfermera superguapa, además, era una chica que me había gustado en la época del colegio, ¿fue casualidad o causalidad? No lo sé, pero imagínate qué vergüenza, siempre fui un chico supertímido y lleno de miedos, sobre todo ante el sexo opuesto. Para mí fue todo un reto que me viera tal cual Dios me trajo al mundo. Hoy en día ya he superado ese miedo y en los próximos capítulos te contaré cómo lo he conseguido.

Después de más de siete horas de quirófano y una semana ingresado, la operación salió muy bien y luego determinaron que el tumor era benigno: Dios me iluminó el camino y me permitió seguir con mi vida, fue entonces cuando sentí que había venido para hacer algo grande. Gracias al proceso de la operación del tumor en hipófisis, llegó a mis manos un maravilloso libro. Sigue leyendo si quieres conocer la historia.

Mi gran amigo Carlos Palacios sintió que yo necesitaba apoyo emocional y me dijo:

—Bro, ¿quieres que te recomiende un libro? Este me lo recomendó mi madre, que en paz descanse, antes de fallecer.

Y sinceramente, querido lector, eso hizo que me llamara aún más la atención.

—¿Qué libro es? —le pregunté.

Y me dijo:

—Se llama *El poder del ahora*, de Eckhart Tolle.

¡Rápidamente fui y lo compré! Gracias a ese libro descubrí qué son el ego y la esencia. Para mí fue una gran revelación en ese momento, ya que creía que la voz que me hablaba en la cabeza era yo mismo, pero hasta entonces desconocía lo que después entendí como la auténtica verdad. Intentaré resumírtelo de forma sencilla para que lo entiendas, ya que yo no tuve la misma suerte porque en *El poder del ahora* la explicación resulta mucho más compleja.

El ego es un mecanismo de defensa con el que nacemos; su función es protegernos. Por eso, las emociones como el miedo están tan presentes en nuestro día a día. En los últimos tiempos se ha demonizado mucho el ego, pero es una herramienta necesaria para nuestra supervivencia, y si lo gestionas bien, puede ayudarte a ser tu mejor versión. También tenemos la esencia; es nuestro lado más luminoso y, como dicen los grandes sabios contemporáneos, es nuestra alma y la que nos proporciona dones innatos como la visión o la intuición. Estos mecanismos, ego y esencia, son intangibles —no se pueden tocar—, pero eso no significa que no estén ahí y hagan su función para ayudarnos a crecer como seres humanos. Si quieres saber más sobre ello, te recomiendo que te leas *El poder del ahora* y *Un nuevo mundo ahora*, ambos libros de Eckhart Tolle.

Sigamos con la historia, te voy a confiar toda la verdad porque quiero que mi ejemplo te inspire para que cumplas tus sueños. Y la verdad es que, más allá de saber que había un ego y una esencia, no logré comprender el mensaje profundo del libro; sin embargo, sí que encontré algo de claridad mental para tomar una gran decisión que me cambió la vida para siempre y que te contaré en el siguiente capítulo.

CAPÍTULO 6

LA NOVIA QUE NO ME COMPRENDÍA

Tras la experiencia del fracaso con mi empresa, la relación con mi pareja de entonces se fue deteriorando mucho, cada vez más. Lo único que recibía de ella eran reproches y comentarios negativos acerca de mi fracaso, era como un disco rayado. Estaba cansado de aguantarla, pero no me atrevía a dejarla porque teníamos una casa a medias, las familias se conocían y llevábamos unos doce años juntos en ese momento. Yo intenté aceptar nuestra nueva situación en la medida de mis posibilidades para salir adelante, pero ella se resignaba y siempre daba la impresión de que todo lo que nos había ocurrido era por mi culpa; en ese momento ya no se acordaba de los cruceros, los viajes por el mundo o los veranos en Ibiza por todo lo alto, tan solo señalaba el error, en vez de apoyarme para que saliéramos adelante juntos como un verdadero equipo. Aquel comportamiento fue quemándome y me distanció de ella, vivíamos en la misma casa, pero dejé de sentir atracción por su persona, no teníamos sexo y cuando me buscaba, huía de ella; es triste, pero así sucedió y debo ser honesto. Hoy en día no lo habría aguantado ni una sola semana, pero ese fue mi aprendizaje junto a ella para evolucionar y transformarme en la persona que soy en el presente.

Para calmar mi malestar decidí volver a la música, mi pasión. Quería pinchar y producir música para llegar a lo más alto, sabía que ahí encontraría paz dentro de la tempestad; si además me lo tomaba en serio, pronto podría ganar bastante dinero para ir más desahogados y que ella estuviera tranquila. Recuerdo el día que se lo dije, y su contestación nunca se me olvidará; fue así: «María José, he decidido volver a la música, lo voy a compaginar con mis trabajos de entre semana; si me funciona, podremos vivir mejor e ir más desahogados, ¿qué te parece la idea?». Su respuesta fue rotunda y clara: «Pues no me parece bien, ya sabes ese mundo lo que trae, además no vas a poder ganarte la vida bien con eso, has perdido mucho tiempo y hay muchos mejores que tú, olvida esa idea y céntrate de una vez, que ya tienes una edad. Nos vamos a morir de hambre, tanto hacer experimentos». Para ella, «experimentos» era emprender, luchar por mis sueños, no ser conformista, ir a contracorriente y todo lo que a mí me hacía sentir ganas de vivir, yo quería hacer algo grande para que nuestra vida se transformara de forma exponencial; por el contrario, ella se conformaba con un trabajo normal para toda la vida, solo buscaba seguridad a corto plazo. Pero gracias a este proceso, me di cuenta de que no estábamos alineados. Como ves, de la tempestad saqué algo muy valioso, me di cuenta de que mi novia de toda la vida no tenía los mismos objetivos que yo. A continuación te cuento cómo llegué a tomar una importante decisión.

> **Como no estás experimentado en las cosas del mundo, todas las cosas que tienen dificultad te parecen imposibles; confía en el tiempo, que suele dar dulces salidas a muchas amargas dificultades.**
>
> Miguel de Cervantes

Trabajé duro con la música y saqué mis primeras producciones, los bolos empezaron a llegar y, con ellos, más recursos económicos, parecía que la vida nos sonreía de nuevo. La actitud de mi pareja empezó a cambiar, vi que su única preocupación era el dinero y, como ya estábamos mejor, en ese sentido su actitud ante la relación se relajó, pero yo iba entendiendo que ese no era mi lugar, no quería estar con alguien que no había estado conmigo al frente de una situación crítica como la del fracaso y, además, yo no conseguía aceptar que no creyera en mí con respecto a la música. Si vives con alguien que no cree en ti, déjalo, sea hombre o mujer, la vida es demasiado maravillosa como para vivir la vida de otros. Recuerdo que un día le hice un comentario sobre uno de mis sueños para ver qué decía: «María José, estoy pensando que si esto de la música sigue creciendo como hasta ahora, sería buena idea irme a Ibiza un verano para intentar hacerme un nombre dentro del sector, ¿cómo lo ves?», y me dijo: «Si te vas a Ibiza, te dejo, eso no lo voy a consentir». Más claro, el agua. Esa chica no me valoraba, no creía en mí, solo quería que cumpliera sus expectativas de vida y de pareja, y yo no estaba dispuesto, así que ¡tracé un plan!

Una botella de agua vale 0,20 € en el supermercado, 0,75 € en el gimnasio, 1,20 € en un bar, 4 € en un avión y 12 € en una discoteca de Ibiza. La misma botella, la misma agua; solo cambia su valor según el sitio donde esté. La próxima vez que pienses que no vales nada, a lo mejor solo estás en el sitio equivocado. Y eso me sucedía a mí en ese momento: estaba con una persona que no me valoraba, y debía decidir qué hacer; a ella no la iba a cambiar por más que lo intentara, así que era más fácil cambiar de vida antes que pretender que mi novia pensara de otra forma. Aquello fue bonito mientras duró, pero había llegado a su fin y yo lo tenía decidido.

Con un claro objetivo principal, le dije a mi socio Nacho que iba a dejar esa relación más pronto que tarde, y le propuse un plan. La idea era irnos a vivir a Ibiza y dejar atrás toda nuestra vida; el que no arriesga no gana, y, aunque todavía no había salido del bache económico anterior, no me faltaba valentía para embarcarme en otro gran reto. Su respuesta fue clara, me dijo que conmigo se iba al fin del mundo, así que ya no había vuelta atrás, había que organizarlo todo y, al siguiente año, irnos a cumplir nuestro sueño de vivir en Ibiza y dedicarnos a lo que nos apasionaba. Solo había una cosa en el aire, la casa donde yo vivía era mía y de mi pareja; además, todavía no le había comunicado que quería dejar la relación, algo que me daba bastante miedo, recuerdo que estuve como dos o tres meses dándole vueltas a la forma en la que se lo quería transmitir. Finalmente, una noche después de cenar, ella me notó muy raro y me preguntó qué me pasaba. Ese fue el momento perfecto, decidí tomar acción y transmitirle lo que había decidido; con lágrimas en los ojos, le dije que quería dejar la relación, que no estaba a gusto y que se había roto la magia. Aproveché para hacerle algunas preguntas para que ella no intentara convencerme, pero fue en balde. Se puso a llorar y al final tuve que abrazarla para que se tranquilizara. Nunca he amado a nadie como a esa chica, pero sentía que aquello estaba muerto, y lo más honesto era dejarlo para que cada uno pudiera rehacer su vida. El día que dejamos la relación de forma oficial, ella vino a casa y se llevó todas sus pertenencias, el acuerdo era que yo me quedaba la casa con todas sus deudas, así que ahora tenía un buen reto por delante. Tenía mucha confianza en mí mismo, sabía que me sobraba valentía para afrontar mi nueva realidad y me veía capaz de mantener esa propiedad e irme a vivir a Ibiza. ¡Así que no había otro camino!

¡NUNCA SUPE LO QUE ERA EL ÉXITO!

Tuve que atravesar todas las adversidades que te he contado antes de darme cuenta de que no iba por el camino correcto: mi obsesión por el dinero no tenía límites y pagué el precio de hacer las cosas a lo loco.

La ECM que experimenté produjo un punto de inflexión en mi vida y empecé a ver el éxito de forma diferente, pero ¿a qué conclusión llegué? Verás, en ese momento supe que el éxito va más allá del dinero; sencillamente es algo distinto a lo que nos han vendido. Ahí descubrí que tenía un propósito y que había venido a este mundo para hacer algo grande.

Entonces tuve que tomar grandes decisiones, como dejarlo todo atrás y cambiar de rumbo. Dejé el trabajo de aquel momento; dejé a mi novia de toda la vida, llevaba con ella más de doce años y teníamos una casa juntos, las familias se conocían y, como ya imaginas, querido lector, conllevó un drama familiar. Pero yo lo tenía claro y no estaba dispuesto a detenerme por nada, así que hablé con mi gran amigo y actual socio Nacho Arauz. Le dije:

—Bro, creo que no somos felices, deberíamos replantearnos nuestra vida y crear juntos algo grande que nos identifique y sobre todo que nos llene a nivel profesional.

Me dijo que adelante, y dejó el trabajo y se alejó de su entorno. Le dije:

—Creo que deberíamos irnos a Ibiza, es una isla superespiritual, además creo que encajamos allí. Podemos montar algo que nos represente y trabajar en algo que nos apasione, ¿qué te parece la idea?

—Claro que sí, ¡adelante, bro! —fue su respuesta.

Lo organizamos todo para mudarnos y entonces comenzó una de las etapas más apasionantes de mi vida. ¿Quieres saber más?

El éxito:

> **Reír mucho y a menudo; ganarse el respeto de las personas inteligentes y el aprecio de los niños; merecer el elogio de los críticos sinceros y mostrarse tolerante con las traiciones de los falsos amigos; saber apreciar la belleza y hallar lo mejor en el prójimo; dejar un mundo algo mejor, bien sea por medio de un hijo sano, de un rincón de jardín o de una condición social redimida; saber que al menos una vida ha alentado más libremente gracias a la nuestra: eso es haber triunfado.**

RALPH WALDO EMERSON

LLEGADA A IBIZA Y VIVENCIAS DE PELÍCULA

Todo ocurrió allá por el año 2012, lo recuerdo como si fuera ahora mismo, mientras escribo estas líneas. Llegamos a la isla mágica en el mes de mayo; en aquel entonces, Ibiza aún no estaba masificada y era un buen momento para crear nuevas alianzas y conocer mejor el funcionamiento del lugar. Si has viajado por el mundo, sabrás que cada ciudad tiene unos códigos y hay que conocerlos para prosperar positivamente. Una de las primeras noches, nos invitaron a un evento privado en Ushuaia, así que fuimos a ver qué pasaba por allí. Cuando llegamos estaba lleno de gente influyente, gente a la que resulta difícil conocer si no estás en un evento de ese tipo y a la que sería imposible conectar por redes sociales y que te contestaran; no daré nombres, de momento…

En un momento dado, la persona con la que íbamos me dijo si quería conocer al dueño de Ushuaia y me pareció muy buena idea, así que le dije que sí y tuve la gran suerte de caerle bien, ya que me dijo: «Si quieres, mañana vienes a verme a las oficinas y preguntas por mí». ¿A que no sabes de quién hablo?, te lo cuento más adelante. Aquel día fue brutal, porque, además de esta persona, conocí a muchas otras, recuerdo que le dije a mi socio Nacho Arauz: «Bro, estamos donde hay que estar, esta es la isla de las oportunidades y por eso hemos acabado aquí; menudo verano nos espera si la primera noche ya hemos conocido a toda esta gente, imagínate».

Al día siguiente, nuestra primera tarea era ir a Ushuaia y preguntar por el CEO, teníamos el objetivo de abrirnos camino para darnos a conocer como DJ y productores de música electrónica.

Permíteme que haga un paréntesis para que veamos algunos puntos importantes a tener en cuenta. Como habrás observado, acabábamos de llegar a Ibiza y ya estábamos metidos dentro del mejor club del mundo, ¿crees que existe la suerte, al ver estas cosas? Si me hubiera quedado a vivir en Valencia como hacían muchos de mis compañeros de profesión en el momento, esa gran oportunidad no habría aparecido en mi vida, ¿y por qué te lo digo? Presta mucha atención a cada detalle, te pueden servir de inspiración si no sabes cómo lograr que las cosas sucedan; algo está claro: desde el sofá de casa, uno no progresa en la vida, hay que moverse y salir a buscar las oportunidades.

Por fin llegamos, allí estábamos mi socio Nacho y yo, en un *beach club* conocido en el mundo entero. Sinceramente, estaba muerto de vergüenza, pero pensé: «Yo no he venido aquí a tener miedo, he venido a progresar», así que me decidí a entrar en las oficinas de Ushuaia Ibiza. Recuerdo que vi a uno de seguridad y le pregunté por Yann Pissenem —que era entonces y sigue siendo el CEO y fundador del Grupo Ushuaia— y amablemente me indicó que esperara en la puerta donde ponía DIRECCIÓN, que estaba a punto de llegar; cuando a los diez minutos apareció, me entró un poco de miedo, pero como había ido a Ibiza a progresar, no pensaba dejarme llevar por esas emociones negativas que te bloquean y no te permiten avanzar. Directamente me acerqué y le dije: «¿Te acuerdas de mí, Yann? Nos presentaron ayer y me dijiste que viniera hoy y preguntara por ti. Y aquí estoy, como te dije, mi socio y yo somos DJ y productores de música, hemos producido un álbum y queremos entregártelo; está en este pen para que sepas qué tipo de música hacemos. Si ves que es música de calidad, haz con ella lo que consideres». Y me preguntó: «¿Quieres que se la dé a algún DJ en especial?». Y le dije: «Sería brutal que pudieras entregárselo a Luciano, somos unos grandes seguidores suyos y sería un honor que pinchara nuestra música en un club como este»; en aquel entonces, Luciano tenía una fiesta propia en Ushuaia y era la más potente de Ibiza. Nos dijo que lo haría, y ese mismo verano cumplí mi primer sueño como artista: vi a Luciano pinchar nuestra música en Ushuaia delante de siete mil personas ¡y no sabes qué subidón me dio vivir eso después de haber trabajado casi un año entero en la producción del álbum! En ese momento me acordé de una frase que me había dicho un viejo amigo: «Si vas a Ibiza, no creas que va a ser fácil, allí llegarás y no vas a conseguir nada, eso no es Valencia, allí está lleno de gente como tú y mucho mejor, así que no te hagas ilusiones», pero mi respuesta fue muy clara: «Iré a Ibiza, me haré un nombre como DJ y productor musical, y además voy a conseguir que todos los mejores DJ del mundo pinchen mi música en las mejores sesiones de la isla, ¡ya lo verás!».

Todo lo que dije se hizo realidad, y todos mis artistas favoritos de aquel entonces acabaron pinchando nuestra música; te dejo unos nombres por si conoces a algunos de ellos: Luciano, Loco Dice, Richie Hawtin, Marco Carola, Ricardo Villalobos, Martínez Brothers y muchos más. Con este ejemplo puedes ver que los sueños se hacen realidad si los persigues y crees en ti, no creas a los demás, ellos o ellas siempre te hablarán desde sus miedos y según sus propios resultados.

CREACIÓN DEL CONCEPTO OBLACK (AÑO 2012)

Desde el fracaso empresarial, mi único objetivo en la vida fue dedicarme a algo que me apasionara y estuviera alineado con mis dones innatos, tenía claro que había venido para hacer algo grande, pero aún no sabía lo que era. Un día de reflexión con mi amigo y socio Nacho Arauz salió el tema y le dije: «Bro, hay que crear algo que nos represente, a nosotros y a todo el mundo que se siente como siempre nos hemos sentido nosotros, no vale con ganar dinero a cualquier precio, hay que crear una comunidad de personas con unos valores semejantes a los nuestros, creo que es posible y que el momento es ahora, ¿qué te parece la idea?». ¡Su respuesta fue un sí rotundo!

Entonces se creó el concepto Oblack, que unía la «O» de «oveja» con el «black» («negra» en inglés), de oveja negra, que es como nos sentíamos tanto en la familia como en la sociedad. Recuerdo aquel día como si fuera hoy, y no nos resultó nada fácil crear un nombre que tuviera un significado especial y que a la vez tuviera la potencia de una marca internacional; verlo hecho parece fácil, pero créeme que no lo es: sacar el concepto, crear el nombre final y diseñar los primeros logotipos —de los que te hablaré más adelante—; con disciplina y perseverancia lo acabamos consiguiendo. En un primer momento, la marca Oblack se utilizó para crear nuestro sello discográfico Oblack Label; en esa empresa reclutábamos a artistas que hicieran una música única y diferente, no editábamos música comercial o *mainstream*, nuestro foco estaba en lo disruptivo y *underground*, los formatos utilizados para la edición musical eran el disco de vinilo y el digital. Nuestro valor consistía en recolectar su música y distribuirla por todas las plataformas internacionales dando a conocer sus obras musicales al mundo entero, y en esas transacciones monetizábamos como empresa. También dábamos nuestras propias fiestas, las del sello discográfico, en discotecas de renombre internacional; eso aportaba un valor especial a nuestra marca y la volvía más atractiva a ojos de los artistas, cuyo objetivo era hacer visibles sus obras y pinchar en clubs de renombre, así que en Oblack Label encontraban todo eso.

En Ibiza, un día llegamos a la conclusión de que había que hacer algún elemento promocional para dar más visibilidad al sello; en aquel momento la gorra aún no estaba en el top de los complementos, pero tenía una gran ventaja frente a otras prendas como camisetas o sudaderas, ya que se podía llevar en cualquier época del año; además, en una discoteca de Ibiza llena hasta los topes, se vería la palabra Oblack del frontal de la gorra, por estar situada en la cabeza de las personas. Años más tarde he aprendido que la mayor publicidad se pone en la cabeza de las personas, por eso crear estas gorras fue todo un acierto, y una obra magistral de marketing. Se fueron viralizando; al principio las regalábamos a los artistas del sello para promocionarnos, hasta que llegó un momento en que todo el mundo quería llevar aquellas gorras; todos los artistas más potentes de la isla las llevaban en sus mejores sesiones, por eso vimos la posibilidad de monetizar con su venta.

> El cerebro del individuo es único,
> tanto por su estructura como por su contenido.
> No existen dos personas con las mismas
> conexiones neuronales, desde su nacimiento
> hasta el final, y dando luz a todas las memorias
> que conforman al ser, nos hacen a todos
> diferentes unos de otros.

DOCTOR DEEPAK CHOPRA

EN LAS VILLAS DE QUINCE MILLONES DE EUROS PASAN GRANDES COSAS

Como DJ, pasito a pasito fuimos haciéndonos un hueco y consiguiendo mejores bolos; pasamos de ser unos completos desconocidos a pinchar en villas donde millonarios, famosos y *celebrities* se montaban sus propias fiestas —en mi segundo libro te explicaré muchas de las experiencias que no me atrevo a contar aquí—. En esas mansiones te podías encontrar a cualquier persona conocida internacionalmente, todos pasándoselo superbién y con una vibración muy alta; esta es una de las mejores cosas que tiene Ibiza, cuando la gente va allí, se olvida de sus problemas y cambia el *mood*, lo que crea una atmosfera incomparable.

Un día estábamos pinchando en una villa de película, nunca había visto nada igual. Allí había personajes influyentes de todo el mundo —aunque no daré nombres por respeto a la intimidad personal—, era de lo mejor que he visto nunca: había tres neveras en la cocina, dos de ellas, llenas del mejor champán francés que puedas imaginar, y la otra llena de comida de una calidad suprema, latas de caviar, cerveza de importación y productos que no había visto jamás, para ser honestos. La casa tenía una escalera con acceso a una cala privada en la que podías bañarte desnudo tú solo, si querías; algo de película. En un momento de la noche le pedimos a uno de los responsables algo de beber, ya que estábamos secos —recuerdo que esa noche estábamos bastante tranquilos y ni siquiera habíamos bebido alcohol—, pues nos trajeron una botella de tres litros de Dom Perignon para que bebiéramos hasta saciarnos. Solo esa botella podía valer unos cuatro mil euros, y es que en ese tipo de fiestas todo era así, no había medida, todo era a lo grande, el dinero no era relevante, solo importaban la buena vibra, la generosidad y la abundancia. ¿Has visto la película *El lobo de Wall Street*?, pues algo parecido...

Ese tipo de cosas me sucedían a diario, allí no existían los prejuicios con respecto a los días de la semana, cualquier día era día de fiesta y motivo de celebración; igual pinchábamos en una fiesta de ese tipo como en un restaurante de lujo —por ejemplo, en La Escollera— poniendo música para gente como Leo Messi. Para mí aquello era un sueño hecho realidad, algo que había visto en las películas, y me costaba creer que hubiera gente viviendo siempre de esa manera; pero es que por propia iniciativa y gracias al esfuerzo personal lo vivía en primera persona junto a mi socio y mejor amigo Nacho Arauz. Aquellas experiencias me sirvieron para ganar más psicología interpersonal y, sobre todo, para obtener una buena base de contactos. Conforme avancemos en el libro, comprenderás la importancia de esto último para progresar en la vida y en los negocios.

A medida que pasaban los meses, tenía más claro que debía quedarme a vivir allí; por más que pensaba en volver a mi ciudad de origen, ningún motivo me convencía de que fuera la mejor opción. Un día tras otro crecía personal y profesionalmente, y cada vez conocía a más gente de todas las partes del mundo, ya fuera de Chile, Estados Unidos, Francia, Italia, Alemania, Reino Unido, Australia o Argentina, entre muchos otros. Sin embargo, hubo una persona que me impactó, tenía un aura especial, era una de esas personas que llamaban la atención sobre el resto, quizá era porque tenía alma de oveja negra, y no pude resistir el hecho de sentirme atraído hacia él. Desde que nos presentaron, nos llevamos muy bien; todo sucedió en una de esas villas lujosas de Ibiza, él estaba allí con un grupo de chicos y chicas, su grupo estaba formado por gente española y latina;

debido a su apariencia, al principio pensé que era futbolista, y eso me llamó la atención porque siempre había practicado ese deporte y era fanático de muchos jugadores. Él iba vestido de negro y con zapatillas blancas, llevaba un *flow* muy llamativo, además de un buen reloj, para ser exactos, un Audemars Piguet.

Cuando le dije que yo era el DJ de la fiesta, se mostró muy empático, directamente me invitó a beber lo que quisiera, y acepté. Recuerdo que tomamos unas copas de champán francés, creo que era Dom Perignon, y luego unos chupitos de tequila Don Julio Reserva, ese tío solo bebía cosas caras. En cuestión de media hora nos estábamos contando nuestras vidas y me dio su teléfono, me comentó que mi energía era muy sana y quería mantener el contacto conmigo; además me dijo: «Yo soy de Medellín, pero estaré aquí por mucho tiempo, así que podemos quedar fuera de la noche o ir al gimnasio juntos algún día», y me dio tan buena impresión que acepté.

EL LATINO DE MEDELLÍN

El primer día que iba a quedar con él fuera de la noche tenía una sensación de desconfianza, le dije a mi socio Nacho que no entendía para qué quería quedar conmigo una persona como él. Finalmente llegué a la conclusión de que esas cosas solo pasan en Ibiza y me dejé llevar por la magia de la vida; ese día íbamos a ir a entrenar al gimnasio y luego a comer en algún sitio *top*. Tenía la sensación de que me iba a contar algunas cosas que me impactarían de forma espectacular y, en mayor o menor medida, es lo que acabó sucediendo. A media que nos conocíamos se soltaba más conmigo, hasta que un día, tras una noche de fiesta en una villa, nos quedamos él y yo a solas, sentados al lado de una gran piscina lujosa. Recuerdo que desde aquella maravilla se veía Es Vedrà, era un día cálido y estaba amaneciendo, cuando de repente me dejó ir: «José, tú sabes a lo que me dedico, ¿verdad?». Y me quedé callado haciéndome el tonto, y le dije: «Eres empresario, ¿no?». Me respondió con un «¡No! Yo me dedico a introducir cocaína en esta isla, creía que lo sabías o te lo imaginarías, lo hacemos a través de varias empresas, es uno de los negocios más rentables que hay en el mundo, ¿alguna vez te has dedicado a algo parecido?». Obviamente le respondí y le dije que no, pero también le conté que siempre me había llamado la atención ese mundo por haberlo visto en las películas y que consideraba que los que hacían eso eran como grandes empresarios que creaban imperios al margen de la ley, y que en parte me despertaba cierta admiración. Aquello fue música para sus oídos. Entonces me dijo: «José, me pareces una persona seria, leal y confiable, sé que todo lo que te voy a contar no saldrá de aquí, ¿a que no?». Y se puso a explicarme unas historias de película, nunca antes había oído nada igual, como lo que sucedía en las películas pero en versión real; su vida era una mezcla entre la película *American Gangster* y la serie latina *El patrón del mal*. Él era una de esas personas que la vida te trae para que aprendas algo, y tanto que aprendí. Lo que más me llamaba la atención de su carácter era la frialdad con la que contaba los hechos, era capaz de extorsionar a alguien sin inmutarse, movía millones de euros de una parte a la otra del mundo como el que va al Mercadona a comprar unas manzanas. De esta persona también aprendí algo muy importante: la confianza, ya que, sin conocerme prácticamente de nada, me entregó su secreto mejor guardado al decirme a lo que se dedicaba.

> ## El hombre es dueño de su silencio
> ## y esclavo de sus palabras.
>
> ### ARISTÓTELES

COCHES DE LUJO, MUJERES DE TODAS PARTES Y COSAS VARIAS

Día tras día, nuestra relación se estrechaba progresivamente; él confiaba en mí y me lo mostraba con sus actos, se notaba que le caía bien, lo noté por la forma en la que me ayudaba con todo. Continuamente me presentaba a gente influyente, me invitaba a sus planes con amigos y me hacía sentir uno más del grupo; llegó un momento en que toda mi vida parecía una película, pero me dejé llevar porque me lo pasaba superbién y cada vez me iba mejor con mi trabajo como DJ y productor musical. Él conducía coches caros que me prestaba cuando se los pedía, recuerdo que siempre me decía: «Manéjelos como si fueran suyos, hermano, la vida es compartir y, si no, ¡qué hacemos acá!».

En ese momento sentí que estaba alcanzando la cima del éxito en la vida, me dedicaba a lo que me apasionaba, me iba muy bien, conducía coches de lujo, pinchaba en las mejores fiestas privadas de Ibiza y me ligaba a las mujeres más bonitas de cada lugar, ¿alguna vez has soñado con todo eso? Pues yo lo viví durante esa época en Ibiza, pero había algo que no estaba al cien por cien completo dentro de mí y que te contaré más adelante.

Fui creciendo como artista internacional, los viajes eran constantes, pinchaba por todo el mundo y mi vida se había convertido en un descontrol constante; de fiesta en fiesta y prácticamente adicto a las mujeres, al sexo y a las sustancias tóxicas, dejémoslo ahí. Con el transcurso del tiempo, fui perdiendo el contacto con mi amigo, el latino de Medellín, y años más tarde vi una noticia en la que él y toda su banda internacional habían sido detenidos. Creo que Dios me apartó de su lado para que no se me implicara en algo con lo que no tenía nada que ver. Recuerda que él y yo solo éramos amigos, y yo me dedicaba a mi trabajo; de no haber sido por esa causalidad, mi carrera como DJ y productor de música electrónica se habría visto totalmente afectada. Siempre lo recordaré como una buena persona, alguien que me ayudó de forma altruista, sin esperar nada a cambio. Ese hombre era un ser de luz metido en un mundo de oscuridad, qué paradoja, ¿no? Lo que sé es que algún día reflexionará y dejará ese mundo porque él no encajaba ahí. Nunca más he vuelto a oír de su existencia, quién sabe si estará vivo o muerto, pero siempre lo recordaré como una buena persona, al menos así se comportó conmigo, dejando a un lado su actividad como narcotraficante.

LAS RELACIONES TÓXICAS CON EL SEXO OPUESTO. CONSEJOS DE MI GRAN AMIGO, EL DOCTOR ANTONIO HERNÁNDEZ

Entre mis idas y venidas por el mundo me dejaba asesorar médicamente por el conocido doctor Antonio Hernández; empezó siendo mi médico, y a día de hoy es un gran amigo al que quiero y respeto a partes iguales. Todo empezó hacia el año 2012 cuando un buen amigo me llevó a su consulta en la ciudad de Valencia. Me pareció una persona peculiar, yo lo describiría como una oveja negra con bata blanca; su alma y la mía se reconocieron al instante, llámalo «magia», aunque yo lo entiendo como «conexión espiritual». En esa primera consulta, Toni —como yo lo llamo— me preguntó por qué había acudido allí y le dije que quería asesoramiento médico y hormonal, ya que llevaba una vida un poco loca y tenía que controlar la salud para no envejecer demasiado pronto; y así empezó nuestra relación.

En aquellas visitas tratábamos temas médicos, pero tardamos muy poco en entrar en profundidad en lo personal y emocional. Me preguntó un día: «José, ¿cómo es tu relación con las mujeres?», a lo que respondí desde mi más sincera ignorancia: «Muy bien, hago con ellas lo que quiero», aunque era totalmente falso, además estaba sumido en un vaivén de locura con el sexo opuesto que ni yo mismo entendía. A medida que le cogía confianza me iba soltando; para ser exactos, Toni se ganó mi confianza y entones dejé de vacilar y empecé a contarle mis traumas con la energía femenina. Recuerdo que le dije: «Toni, no sé qué pasa, que todas las mujeres que entran en mi vida acaban engañándome, son personas poco fiables, les gusta mucho gustar y hacen cosas extrañas que no me encajan». Y continué: «Si no cojo este tipo de perfil, me aburro, y si cojo este perfil, acabo a tiros con ellas, sufro y lo paso fatal, ¿puedes ayudarme con esto?». Entonces me formuló varias preguntas: ¿Para qué quieres este tipo de perfil? ¿Por qué crees que lo atraes? ¿Crees que podrías ser feliz sin ellas?

Estas preguntas, a día de hoy, me parecen más que obvias y muy fáciles de responder, pero en aquel entonces y desde mi más profunda ignorancia, me resultaban muy difíciles de contestar; de hecho, mi respuesta fue: «No sé por qué las atraigo, si yo soy buena persona, soy un tío de diez, y de verdad que no podría ser feliz sin ellas, yo soy un tío de novia, no me gusta estar solo, ¿sabes? Además, este tipo de perfiles me atrae muchísimo, cuanto más carácter tiene y más llamativa es la mujer, más me atrae», y recuerdo que él me decía: «Pregúntate por qué, José, las respuestas están dentro de ti», pero yo no entendía nada, me parecía todo muy filosófico. En aquella época ya había madurado y evolucionado mucho en otras áreas, pero en la de la pareja estaba muy verde, me quedaba mucho que aprender —te darás cuenta a medida que avances en la lectura—. Fíjate si estaba verde que mi única intención era estar fuerte y musculado, no por salud, sino para gustar al sexo opuesto, eso se llama «vacío existencial» y tiene que ver con la desconexión con el propio ser.

CAPÍTULO 7

UNA MALA GESTIÓN EMOCIONAL QUE CASI ACABA CON MI VIDA

UNA RELACIÓN TÓXICA BASADA EN EL NARCISISMO

Como te he ido contando, mi vida iba fenomenal en lo laboral, pero tenía un serio problema con el sexo opuesto; desde que lo había dejado con mi novia de toda la vida, no había logrado estar con ninguna chica en una relación sana. Me pasaba la mayor parte del tiempo libre ligando con unas y con otras, y solo creaba relaciones basadas en lo superficial y que acababan siendo tóxicas; estaba lleno de miedos respecto al sexo opuesto y me resultaba imposible mostrarme con sinceridad a ojos de las mujeres, necesitaba aparentar algo que no era yo, de lo contrario me sentía inferior y me llenaba de miedos y frustración. Además, solo elegía a chicas de perfiles que se sentían igual que yo y las relaciones siempre terminaban en una guerra de poder. Al mirarlo ahora con perspectiva y madurez, entiendo que éramos unos niños heridos buscando ser amados por alguien que esperaba lo mismo. Como siempre digo, no puedes atraer lo que no eres, los iguales se atraen, así que, si estás atrayendo algo que no te gusta, observa qué partes de ti no has hecho conscientes y verás que esas sombras son las que atraen el tipo de perfiles que no te gustan.

Recuerdo cómo conocí a la chica que me ayudó a emprender un proceso que acabó crujiéndome emocionalmente. Todo sucedió alrededor del 2013, estábamos organizando la primera fiesta oficial del sello discográfico Oblack Label en Valencia y nos habíamos trasladado desde Ibiza expresamente para ver dónde se haría; era un viernes noche y fui al local a reunirme con Diego, el jefe de sala. Nada más entrar, vi a una chica morena muy guapa —por sus rasgos deduje que era latina, pero en ese momento no adiviné de qué país—. En algún momento de la conversación le dije al jefe de sala: «Oye, esa chica que trabaja en la barra es muy guapa, ¿cómo se llama?», y con una sonrisa me dijo: «No tienes nada que hacer, todos mis amigos van detrás de ella y es una antipática, ¡olvídate!». Fue motivo suficiente para que me interesara aún más, así que cuando vi el momento, me acerqué a la barra y sonriendo le pedí un zumo; ella me lo sirvió y riendo me dijo: «Creo que eres la única persona que bebe zumo en un sitio como este un viernes, ¿no te gusta beber?», y me di cuenta de que habíamos hecho *match*; además, no era antipática ni tan difícil como me habían dicho, pero no quise atacar hasta unos días más tarde.

En ese margen de tiempo me dediqué a investigar quién era, cuáles eran sus redes sociales y si tenía novio; todo, con la intención de no meterme en líos con nadie, y ¿sabes lo que descubrí? Te lo cuento para que entiendas muchas cosas que sucedieron en la relación y que no supe ver al principio. Descubrí que su expareja era un tío supuestamente conflictivo de Valencia que trabajaba en seguridad y se juntaba con gente peligrosa, pero eso no fue suficiente para identificar ya ahí las banderas rojas; además, aunque supuestamente el peligroso era él, años más tarde se demostró lo contrario. Con esa información en mi poder, llegó el día de la fiesta, en la que hicimos un llenazo histórico; nunca antes habían facturado tanto, la cola daba la vuelta a la manzana y con ese éxito la chica en cuestión se fijó mucho más en mí, lo noté al conversar con ella esa noche, además de las cosas que me decía. Sin darme cuenta, estábamos hablando e intercambiando los números de teléfono, y en solo cuatro días ya había quedado con ella y habíamos tenido sexo; la cosa iba lanzada, creía que era el amor de mi vida por la rapidez con la que fluía y, sobre todo, por la intensidad de las emociones que me recorrían el cuerpo, era como un éxtasis constante que yo sentía con tan solo oír su voz, de un acento mezclado entre una mujer canaria y una venezolana. Todo aquello me resultaba nuevo y me dejé llevar sin darme cuenta de dónde me metía.

**En el caos está la sencillez,
en el conflicto está la armonía,
en el medio de la dificultad está la oportunidad.**

ALBERT EINSTEIN

Mi vacío existencial era tan grande que, aun viendo en ella cosas extrañas o poco alineadas con mis valores, seguí conociéndola, continué construyendo algo con alguien con quien desde el principio sabía de sobra que no funcionaría, pero me cegué completamente, caí en el autoengaño; creía que podía cambiar a esa persona para que se ajustara a mis expectativas, qué gran error, la gente no cambia y menos para complacer a alguien. Lo único que consigues cuando pretendes algo así es quemarte emocionalmente por el camino, y justo eso es lo que me fue pasando, mes tras mes. Ella llevaba un tipo de vida y no estaba dispuesta a cambiarla por nadie, mientras que yo quería otras cosas; nuestra relación estaba basada en la incertidumbre y el control y, en esto último, sobre todo por mi parte. Ella salía a trabajar de noche y se dedicaba a pasárselo bien sin tener en cuenta que ya no era soltera (dejémoslo ahí). Y a mí esa actitud me parecía una auténtica falta de respeto a la relación que había entre nosotros; claramente se demostró, años más tarde, que no era una persona de fiar y que le gustaba mucho ligar con todo el que podía, ¿cómo pude estar tanto tiempo en una relación así? ¿Qué clase de vacío e inseguridad tenía yo como ser humano, que me valía cualquier persona? ¿Crees que el José Luis de hoy aceptaría ese tipo de relaciones en su vida?

Finalmente —y para no alargarme—, decidí dejar la relación con ella. En Ibiza compartíamos casa —ella, mi socio Nacho y yo—, y le dije que se marchara; su único objetivo en la isla era amargarme la vida; no se integraba con nadie y siempre estaba de mal humor, o se hacía lo que ella decía o todo eran malas caras; al final me cansé de aguantar sus desequilibrios emocionales. Sin embargo, ya había pagado el precio de la toxicidad, ya estaba intoxicado de esa relación, mi estado emocional había cambiado, me sentía triste, sentía mucha culpa por todo lo que sucedía y, sobre todo, frustración por el fracaso de pareja. Aun así, continué luchando por mis sueños como podía e intentaba seguir con mi proyecto con la mejor de mis actitudes, pero algo había cambiado y no entendía por qué me sentía de aquella manera. Después de ese verano, ella se fue a Estados Unidos y desde allí me escribió un e-mail; al no contestarle, me escribió otro y otro, hasta que consiguió que le contestara; me dijo que me echaba de menos y que quería volver conmigo cuando llegara a España. Al principio no la creí, pero fue ganándose mi confianza, pasamos de estar separados a hablar por videollamada casi cada día; parecía que se había arrepentido de todo y me dejé llevar. Quise pensar que las segundas oportunidades no siempre salen mal y le propuse intentarlo de nuevo a su llegada. Sin embargo, ya cara a cara la noté muy cambiada, con los pechos y los mofletes muy hinchados, así que le pregunté si le había bajado la regla, a lo que ella dijo que no; si te soy honesto, no sabía con exactitud qué sucedía con su aspecto, así que estuve alerta, observando. Y ¿sabes lo que pasó? A la semana de haber llegado de Estados Unidos, me dijo por teléfono que tenía que hablar conmigo, palabras textuales: «Pequeño —así me llamaba ella—, estoy embarazada, no me atrevo a decírselo a mi madre porque ya sabes cómo es; no tengo dinero porque me lo gasté todo en el viaje y no sé qué hacer, ¿tú podrías ayudarme con esto?». En ese momento no sabía si ayudarla o mandarla a la mierda, porque no entendía nada, pero quedé con ella en persona para que me contara bien la historia, así podría decidir si la ayudaba o la dejaba definitivamente. Ese día se limitó a contarme una historia muy extraña que yo, desde mis miedos y mi vacío, decidí creerme; la historia resumida era algo así como: «Cuando me dejaste en Ibiza, me fui a Ushuaia y allí me presentaron un chico, un pesado que se obsesionó conmigo; entonces, siempre me dio la lata y no se despegó de mí, aunque yo siempre pasaba de él. Me perseguía, me llamaba mucho, hasta que vino a Valencia y lo vi un día, pero no me gustaba y pasé de él, pero él no lo aceptaba y seguía y seguía. Ese mismo chico se me presentó en Estados Unidos, decía que venía a darme una sorpresa, y me perseguía también por allí, hasta que un día decidí quedar con él y tuvimos sexo. Yo creo que se puso un preservativo roto o que lo rompió aposta, porque me dejó embarazada».

Como ves, resulta difícil de creer la historia, pero te la cuento para que veas en qué situación emocional me encontraba yo respecto a esa mujer, que incluso me la acabé creyendo; en aquel momento supuse que tenía un gran corazón o que estaba ciegamente colgado por ella. Hoy en día ya sé por qué lo hice, entraré en detalles en la segunda parte del libro, pero te avanzo que soy una persona PAS (persona con alta sensibilidad) y que somos presas fáciles para los perfiles narcisistas. Pero sigamos con la historia, que no tiene desperdicio. Finalmente le di el dinero para el aborto y la acompañé, fueron unos quinientos euros. Me propuse ayudarla y olvidar el asunto para seguir con ella, porque siempre me gustó tener iniciativa y evolucionar y creí que de ese modo hacía un paso, así que asumí la responsabilidad y seguí adelante con ella. Lo mejor de todo es el final de la historia: verás de lo que es capaz el ser humano cuando está desconectado de su corazón. Ese mismo año, el 2015, todo parecía fluir con ella, pero algo en sus comportamientos me hacía pensar que alguna cosa no marchaba bien; en lo más profundo de mi ser sentía que no me era cien por cien leal y fiel, no me preguntes cómo; mi intuición me lo hacía ver constantemente, a pesar de que mi mente racional me hacía autoconvencerme de que después de lo bien que me había portado con ella no sería capaz de hacerme algo así de feo. Me equivoqué nuevamente.

Ese mismo verano, en Ibiza, la notaba muy rara, se comportaba como una auténtica extraña, todo le parecía mal, tenía celos de mi socio y mejor amigo Nacho y solo hacía que reclamar atención de una forma desmesurada; si no cumplía sus expectativas, me castigaba con la indiferencia, lo que me llevó a pensar que ella estaba buscando calma y otras cosas en algún otro hombre; una vez más, mi intuición salió a la luz y me dio las respuestas, pero mi mente racional no podía creer cómo una persona podía ser capaz de algo así. De un día para el otro, dejó de relacionarse conmigo, emocional y sexualmente, hasta que un día me dijo que la llevara a casa de una amiga, que quería pensar sobre nuestra relación; me pareció muy extraño, ya que estábamos pasando unos días de playa y relax con una amiga suya que había venido de Berlín, y me pregunté: «¿Cómo va a irse a casa de una amiga, si ya tiene a su mejor amiga aquí a nuestro lado?, aquí hay algo extraño, no puede ser totalmente cierto esto que dice», no acababa de creérmelo. Finalmente la llevé donde me decía y al rato me llamó para decirme que la relación se había terminado para siempre. Saca tus propias conclusiones.

¿Sabes lo que averigüé unos meses más tarde? Te lo cuento solo para que veas el poder de la intuición. La persona que la había dejado embarazada lo hizo a propósito y ella era consciente de ello; durante la segunda parte de nuestra relación me estuvo engañando con ese chico al que etiquetaba como «pesado», y el día que la llevé a casa de su supuesta amiga en Ibiza iba a casa del chico con el que me engañaba. De todo eso me avisaba mi intuición en cada momento y yo, en vez de ver la verdad, me creí la mentira que me contaba mi propia mente. Muchas veces nuestra parte más luminosa del ser nos avisa mediante la intuición sobre muchas cosas que nos van a suceder, es un mecanismo innato que poseemos la gran mayoría de personas y gracias a él podemos anticiparnos a ciertos resultados antes de sufrir las consecuencias; yo, por desgracia, no supe aprovechar sus beneficios y aprendí a través del sufrimiento. Una vez que di por terminada la relación, quise saber con qué tipo de persona había estado casi tres años, así que llamé a su expareja, el chico peligroso de seguridad con el cual me amenazaba cuando se enfadaba, diciéndome que le iba a hablar y que vendría a darme una paliza. Cuando le conté a este chico lo que me había hecho, me dijo: «Gracias por llamarme, hermano, lo mejor que te ha podido pasar es que no estés con ella, yo estuve cinco años y acabé harto, está muy loca esa pobre mujer». Como ves, según su expareja estaba loca, y no solo eso, era una mentirosa. Quizá te preguntarás cómo pude estar tanto tiempo con alguien así.

La respuesta es fácil: no me amaba lo suficiente a mí mismo como para estar solo y me dejé llevar por ella; además, considero que, como todo pasa por algo y para algo, Dios quiso ponerme en esa tesitura para que me transformara para siempre como persona. Y eso es lo que sucedió al terminar la relación. ¿Quieres saber qué ocurrió con mi salud ese mismo año?

> **Los especialistas en enfermedades relacionadas con el estrés señalan que las personas que han sido dañadas, maltratadas, engañadas o heridas reaccionan con frecuencia llenándose de resentimiento y odio hacia aquellos que las hirieron. Esta reacción provoca heridas inflamadas e infectadas en su mente subconsciente. Solo hay una curación posible. Tienen que cortar sus heridas y deshacerse de ellas, y la única manera segura de hacerlo es mediante el perdón.**
>
> DOCTOR JOSEPH MURPHY

ACCIDENTE CASI MORTAL CON EL COCHE POR UNA MALA GESTIÓN EMOCIONAL

Después de esa relación fatal quedé desolado emocionalmente, caí en un vacío y no le encontraba ningún sentido a la vida. Además, sentía a diario emociones dañinas como la rabia, la ira, la frustración o el resentimiento, como fruto de las heridas de abandono y traición que ya llevaba a nivel emocional y que, debido a mi elevado nivel de inconsciencia, aún no había sanado. Por tanto, estaba fuera de lugar y muy triste desde que me levantaba por la mañana hasta que me acostaba por la noche. Un día desperté con mucha ansiedad y con un ataque de pánico fruto de la tensión mental a la que me exponía mi obsesión con la historia de esa chica; en aquel entonces, la única respuesta que conocía para aliviar esas sensaciones eran los diazepanes, así que fui al cajón de los medicamentos para tomar una pastilla, pero como no me quedaban, cogí un Orfidal, que es un somnífero en vez de una benzodiacepina. Tuve la mala suerte de que ese día yo estaba solo en el chalet de Valencia que tenía en propiedad; cuando me empecé a sentir mejor, salí a comer a un restaurante de la urbanización, pero estaba amargado y muy enfadado, llevaba al diablo dentro de mí y no conseguía seguir la voz de Dios. Fíjate cómo era mi estado emocional que subí un post a Facebook que decía: «Orad sin cesar, porque hoy dormiré en el infierno». Mi suerte fue que Nacho lo vio y me llamó; al no cogerle el teléfono, decidió entrar con las claves de mi cuenta y borrar el post. Y aquí quiero recordarte un importante detalle: lo que crees, lo creas y se acaba manifestando. Atento a lo que pasó un rato más tarde, te va a explotar la cabeza.

Al llegar al restaurante, miré la carta y pedí paella de marisco para comer y una ensalada; lo recuerdo como si fuera ayer, nunca olvidaré ese día. Además quise acompañar la comida de un poco de vino blanco pensando que me permitiría estar más sosegado y tranquilo, pero cometí un grave error que casi me cuesta la vida. Cuando terminé de comer, me encontraba mucho mejor, la comida y el vino me habían relajado bastante, pero no caí en que el medicamento que había tomado era un somnífero y estaba totalmente prohibido mezclarlo con alcohol porque las consecuencias eran una potenciación de los efectos. Recuerdo que iba por la urbanización donde tenía la casa a unos 20 o 30 km/h, que era el límite permitido en esa vía; de repente y sin advertirlo noté un golpe brutal y recobré el sentido común. ¿Sabes cómo estaba? Por lo visto, me dormí al volante, el coche se fue hacia la derecha, donde había dos coches aparcados, y la rueda delantera derecha colisionó con una de las ruedas de los vehículos aparcados, por lo que mi coche salió volando y dio una vuelta de campana conmigo dentro, aterrizó contra la calzada y me quedé atrapado dentro; todas las lunas se rompieron en el impacto y me hicieron cortes en el brazo izquierdo. Afortunadamente y gracias a Dios, a mis ángeles de la guarda o a que llevaba el cinturón puesto, conseguí salir casi ileso del accidente, aunque supuso un grave impacto emocional para mi ser. ¿Crees que fue casualidad que momentos antes yo hubiera colgado ese post en Facebook?

CRISIS EXISTENCIAL Y DESPERTAR DE LA NUEVA CONSCIENCIA

Después del accidente de coche estaba bastante descentrado, motivo por el cual me trasladé a la casa en la que vivían mis hermanos, un piso de noventa metros cuadrados justo debajo de la de mis padres y que era donde había vivido mi abuela materna. Allí tenía mi propia habitación; curiosamente, la misma en la que durmió mi abuela durante gran parte de su vida, por eso era un sitio mágico para mí —más adelante entenderás el motivo—, así que me instalé y comenzó una nueva etapa de mi vida. Un día estaba leyendo *El poder del ahora* —un libro que transformó mi vida por completo en aquel entonces—, y de repente sentí por primera vez en la vida un fuerte dolor pélvico; para ponerte en situación, sería como un dolor de muelas multiplicado por diez, algo aterrador. En cuestión de un mes había pasado de estar enamorado en Ibiza a sufrir un accidente y estar al borde de la muerte, y cuando creía que todo había quedado atrás y que por fin me sentiría en paz, me atravesaba un dolor infernal e insoportable. ¿Crees que era casualidad o causalidad? Yo entiendo que nada ocurre al azar, todo sucede por algo y para algo, y aunque en aquella época interpretaba que era una maldición, ahora creo que fue una bendición. A continuación verás por qué.

Desde pequeños nos enseñaron que el dolor es algo malo y que debemos temerlo, pero es todo lo contrario. ¿Recuerdas cuando te golpeabas contra la mesa o te caías de la bici?, ¿recuerdas cómo actuaba tu madre? Pues fue marcando una realidad en tu vida e hizo que entendieras el dolor como algo malo. Mi madre solía decir: «Ay, pobrecito, mesa mala, muy mala, ven aquí, hijo, ¿qué te ha pasado?», o cuando me caía con la bici decía: «Esa bici es mala», eximiéndome de la responsabilidad y volviéndome débil y victimista; ojo, que lo hacía con las mejores intenciones y ánimo de protegerme. Desde esa extrema protección, fui interiorizando un rol de víctima, alguien que no se responsabilizaba de sus actos y esperaba las respuestas del exterior. ¿Y a que no sabes para qué había venido ese dolor a mi vida?, para enseñarme lo contrario: considero que la vida quería que aprendiera a responsabilizarme de mi salud y dejara de pensar que mi madre me llevaría al médico y me lo solucionaría; esta vez la cosa iba en serio.

Como sabes, ya había tenido varias experiencias potentes referentes a la salud, pero esta vez iba a trabajar una vertiente muy diferente, el dolor crónico físico. Aún recuerdo el día en que mi primer maestro de meditación me dijo: «José, presta atención al dolor que tienes, porque ha venido a tu vida para enseñarte algo»; casi lo mato, no lograba entender qué podía enseñar un dolor tan profundo como ese, y era lógico porque, por miedo, nunca me había permitido sentir el dolor. A la mínima sensación, me tomaba un analgésico y parcheaba el dolor, tal como había aprendido en casa, era lo que veía hacer a mi madre frente al dolor. Como no sabía gestionarlo de otra forma tomé mucha medicación, antiinflamatorios como Enantyum, Nolotil, Tramadol, etc. No conseguí nada, el dolor persistía y, como ya no sabía qué hacer, empecé a ir a los médicos, visité a muchos urólogos y solo me decían que tenía una uretritis crónica y una prostatitis crónica, y para ello me recetaban antibióticos y antiinflamatorios. Al final les hice caso y me acabé destrozando el sistema digestivo también, llegó un momento en que no podía comer casi nada, todo me sentaba mal, me alimentaba de cremas de verduras y pescado hervido, perdí más de doce kilos y acumulaba diversos problemas de salud: dolor perineal, dolor pélvico, dolor al eyacular, escozor al mear, indigestiones severas, pinchazos y retortijones a nivel digestivo; las etiquetas médicas continuaban aumentando y pasé de tener solo prostatitis crónica y uretritis crónica a tener también —según los médicos— gastritis eritematosa, colon irritable y posible enfermedad de Crohn. Un especialista de la salud me preguntó si había tomado omeprazol y le dije que sí, desde los trece años —para entonces tenía ya treinta y cinco—, y me recomendó que lo dejara, que posiblemente fuera el causante de todos mis males; yo lo creí.

Me compré un libro llamado *La enzima prodigiosa*, de Hiromi Shinya. A través de sus enseñanzas aprendí lo que hace el supuesto protector de estómago, que no es nada de eso; es un inhibidor de la bomba de protones o un antiácido, es decir, que frena el proceso de secreción de ácido clorhídrico, que es el responsable de neutralizar parásitos, toxinas, etcétera, y evitar que se precipiten hacia nuestros intestinos. Ahora entendía por qué podía ser que tuviera tantos problemas intestinales crónicos. ¡Seguimos con la historia!

Mi vida era un caos —o así lo veía yo entonces—, hay una frase que me encanta: «Llamamos "caos" al orden que todavía no comprendemos», y eso me sucedía en ese momento. Cuando te falla la salud, todo pierde el sentido; nunca imaginé que me vería así, y sin darme cuenta esa era mi nueva realidad, por lo que el éxito profesional dejó de tener sentido para mí y, a pesar de que mi carrera como DJ y productor musical estaba en auge y mi sello discográfico crecía de forma desmesurada, ambas cosas carecían de valor, porque me encontraba realmente mal física y emocionalmente. Visité a más de cien médicos distintos, me recorrí España entera y nada funcionaba, había probado todo lo que la medicina ofrecía para mi sintomatología, pero nada tuvo éxito.

Finalmente empecé a hacer una terapia manual de relajación muscular compaginada con una dieta vegana; sí, fui a lo más básico, dejé de creer en los médicos y empecé a creer en mi intuición; siempre había depositado la confianza en lo de fuera y había llegado el momento de hacer lo contrario. A través del dolor y el sufrimiento que yo mismo me generaba llegué a un punto de inflexión: tenía claro que había que cambiar de hábitos de una forma radical, así que tuve que dejar de ser la persona que había llegado a ese momento, sí, tuve que cambiar mi personalidad dándole un giro de 360 grados. Había probado de todo pero nada me funcionaba y llegué a la conclusión de que solo faltaba una cosa: cambiar mi forma de pensar, así que empecé por las pequeñas cosas de la vida; te pondré un ejemplo, en aquella época era muy irascible y me enfadaba mucho por tonterías, tenía la creencia de que la responsabilidad era tomárselo todo muy en serio, y esa fue una de las primeras cosas que cambié; me dije a mí mismo: «A partir de hoy no me tomaré las cosas tan en serio, y aunque mi mente me diga que soy un irresponsable, no le haré caso», y el cambio de percepción de la realidad ya me generaba algo de bienestar. Así sucesivamente, fui cuestionando mi sistema de creencias y cambiando mi programación poco a poco. Gracias al libro que me estaba leyendo descubrí muchos mecanismos del ego; antes no sabía ni lo que era, siempre había creído que la voz que escuchaba en mi interior era yo.

DESCUBRIR EL EGO ME HIZO LIBRE

Somos lo que pensamos la gran parte de nuestro tiempo. Te voy a hablar de mi experiencia para que puedas verlo en mi historia. Dicen los expertos que el cerebro procesa cerca de 60.000 pensamientos al día, la mayoría de ellos negativos, ¿puedes imaginarte por qué resulta tan difícil ser feliz sin estímulos externos?

Desde que nací, sentí una fuerza increíble por comerme el mundo, siempre sentía alegría y ganas de hacer muchas cosas, hasta que empecé a pensar más de la cuenta; pero no pensaba en un lago lleno de peces o un cielo azul, sino cosas que me podían hacer daño, que me daban miedo, que me hacían inferior a los demás, que me hacían infeliz, que me ponían triste. El momento llegó y era irreversible, pasé de pensar de una manera a pensar de otra. A raíz de esa nueva realidad empecé a generar hábitos, no vamos a etiquetarlos como buenos o malos, aunque muchos de ellos me han hecho cosechar resultados negativos años más tarde. Uno de los primeros hábitos que adquirí y que me creaba mucho bienestar era ver la tele más de la cuenta, amaba hacer maratones de dibujos y películas, y aquellas historias de ciencia ficción fueron creando en mí un ideal de realidad para cuando fuera mayor.

Otro de mis hábitos favoritos era beber Coca-Cola. Era felicidad en estado puro, cuando bebía ese líquido, desaparecían los pensamientos, pasaban de ser negativos a muy positivos y mi estado emocional cambiaba. En mi época ese refresco se vendía con el eslogan «Sensación de vivir», y en parte era real que cambiaba tu sensación, pero momentáneamente. Sin darme cuenta, me volví adicto a una sustancia que en exceso resulta letal para la salud de un ser humano, pero lo había normalizado. Mi madre —que era mi referente— la bebía a todas horas, aquello era tan normal como el agua. Mi adicción llegó a ser tan grande que cuando no había en casa, bajaba a comprarla para comer con ella y beber sin límites; la adicción era obvia. Desde la ignorancia de un niño, intentaba huir de mis propios pensamientos sin saber que alimentaba una fuerza interior llamada «ego»; cuando huyes de algo, ese «algo» te persigue, es una ley universal, ¿qué sucede cuando un perro te ladra y corres?, que te persigue hasta cogerte, ¿cierto? ¿Y si te paras? El perro se para y no te persigue, ¿correcto? Pues lo mismo sucede con nuestros pensamientos negativos: por muchos estímulos externos que tengamos, los pensamientos están ahí, y podrán parar por un momento mientras dure el efecto de la bebida, pero cuando cese su efecto, volverán. No te lo creas y compruébalo a través de tu propia experiencia.

**A lo que te resistes persiste,
lo que aceptas te transforma.**

CARL GUSTAV JUNG

De los refrescos pasé a las chucherías, y de las chucherías a la bollería industrial; cuanto más chocolate azucarado tenía, mucho mejor, no había fin, la mala alimentación es como una droga, una vez que te vuelves adicto resulta muy difícil detener la adicción. No entendía nada pero ahí estaba, comiendo una serie de productos que me intoxicaban el organismo. Cuanto más azúcar comía, más lo necesitaba, me había convertido en una persona que anhelaba ese tipo de sustancias cada vez que no sabía gestionar sus emociones negativas. Te explico cómo funciona este proceso intangible que se genera dentro de nuestro cuerpo, para que puedas identificarlo si también te sucede a ti. Cuando vivimos una situación, a consecuencia de lo que vemos con los ojos generamos un pensamiento basado en nuestro sistema de creencias, después de eso viene la emoción. Todo ello sucede en pocos segundos o minutos, y cuando no sabemos identificar esos mecanismos, primero actúa el mecanismo de huida. Pero si la emoción es negativa y no podemos huir ¿qué hacemos?, parchear el malestar con cosas externas, normalmente se utilizan la comida, el tabaco, los refrescos, las drogas o el alcohol. Como ves, todo empieza en una situación y un pensamiento, pero si no lo detectamos, se convierte en un hábito que año tras año termina perjudicándonos.

A través de este maravilloso proceso que recorrí gracias a mi problema de salud, descubrí un gran libro —del que te hablaré mucho—, llamado *Las leyes del éxito* de Napoleon Hill; el autor te explica cuáles son las quince leyes del éxito según sus estudios con millonarios de éxito de su época, pero no creas que trata solo del éxito profesional, hablamos de éxito en todos los sentidos de la vida, de nada sirve tener dinero si te falta amor o salud. Y si no, mira mi caso, cuando todo me iba bien pero estaba enfermo. De este precioso libro extraje un poema que resonó mucho con mi proceso y del cual te dejo un fragmento a continuación:

Cuando la Naturaleza quiere tomar a un hombre,
y agitar a un hombre,
y despertar a un hombre;
cuando la Naturaleza quiere crear a un hombre
para que haga la voluntad del Futuro;
cuando intenta con toda su capacidad
y desea con toda su alma
crearlo grande y entero...
¡Con cuánta astucia lo prepara!
Cómo lo provoca, ¡y jamás se apiada de él!
Cómo lo estimula y lo molesta,
y en la pobreza lo engendra...
Con cuánta frecuencia lo decepciona,
con cuánta frecuencia lo unge,
con qué sabiduría lo oculta,
sin importarle cuanto le acontezca,
como si despreciara su sollozo,
¡y su orgullo no pudiera olvidar!
Lo obliga a esforzarse más todavía.
Hace que se sienta solo,
para que únicamente
los elevados mensajes de Dios lo alcancen,
para que ella pueda enseñarle
lo que la Jerarquía planeó.
Aunque él no lo pueda comprender,
le da pasiones que dominar.
¡Con cuánta implacabilidad lo espolea,
con tremenda vehemencia lo provoca,
cuando, conmovedoramente, lo prefiere!

ANGELA MORGAN,
«Cuando la Naturaleza quiere a un Hombre»

MIS 13 LEYES DEL ÉXITO PERSONAL

Si has llegado hasta aquí, te felicito, estás entrando en una de las mejores partes del libro, bajo mi punto de vista. Voy a detallarte cuáles son las leyes del éxito según mi experiencia. No te imagines el éxito como algo solo material, esta palabra ha sido prostituida por la gran mayoría de personas, pero su significado va más allá de aquello tangible que puedes ver al salir a la calle. Me he inspirado en el maestro Napoleon Hill para narrar mis trece leyes, pero con mi toque personal. Como ves, he elegido el número trece, que supuestamente es el de la mala suerte; buena suerte, mala suerte, ¿quién sabe?

Volvamos a la habitación de casa de mis hermanos, donde surgieron grandes bendiciones y dormía mi abuela materna, mi actual ángel de la guarda. Pues estando allí, llegó a mis manos el libro *Las leyes del éxito*, que me ayudó a transformarme en la persona que soy hoy en día; además, la idea del proyecto Oblack Caps se desarrolló entre aquellas paredes, ¿ves como sí que era un lugar mágico? Pero ten en cuenta que no importa dónde ni cómo te encuentres porque, como siempre digo, los diamantes se forjan bajo presión y a los seres humanos nos pasa lo mismo, ¡piensa en ello!

En cada ley te pondré el ejemplo de una película o un libro para que veas lo que hizo el protagonista con la ley en particular y cómo consiguió sus objetivos; tú puedes ser esa persona, pero en la vida real, solo necesitas pasar a la acción, deja de pensar y ponte a actuar, que el movimiento se demuestra andando. ¿Empezamos?

LA DISCIPLINA

Esta es una ley muy importante que aplicar contigo mismo y con los demás; la disciplina es sinónimo de esfuerzo, es hacer las cosas cuando hay que hacerlas sin postergar ni aplazar, sin dejarse llevar por la pereza y la desidia. Aplicar esta ley te permitirá avanzar más rápido en cualquier parcela de la vida, piensa que la gran mayoría de personas no conoce la importancia de llevar a cabo este principio en su día a día. Te puede servir para la relación de pareja, para el trabajo o para cualquier cosa que te propongas y en la que quieras alcanzar tu mejor versión.

La película que puede ayudar a ejemplificar esta ley es *Gladiator*, ya que el protagonista, Máximo, dedica gran parte de su vida a conseguir su objetivo, pasa por todo tipo de adversidades sin detenerse ante ninguna y adoptando una disciplina férrea, de modo que ¡finalmente se gana el respeto del pueblo y seguir siendo libre. Ahora tú también puedes conseguir lo que te propongas, ¿a qué esperas?

LA HONESTIDAD

La ley que hace que las cosas sucedan como deben; la honestidad está basada en la verdad, es la que marca la diferencia, la que te hace único y te permite ser tú mismo sin intentar una manera distinta a como Dios te creó. Este principio universal es el que han utilizado los grandes sabios contemporáneos para transmitir los grandes mensajes atemporales, y tú puedes adoptarla y cambiar tu destino; cuando aplicas la honestidad, todo cambia para mejor, pero no te lo creas y compruébalo. Las mentiras te esclavizan y generan semillas de futilidad y amargura.

La película que mejor ejemplifica esta ley es *Mentiroso Compulsivo*, en la que su protagonista Fletcher, interpretado por Jim Carrey, se dedica a mentir compulsivamente, tanto en lo personal como respecto al trabajo, sin embargo, un hecho le cambia la vida por completo y le demuestra que siendo honesto todo funciona mucho mejor; así que de repente recupera la relación con su hijo, con su exmujer y lo ascienden en el trabajo. Toda una paradoja para alguien que pensaba que mentir era necesario para triunfar en la vida. ¿Seguirás mintiendo después de ver este ejemplo?

LA AUTOAYUDA

Posiblemente, este libro sea etiquetado de forma peyorativa como «autoayuda», pero ¿hay alguna forma mejor de ayudarse que haciéndolo uno mismo? Esta ley es de las más importantes, muchas veces esperamos que todo venga de fuera mientras que las respuestas están dentro de nosotros mismos. Si dominas este principio universal, no habrá circunstancia que pueda contigo, las personas más exitosas del planeta saben cuáles son sus puntos débiles y cuáles sus fortalezas, y buscan herramientas que las ayuden a trabajar de forma consciente para potenciar aquellas áreas que requieren una mejora. Creerse muy listo y pensar que se sabe todo es el principio del caos personal, y te lo digo por experiencia.

La película que considero que ejemplifica bien esta ley es *Cadena perpetua*; el protagonista es condenado a cadena perpetua por un crimen que no ha cometido, por lo que tiene dos opciones que, metafóricamente, nos sirven para la vida real: una es victimizarse y quedarse estancado, la otra, por el contrario, es tomar acción y hacerse responsable de su realidad. Él elige la segunda y va subiendo puestos dentro de la prisión hasta convertirse en el secretario adjunto del alcaide para, más tarde, fugarse de esa pesadilla de cárcel y ser libre. Tú puedes hacer lo mismo con tu historia de vida, solo tienes que tomar acción y dejar de creer que las cosas te suceden para mal, debes pensar que es todo lo contrario. Con este libro ya ha empezado tu camino, ¡enhorabuena!

EL AUTOCONTROL

¿Cuántas personas conoces que no tienen autocontrol? La gran mayoría de ellas no saben que existe esta ley, se dejan llevar por la razón siendo fieles a su sistema de creencias y de programación mental. Cuando no sabemos autogestionarnos, somos esclavos de nuestras circunstancias, la culpa siempre está fuera, nosotros lo hacemos todo bien, ¿conoces a alguien así? El cambio comienza cuando nos responsabilizamos de nuestra propia vida y por ende de nuestras decisiones, solo así cambia nuestro destino, porque hay una cosa clara: no estamos destinados, estamos programados, y si cambiamos la programación, nos cambiará el destino. Yo repetía continuamente muchos patrones de comportamiento y cosechaba siempre los mismos resultados, hasta que apliqué el autocontrol a mi vida y cambió para mejor.

La película que puede ejemplificar esta ley es *Hasta el último hombre*, que está basada en hechos reales. Su protagonista, Desmond Thomas Doss, atraviesa un largo proceso de dificultades, tanto en lo personal como en lo profesional; durante su estancia en el ejército sufre todo tipo de burlas, palizas, deshonras y un largo etcétera, simplemente por sentirse diferente al resto; realmente, una oveja negra de su época. Nadie lo entiende cuando dice que no quiere coger armas; en la familia tampoco le resulta fácil, con un padre borracho y agresivo. Sin embargo, Desmond logra aplicar el autocontrol y transformar su rasgo distintivo llevándolo al otro extremo: se convierte en el primer objetor de conciencia dentro el ejército americano y demuestra que sin armas también se puede aportar valor a una guerra. Un ejemplo de lo que es el amor incondicional por otros seres humanos, y una clase magistral de autocontrol para conseguir el propósito de vida. Gracias a ello y a salvar a más de setenta y cinco hombres en el campo de batalla durante la Segunda Guerra Mundial, fue condecorado con la medalla de honor del presidente Harry S. Truman.

UN PROPÓSITO CLARO

No puedes progresar en la vida sin la aplicación de esta ley universal. Cualquier viaje comienza por la elección del destino, ¿alguna vez has programado unas vacaciones?, pues esto es igual, para saber adónde quieres llegar, debes trazar el propósito del camino. No vale decir que aspiras a ganar dinero, ser famoso o tener reconocimiento, aquí debes ir más allá: tienes que identificar en ti cuáles son tus dones innatos, lo que te apasiona o amas y convertirlo en tu propósito de vida y profesión; una vez que tengas el plan y la forma de llegar, no te detengas por nada ni por nadie. Piensa en cuando coges tu coche para ir a Madrid de vacaciones, si te detienes en cada pueblo, ¿cuántas horas tardarás en llegar al destino? Pues en la vida real sucede lo mismo, cuando aplicas un propósito claro, empieza y no pares hasta conseguirlo.

La película que he usado para ejemplificar esta ley es *Hombres de honor*, que también está basada en hechos reales. El protagonista, Carl, logra su gran propósito de toda la vida, que era llegar a ser el primer afroamericano en convertirse en buzo experto de la marina de los Estados Unidos de América. Pero no habría sido posible sin un propósito claro y sin aplicar la disciplina, dos leyes fundamentales para conseguir cualquier logro personal. Si quieres saber lo que es superar adversidades, te invito a que veas esta película. ¡Ya verás qué afortunado te sientes con tu vida!

LA EDUCACIÓN FINANCIERA

¿Has gastado alguna vez más de lo que ganas? ¿Piensas en aquello que te gusta, te ilusionas aun sin tener el dinero en la cuenta y finalmente lo compras aunque no te lo puedas permitir? ¿Has pedido préstamos para irte de vacaciones? ¿Pagas con la tarjeta de crédito cenas, lujos y demás cosas, generando deudas? Si te suceden estas cosas, algo se te está escapando, se llama «educación financiera» y es imprescindible para tener éxito a nivel personal y profesional. Las personas exitosas gastan menos de lo que ganan, cuentan con un sistema financiero personal. Ten presente que lo que no se controla se descontrola, y el dinero que no tiene un lugar adonde ir, acaba perdido o malgastado.

La película que en mi opinión ejemplifica esta ley es *El lobo de Wall Street*; en ella podrás ver la historia real de Jordan Belfort interpretada por Leonardo DiCaprio. El protagonista lleva una de las vidas más locas que hayas imaginado, donde reinan el vicio, el descontrol, la deshonestidad, la falta de educación financiera, y un sinfín de comportamientos que acaban llevando a Jordan al caos financiero y personal. Un claro ejemplo de todo lo que no hay que hacer si se quiere tener una gran vida, llena de salud, dinero y amor.

LA BUENA ALIMENTACIÓN

Jamás podrás ser feliz plenamente sin cumplir esta ley tan importante. Somos lo que comemos: si comes comida viva, tendrás vida, si comes comida muerta, empezarás a morir; es sencillo, pero a veces resulta difícil ponerlo en práctica. Me ha costado muchos años entenderlo, pero todo es energía, hasta la comida que ingerimos; la comida real tiene una alta vibración, es decir, nos alinea con aquello que nos calma y nos nutre, nos aporta energía y, por ende, nos da plenitud y equilibrio, mientras que la comida procesada y ultraprocesada lleva una baja vibración, por lo que nos genera estrés físico y nos enferma.

En este caso he usado un libro para ejemplificar la ley: *El método japonés para vivir cien años*; en esta joya podrás aprender las técnicas que los japoneses longevos llevan a cabo cada día de su vida, y gracias a ello se mantienen ágiles, fuertes y con una mentalidad juvenil. Se alimentan de comida real, proteínas, grasas e hidratos de alta densidad nutricional, así es como se consigue una salud de hierro.

LA GESTIÓN EMOCIONAL

Esta ley es fundamental para la vida personal y profesional; sin una correcta gestión de las emociones vivimos a merced de ellas y nos dominan, arrastrándonos a situaciones desfavorables que no nos permiten progresar en cualquier proyecto que tengamos, sea del tipo que sea. Las personas exitosas suelen tener un *coach* emocional para entrenarse en la gestión de las propias emociones. Yo mismo lo tengo y no lo cambio por nada, ya que gracias a ello he aprendido a conocerme mejor y a digerir las adversidades que la vida me envía para crecer y evolucionar.

Para ejemplificar esta ley he usado la película *Jobs*, basada en la historia real del gran Steve Jobs, un buen visionario y uno de mis principales referentes; te hablaré de él en detalle más adelante. En esta película se muestra la vida de este genio, y quedan patentes su mala gestión emocional y obsesión compulsiva por la perfección, que acaban llevándolo a grandes dosis de ira, frustración, rabia y resentimiento. Todo esto es evitable cuando uno comprende cómo funciona nuestra mente y le da las herramientas correctas para un buen funcionamiento.

LA ESPIRITUALIDAD

Esta ley existe, es como Dios: puedes creer en ella o puedes ser escéptico, pero eso no implica que no sea una realidad; cada vez más científicos cualificados apoyan la espiritualidad como algo sólido, y aunque no podamos percibirlo con los ojos, la física cuántica y la ciencia han llevado a cabo miles de experimentos en los que se demuestra claramente que es real como la vida misma. Si ignoras esta ley, difícilmente serás exitoso y feliz.

Una película adecuada para ejemplificar esta ley es *Más allá de la vida*, en la que tres personajes totalmente opuestos viven experiencias espirituales que los llevan a elevar el nivel de consciencia y conectar entre ellos. Uno de los protagonistas —George Lonegan, interpretado por Matt Damon— desempeña el papel de un médium: aplicando su poder, conecta con el mundo espiritual de los muertos; Marie es una ejecutiva exitosa que sufre una ECM y como consecuencia comienza un proceso de transformación y evolución personal. Por último, un niño llamado Marcus —que tiene un gemelo y es hijo de una drogadicta— tiene que apañárselas a solas tras ser separado de su madre y de perder al hermano en un accidente. En esta película podrás ver con exactitud el poder de lo intangible y cómo nos atraemos a través de la energía en la que vibramos sin importar dónde vivamos. También muestra que, como nos elevamos a través de la adversidad, incluso la muerte es una bendición si sabemos verla con amor y aceptación. La historia no te dejará indiferente y, aunque creas que es mentira por tratarse de una película, es todo real; yo he vivido personalmente varias experiencias de ese tipo.

RODEARTE DE LAS PERSONAS CORRECTAS

Cuando aplicas esta ley y creas una mente maestra, el resultado es el éxito; es lo que hacen los grandes equipos deportivos para ganar los campeonatos internacionales, y las grandes empresas para posicionarse como líderes mundiales. Para saber cuáles son las personas de las que debes rodearte, tienes que identificar en ti cuáles son tus objetivos en la vida y buscar a quienes quieran lo mismo, solo así crearás un equipo de gente alineada y con un propósito claro, tu cosecha dependerá del tipo de semilla que plantes. Por ejemplo, no podrás cosechar abundancia desde una mentalidad de escasez.

Una película que ejemplifica bien esta ley es *Air*; en ella se nos muestra cómo Phil Knight, el fundador de Nike, crea un imperio millonario eligiendo a las personas correctas, desde su primer embajador deportivo, Michael Jordan, hasta Cristiano Ronaldo. Nunca dudó sobre quién rodearse, y gracias a su *mindset* logró pasar por delante de las marcas líderes del momento, que eran Puma y Adidas. ¿Y tú?, ¿te estás rodeando de las personas correctas? Nunca olvides que somos el resultado de las cinco personas con las que más tiempo pasamos, ¡elige bien!

EMPATÍA Y COOPERACIÓN

Esta ley es fundamental, no podemos prosperar en la vida sin aplicarla. La empatía es ponerse en el lugar del otro, comprenderlo, solo desde ahí nace la cooperación y, desde ahí, el equipo; resulta muy difícil construir un gran proyecto de vida sin la aplicación de estos principios, solo puedes ir más rápido, pero no llegarás tan lejos. Si no te crees lo que digo, prueba a ignorarlo y verás los resultados que cosechas.

Creo que la película *En busca de la felicidad* ejemplifica esta ley. En ella podemos ver las dos caras de una misma moneda: un matrimonio en apuros económicos en el que la mujer no lo apoya a él en nada y se pasa el día quejándose de todo, haciendo caso omiso de esta ley tan importante; por otro lado, el protagonista —Chris Gardner, interpretado por el gran Will Smith— nos muestra la historia de un hombre al que la vida no se lo ha puesto nada fácil pero que consigue aplicar esta ley universal transformando su vida y consiguiendo el éxito empresarial que anhelaba; para ello empatiza y coopera con sus jefes y compañeros, incluso sin podérselo permitir. Si te gustan los retos, te gustará esta película de la que se puede aprender mucho.

LA MENTALIDAD OBLACK

¿Alguna vez te has rendido a la primera de cambio? La mentalidad Oblack es una filosofía de vida, es resiliencia pura, es no tirar la toalla jamás, es luchar por tus sueños, es atreverte a ser tú mismo, es encontrar tu camino sin importar el qué dirán. La mentalidad Oblack es ser tú en esencia, es ser auténtico, es ser oveja negra, es no dejarte arrastrar por el *statu quo*. Solo siendo tú mismo alcanzarás tu mejor versión; hemos venido a brillar, dejemos de ser copias baratas de otros seres humanos, no te compares, porque esa trampa te robará lo más bonito que posees, que es tu luz interior. ¿Lo has entendido? Si es así, di SÍ en voz alta, aunque estés solo.

El libro que he elegido para ejemplificar esta ley es el que tienes en tus manos, quiero felicitarte por haberlo elegido entre toda la oferta que hay en el mercado, y ¿sabes por qué?, porque está basado en mi historia personal. ¿Sabes que nunca me rendí? Y si has llegado hasta aquí, seguro que tú tampoco te rindes, creo en ti sin conocerte, pero ¡has venido a brillar!

LA REGLA DE ORO

Esta ley es muy sencilla, además, estoy seguro de que la habrás oído infinidad de veces; va de tratar a los demás como te gustaría que te trataran a ti; la conoces, ¿verdad? Cuando lo haces, todo mejora, ¿lo has probado alguna vez? Es dar lo mejor de ti al mundo, y eso vuelve multiplicado, como dicen los grandes sabios de todos los tiempos.

El libro que he elegido para ejemplificar esta ley es *Las leyes del éxito*; en este best seller contemporáneo, el autor Napoleon Hill explica y desarrolla las quince leyes que un ser humano debe desarrollar en su interior para tener éxito en la vida. Y una vez más, por favor, no quiero que veas el éxito como solo algo material y económico, aquí hablamos de algo más completo e integral; hablamos de salud, dinero y amor. ¿Hay algo más importante en la vida que estas tres cosas? El autor aplicó a la perfección la regla de oro cuando desarrolló —durante más de treinta años de su vida— este magnífico método para que personas como tú o como yo aprendiéramos a través de su ejemplo y transformáramos nuestra vida para siempre. ¿Es que acaso hay algo mejor que aportar al mundo que el conocimiento de treinta años de experiencia verificada? Saca tus propias conclusiones, pero ¡yo creo que no!

Los 10 mandamientos del éxito empresarial

I.   Cree en ti y trabaja duramente.

II.   Ve a contracorriente.

III.   Ama lo que haces.

IV.   Elige buenos compañeros de viaje.

V.   Supera a la competencia haciendo productos mejores que ellos en calidad, presentación y precio. ¡Aporta valor siempre!

VI.   Construye una historia de marca que sea verdadera e inspire a las personas.

VII. No te rindas ante ninguna adversidad.

VIII. Aliméntate bien, haz deporte y mantén la paz mental.

IX.   Sé la persona con la que te gustaría trabajar cada día.

X.   Ten paciencia y confía en la vida (Dios).

UNA HERRAMIENTA BRUTAL LLAMADA ENEAGRAMA DE LA PERSONALIDAD

Después de tanto sufrimiento por mis procesos con las mujeres y mi actual estado de salud, llegó a mi vida una herramienta maravillosa. Un día vi en YouTube a una persona llamada Borja Vilaseca que hablaba de un método o herramienta de autoconocimiento, era algo nuevo para mí, reconozco que me pareció muy innovador y me explotó la cabeza; además, Borja lo explicaba superbién, desde el primer momento conecté muchísimo con él, ¿será porque somos del mismo eneatipo, mismo subtipo y compartimos mentalidad de ovejas negras? Más adelante lo entenderás todo. Sin titubear, me puse a ver todos sus vídeos, a indagar en la herramienta y a profundizar plenamente en ella; por fin veía la luz al final del túnel, empecé a entender muchas cosas de mi personalidad que hasta ese momento me eran totalmente desconocidas. Descubrí que yo soy un eneatipo 1 ala 2, como Borja, de ahí que sintiera las sinergias solo con verlo hablar, sentí que había encontrado a un referente, algo que —como te he ido contando— es fundamental para seguir sus pasos y evolucionar. Desde ese momento me dejé llevar por sus enseñanzas, le hablaba a todo el mundo de la nueva herramienta que había descubierto y sentía en lo más profundo de mi corazón que acabar con el sufrimiento era cuestión de tiempo.

A medida que profundizaba en el eneagrama de la personalidad, entendía más a mi entorno, aprendí que mi madre es una eneatipo 8 muy metida en el ego, que mi padre es un eneatipo 2 y también estaba muy en el ego, de modo que encontraba la información necesaria para gestionar aún mejor mi relación con ellos. También investigué sobre los eneatipos de mis hermanos, mi hermana es una 2, mi hermano Jaime un 1 y mi hermano Carlos un 4. Con esta información logré entenderlos mejor y crear una relación más consciente. Pero eso no es todo, también revisé los eneatipos de mis dos mejores amigos y socios en la empresa Oblack Caps, Rubén Conchillo y Nacho Arauz, y entendí por qué nos llevamos tan bien: Nacho es un eneatipo 9 ala 1, un tío perfeccionista y controlador, por eso trabajamos tan bien juntos, pero además tiene un toque empático que suaviza mi rigidez, sobre todo en lo laboral; por otro lado estaba Rubén, un eneatipo 3 ala 4, una persona emocional y gran emprendedor, un tío con una parte artística y muy creativa, por eso siempre nos llevamos bien en lo profesional, nos entendemos como una pareja feliz.

Hacia 2017, casi dos años después de haberlo descubierto en YouTube, decidí subir de nivel y conocer a Borja Vilaseca en persona. Había visto todos sus vídeos y me había leído dos de sus mejores libros, *Encantado de conocerme* y *Qué harías si no tuvieras miedo*, así que solo me quedaba asistir al curso presencial «Encantado de conocerme», que en aquel entonces solo se impartía en Barcelona; cogí un billete, un hotel y me fui. No había tiempo que perder, quería seguir evolucionando y, sobre todo, conocer a mi referente; para mí Borja era como un Dios, recuerdo lo que sentí el día del curso al verlo aparecer en persona, como cuando era niño y veía a los Reyes Magos en la cabalgata, algo brutal. Por fin pude hablar con él al finalizar el primer día de curso; me atendió muy amablemente, me firmó los libros que llevaba y tuve un momento para comentarle algo: «Borja, gracias por todo lo que estás haciendo, eres un ejemplo para mí, tengo algunos problemas digestivos además de otras sintomatologías, ¿sabes de qué puede venir? Y me preguntó mi eneatipo; al decirle que era un 1, concluyó: «José, los eneatipos 1 acumulamos mucha ira y resentimiento, como si fuera una bola de fuego en nuestras vísceras; a mí me pasa, tómate las cosas de otra manera y se irá calmando». Y aunque no lo creas, esas palabras actuaron como una medicación disruptiva, entraron en mi subconsciente y fueron generando unos nuevos hábitos de comportamiento que finalmente me llevaron a la sanación. ¡Lo verdadero es simple!

La herramienta fue calando en mí y en mis socios, y tanto fue así que decidimos utilizarla en la empresa. Desde que se creó Oblack Caps, todos y cada uno de los trabajadores que han formado parte de nuestros equipos fueron seleccionados utilizando el eneagrama de la personalidad, esto nos permitió poner a cada ser humano en el lugar adecuado. Te pongo un ejemplo, imagínate a una persona creativa en el departamento de finanzas, o a alguien con un perfil racional y un grado de empatía bajo como agente comercial de ventas para los puntos físicos de Oblack, ¿crees que esas personas serían felices trabajando así?, pues usando esta herramienta, conseguimos darle a cada uno su lugar y creamos equipos de gente motivada y feliz. Siempre que lo cuento me viene una bonita frase de Albert Einstein a la cabeza: «Si juzgas a un pez por su habilidad para trepar árboles, pasará el resto de sus días pensando que es un inútil», y así es como me sentía yo en mis primeros trabajos, ¿te acuerdas de la fábrica donde hacía una labor totalmente deshumanizada?

Desde que conocí a Borja siempre supe que algún día haríamos algo juntos, lo creé en mi mente y, como ya sabes, lo que crees, lo creas; o como dice Ilia Topuria, creer crea realidades. Intenté con todas mis fuerzas crear sinergias, le envié varios e-mails para hacer algún evento juntos o lo que surgiera, pero nada se hacía realidad. Sin embargo, nunca perdí la fe, sabía que las ovejas negras han venido a cambiar las reglas del juego, por lo que debíamos encontrarnos en algún punto, solo tenía que averiguar cuál y surgiría la magia. En este empeño, le seguía escribiendo por redes, le comentaba posts y buscaba las mil y una estrategias para conseguir mi anhelado deseo de cooperación. Hasta que un día todo cambió para siempre. Lo recuerdo como si fuera ahora: a través de la sensación que me produce el deporte entré en un estado de profunda conexión con el todo y decidí hacer lo que nunca antes había hecho: le mandé directamente un audio por Instagram que decía lo siguiente:

Buenos días, Borja, ¿qué tal?, no sé si escucharás esto o lo escuchará tu equipo, quería agradecerte todos estos años de aprendizaje junto a ti, con todas tus redes sociales, tus vídeos de YouTube. Tus enseñanzas me han transformado como persona y me haría muchísima ilusión poder conversar contigo sobre un proyecto que llevamos entre manos para poner a las ovejas negras donde se merecen. Pienso que vosotros, con Kuestiona, estáis haciendo un grandísimo trabajo también, en esa parte; pero nosotros llegamos a otro tipo de público porque somos una marca de moda, pienso que juntos podemos cambiar las reglas del juego, y separados pues creo que nos costará muchísimo más tiempo. Así que nada, ahí lo dejo, ya lo comenté con tu equipo de Kuestiona pero no recibí respuesta, espero que valores esta opción y, si no, tendremos que seguir por libre… jejeje. Gracias, un abrazo.

Y diecisiete días después me contestó una persona en nombre de Borja, me dijo que les gustaba la idea y que enviara un e-mail a una dirección que me adjuntaron. Desde ese día hasta hoy, cuando tú lees estas líneas, han pasado muchas cosas, pero sin lugar a duda, la que más ilusión me hizo fue que mi ídolo de todos los tiempos me escribiera una frase sobre este libro; como sabes, esto es una realidad, y ¿sabes qué hizo posible que sucediera? Es muy fácil y te lo he repetido muchas veces, se llaman disciplina, perseverancia, proactividad y cooperación.

Si hubiera tirado la toalla a la primera de cambio, nunca habría conseguido un hito como este; como ves, no fue suerte ni casualidad, como te han contado, esas cosas no existen cuando hablamos de logros profesionales, te lo cambio por constancia y trabajo duro, ¿qué opinas?

STEVE JOBS, EL CEO DE APPLE, CAMBIÓ MI MENTALIDAD

Después del proceso con los aprendizajes de Borja y a tan solo un año de lanzar nuestro proyecto Oblack Caps en 2019, apareció un libro fantástico en mi vida; era la biografía de otro de mis grandes referentes, Steve Jobs, el fundador de la conocida marca Apple. Al principio no me atrevía a leerlo, era un libro muy grueso y en aquella época leía mucho más sobre espiritualidad, desarrollo personal y salud en general, así que me parecía que quedaba fuera de contexto, pero luego entenderás por qué estaba equivocado en ese momento. Gracias al eneagrama, tenía la intuición de que Steve Jobs era un eneatipo 1 como yo, lo que fue un motivo más que suficiente para abrir el libro, y al empezar a leer su historia, me sentí completamente reflejado. Daré unas pequeñas pinceladas para no extenderme, pero quiero ponerte en situación para que entiendas muchas cosas de este genio que también verás en mí, en estas páginas. Su padre era una persona muy exigente, esto propició que Steve potenciara su herida de insuficiencia con lo que había fuera, es decir, con todo lo que hacía. Su padre solía decirle que cuando un mueble estaba supuestamente terminado, había gente que no lo remataba por la parte de atrás; estaba claro que nadie vería esa parte, pero un acabado perfecto era de trescientos sesenta grados, tanto lo que se veía como lo que no. Así que le decía algo así como: «Steve, cuando termines el mueble, píntalo igual por detrás que por delante aunque nadie lo vea, siempre lo veras tú, y si algún día lo separan de la pared, se darán cuenta de que ese trabajo lo hizo un gran profesional».

El hábito que le inculcó su padre se lo llevó a Apple, y se obsesionó con la perfección de los acabados, no bastaba con producir los mejores ordenadores a nivel operativo, también debían ser obras de arte contemporáneas, esa sería la única forma, según Steve, de hacer historia y convertirse en líderes. Steve tenía una frase que me encanta y que siempre digo: «Lo que diferencia a un líder de sus seguidores es la innovación» y eso lo llevaba a cabo con su marca de ordenadores; la obsesión por la perfección y la belleza de los acabados lo llevó a construir ordenadores de cantos redondos cuando nadie lo hacía y se obsesionó también con la placa base, no valía poner los cables y las soldaduras de cualquier manera; en contra de sus equipos, dio indicaciones para que los ordenadores Apple fueran perfectos por dentro y por fuera, siguiendo una simetría utópica en aquel entonces. Steve siempre se definió como un artista, algo que me gustó mucho al leerlo, porque yo pienso lo mismo de mí. Si has conocido los productos Oblack, te habrás dado cuenta de la gran sinergia que hay con Apple, ambas marcas se enfocan en la calidad y la innovación, por eso ambas son líderes en su sector. Siempre estaré agradecido a Steve Jobs por haberme inspirado en lo referente a la empresa y a la fabricación de productos de calidad, sin su ejemplo nunca habría sido capaz de hacer lo que la gente considera las mejores gorras del mundo, en calidad, presentación y precio.

Como te decía, el libro de Steve me parecía poco atractivo en aquella época porque pensaba que solo iba de emprendimiento, pero a medida que leía su biografía entendía que era un genio, sobre todo en lo artístico. También observé que él tenía completamente olvidado un pilar fundamental: la educación emocional, de la que tanto hemos hablado en este libro y que nos permite gestionar las propias emociones para que no nos afecten a la salud física y mental. Steve era una persona irascible, impaciente, intransigente y resentida —entre otras muchas—, un perfil típico de los eneatipos 1 cuando están en el ego, y fruto de ello creó muchos distanciamientos dentro de los equipos de Apple, con los directivos y en su propia familia. Esto me ayudó a tomar conciencia de muchas cosas de mi propia personalidad, ya que yo me había venido contando un cuento chino en la cabeza y me había creído que era de una determinada manera; pero al ver el ejemplo de Steve Jobs, me di cuenta de que los resultados que él cosechaba no los quería yo para mi vida. Como sabrás, él acabó cocreando un cáncer, y hoy en día la ciencia más vanguardista está demostrando que esta enfermedad se desarrolla año tras año en el cuerpo sin que lo hagamos consciente, digamos que es el resultado del estilo de vida que llevamos: malos hábitos alimenticios, falta de sueño… junto al estrés crónico y el malestar emocional. En esta última época de mi vida —año 2025— he aprendido también que esta grave enfermedad a la que llaman «cáncer» sucede cuando estamos fuera de nuestro propósito vital, a veces creemos que estamos haciendo lo que amamos, pero simplemente observando cómo nos sentimos o si tenemos algún problema de salud podemos ver si es cierto o no. En mi caso, recibí muchas señales de la vida, pero no les hacía caso, tenía más de veinte enfermedades diagnosticadas por los médicos, pero yo seguía luchando por mis sueños, nada me detenía. Hasta que un par de equipos médicos me dijeron que mi sintomatología era una clara antesala del cáncer y que si no paraba podría tener serios problemas. Fíjate que en 2018 había observado aquellos patrones de Steve que no quería repetir, y en el año 2024 me encontraba en una situación similar a la suya, qué paradójico, ¿no? Sin embargo, varias cosas me ayudaron a tomar la decisión de detenerme: por un lado, la promesa que me hice al leer el libro de Steve, de que no acabaría nunca como él, y las otras fueron la herramienta del eneagrama y el autoconocimiento. Steve no tuvo esa suerte porque las conoció prácticamente en el lecho de muerte y ya era demasiado tarde para salvarse en este plano material. Siempre doy gracias a Dios de que me pusiera su libro en las manos, porque gracias a él soy quien soy; te dejo una frase de este genio contemporáneo que en unas pocas palabras resume su mentalidad.

La sencillez es la máxima sofisticación.

STEVE JOBS (Fundador de Apple y Pixar)

CAPÍTULO 8

EL DESARROLLO DE OBLACK CAPS

Volvamos una vez más a la etapa en que dormía en la antigua habitación de mi yaya, ese sitio mágico donde pasaron grandes cosas. Allí me dediqué a dos labores la gran parte de mi tiempo: transformarme como persona para superar mi problema de salud con el dolor crónico y crear en mi mente todo el proyecto de Oblack Caps. Para ello decidí rebajar los gastos fijos compartiendo casa —recuerda que no era millonario ni me regalaban el dinero—, así que para poder construir mi siguiente proyecto tenía que trabajar mucho, gastar poco y ahorrar todo lo posible, la única manera de poder destinar todo mi dinero al lanzamiento de lo que en su día llegó a ser Oblack Caps.

Aquel proceso fue superbonito, duró tres largos años en los que tenía dolor en el cuerpo las veinticuatro horas del día, pero veía la vida con gratitud y entusiasmo; sí, lo que lees, aquello era algo difícil de gestionar, pero conseguí llevarlo con la mejor actitud y, fruto de ello, me convertí en la persona que soy hoy en día; nunca habría existido Oblack Caps en tiempo y forma de no haber sido por mi problema de salud. Al mismo tiempo que superaba ese proceso, tuvimos que viajar a China; yo estaba realmente mal, había perdido más de doce kilos y no podría comer casi de nada, pero no había otro camino si queríamos lanzar el proyecto en el año 2019, así que me hice a la idea de que debería viajar en aquel estado de salud y aprender algo más sobre mi capacidad de resiliencia ante la vida. Aquel maravilloso viaje supuso una gran aventura, nos fuimos sin planear nada, a lo loco, como niños eufóricos con ganas de aprender y descubrir nuevas experiencias, y fíjate cómo fue que acabó sumando en mi sanación, ya que al poco de llegar de China, me sané.

Después de esos tres largos años, estaba un día en casa estirando como cada mañana, y de repente empecé a notar mucha mejoría en los dolores del cuerpo, así que seguí con esa terapia diaria; sin darme cuenta, los dolores iban desapareciendo hasta que se fueron, pero me quedaba algo que no desaparecía: el problema intestinal, seguía sin poder comer lo que quería porque todo me sentaba mal; un día por la noche y totalmente sumergido en el proceso de recuperación, llegué a un estado de conexión profunda con mi ser y empecé a sentir mucha tristeza, mucha frustración, emociones muy profundas que no había sentido nunca de esa manera, ya que siempre las había tapado con comida, estimulantes, cosas o personas. Pero a la vez me preguntaba por qué me sentía así, si había sido capaz de sobreponerme a ese gran proceso de salud y creado mi nuevo proyecto incluso viajando a China enfermo; básicamente no lo entendía. Sin embargo, ahora que escribo estas líneas y aproximadamente siete años después, puedo decirte que lo que me sucedió fue una catarsis emocional, algo que los seres humanos deben experimentar para poder sacar las emociones reprimidas que se van acumulando con los años. A partir de aquella experiencia sucedió algo inaudito, recuerdo que estuve llorando casi tres horas sin parar, no entendía nada, pero no podía dejar de llorar, ¿te ha ocurrido alguna vez? Cuanto más lloraba, más intensidad tomaba el llanto, recordé muchos momentos de mi vida, con mis padres, con mis exnovias, con mis hermanos, con mis amigos, en el colegio, etc. Cuando pasó la tormenta, me acosté a dormir y dormí plácidamente toda la noche del tirón…

Y al levantarme al día siguiente me sentía muy diferente, mi percepción de la realidad había cambiado, recuerdo que me fui a entrenar al gimnasio y me prometí que al salir comería de forma normal, así que fui a un restaurante cercano, me senté a una mesa y miré la carta. Llevaba más de tres años comiendo cremas de verduras, pescado al vapor, licuados de zanahoria y poco más, ya que todo lo otro me sentaba mal y no era capaz de digerirlo. Sin pensarlo dos veces, pedí un plato de ensalada grande y de segundo un filete de carne roja con patatas y huevos fritos, mucho pan y una jarra de cerveza; aunque no solía beber alcohol, ese día quise exponerme al doscientos por cien, tenía que verificar si de verdad había sanado para siempre o seguía con los problemas digestivos; además, cuando me trajeron la comida me dije una frase a mí mismo: «Esta comida me va a sentar superbién porque estoy sano», y es lo que sucedió, a medida que trascurría el día mi digestión seguía bien, no tuve molestias, llegó la hora de la cena y cené algo diferente a lo habitual, me creí que había sanado y es lo que se estaba manifestando en el cuerpo, pero no fue arte de magia, todo tiene un sentido. Al llorar, desbloqueé el cuerpo, reinicié el sistema, porque somos como un ordenador pero en versión humana, y cuando un programa se queda bloqueado, hay que reiniciarlo, y si esto no funciona, pues hay que formatearlo, suele ocurrir con las emociones negativas como la ira, la rabia, el resentimiento, la frustración, etc. Estas emociones generan una tensión física y no permiten que el cuerpo fluya con la homeostasis, a causa de ese caos se empiezan a manifestar sintomatologías abstractas y difíciles de sanar solo de forma tangible, es entonces cuando recurrimos a la parte emocional y espiritual, y empezamos a amarnos como un todo, dejando de abordar únicamente el aspecto más físico. Después de aquella gran experiencia con la salud me sentía más que preparado para afrontar cualquier reto empresarial. ¿Hay algo más difícil que autosanar? Yo creo que no. Eso me dio fuerzas y motivación para seguir con mi proyecto.

Como sabes, la ilusión y el entusiasmo por lograr tus sueños son lo que te mueve cada día incluso si tienes que ir a contracorriente. En mi caso fue así, tenía claro que había venido para hacer algo grande y no estaba dispuesto a detenerme por nada ni por nadie, superé el bache de la mala salud y comencé una nueva etapa en la que trabajé duramente; para adquirir más conocimientos leí muchos libros de gente que había hecho grandes cosas en el mundo del emprendimiento, y empecé a rodearme de personas que estaban donde yo quería estar en el futuro, ya que… somos el resultado de las cinco personas con las que más tiempo pasamos, ¿recuerdas? Sus historias me sirvieron de inspiración para crear un proyecto empresarial de la magnitud de Oblack Caps.

**Es justamente la posibilidad de realizar
un sueño lo que hace que la vida sea interesante.**

PAULO COELHO, *El alquimista*

CÓMO CREÉ LOS LOGOS DE OBLACK

Quizá te preguntarás cómo se crearon los logos de Oblack y cuáles fueron las fuentes de inspiración, pues te lo cuento con todo detalle para que veas que todo está en nuestra mente y en las experiencias que hemos vivido; solo hay que pararse a pensar y es ahí cuando surge la magia y aparecen ideas maravillosas.

Como ya sabes, siempre jugué al fútbol e influyó muy positivamente en mi vida. De hecho, fue el deporte que me enseñó a trabajar en equipo y a focalizarme en los objetivos, pues de ahí saqué una de las ideas del primer logo de Oblack, en el 2012. Si te fijas, está formado por un escudo y dentro de él se encuentra una oveja negra y la palabra Oblack; lo que pretendí el día que tuve la idea fue ilustrar algo potente y que representara a todas las personas que se habían sentido únicas y diferentes alguna vez en su vida —a las ovejas negras, claro—, y había que hacerlo de una forma impactante; entonces pensé «Si meto una oveja negra y el nombre de la marca dentro de un escudo, podré influir sobre aquellas personas para que se sientan identificadas, así es como lo hacen los equipos deportivos y mucha gente se siente identificada». Le transmití a mi socio Nacho lo que había pensado y le pareció superbién, además le dije: «Bro, creo que, aunque ahora sea el logo de un sello discográfico y sea muy diferente a los logos que suelen tener los sellos, en un futuro podremos meternos en la moda y este escudo quedará muy bien en camisetas, sudaderas o incluso gorras, ¿qué opinas?». Y me dijo que sí: «¡Vamos a por ello, bro!».

Al reunirnos con nuestro equipo de diseñadores e ilustradores, les transmitimos el concepto y se pusieron a trabajar en ello, recuerdo que no nos encajaba nada de lo que hacían, nos presentaban los típicos logos con la cara de una oveja negra sonriente que puedes encontrar en Google, pero no era lo que buscábamos. Tras más de dos meses haciendo pruebas, en una reunión finalmente les dijimos: «Chicos, hay que hacer algo diferente, creado desde cero, no puede haber nada igual porque este logo es para siempre, es decir, atemporal, vamos a pensar cómo hacer algo así, y hasta que no lo sepamos, es mejor no parar de pensar». Muchas veces hay que dejar de hacer y pararse a reflexionar para llegar a un buen punto de partida. Después de esa última conversación y de una semana sin noticias sobre la creación del logo, nos presentaron una idea que era una maravilla: habían creado la silueta de una oveja desde cero y en las patas de atrás le habían hecho con ilustración digital un degradado como si estuviera dando una coz y las patas se desintegraran; transmitía la fuerza necesaria junto a la palabra y el escudo que buscábamos para ese logo, estábamos a punto de conseguirlo. Solo hicieron falta algunos ajustes para dejarlo al cien por cien y presentar la imagen de la marca a nuestro público.

En ese logo se respira el ADN de las ovejas negras; sin que te explique su significado, puedes identificarte con tan solo verlo en cualquier sitio. Según mi criterio, eso es lo que se define como «un buen logotipo».

UN LOGOTIPO CON INFLUENCIA AMERICANA

El segundo logo de Oblack y un clásico de la marca se creó en la etapa inicial de la marca de moda, era enero de 2019; estábamos en la Lanzadera de empresas de Juan Roig, fundador de Mercadona. Fue una tarea difícil porque ya teníamos tres modelos de gorra y había que crear un cuarto, yo tenía claro que debía ser un parche que casara a la perfección con una gorra *trucker* de algodón y quería que fuese la mejor del mercado en sus características, con esa premisa puse la maquinaria de pensamiento en marcha y analicé las gorras más vendidas del mercado en ese momento. Tras reunir toda la información necesaria, observé que la mejor forma para el parche sería ovalada. También me acordé del primer coche de mi madre cuando yo era pequeño, un modelo Ford Escort, y de que su logo era ovalado y tenía dentro un *lettering* que parecía hecho a mano. Entonces pensé «¿por qué no hago un *lettering* de Oblack y saco de ahí la estructura del parche?». Y eso es lo que hice. Además, si te fijas, la «O» de «oveja» y la «B» de «*black*» van en mayúsculas, simbolizando las iniciales de la palabra oveja negra, que es como nos hemos sentido siempre todos los miembros del equipo. A la forma del parche y las letras frontales solo me faltaba darles ese toque gringo para que el resultado final quedara muy americano, entonces se me ocurrió otra idea brutal, «¿Por qué no le ponemos la palabra *origins*, que, al significar «orígenes», nos transporta a los inicios de las gorras *trucker* americanas?», lo probé y quedaba bien. Luego quise plasmar otro concepto dentro del imagotipo que representara lo que implicaba llevar esas gorras en la cabeza y le añadí *quality caps*, para que nunca existiera la duda de que nuestras gorras tienen una calidad superior a las de otras marcas, y este fue el resultado final.

Gracias a este logotipo hicimos nuestra colección de gorras Origins, la más vendida en la historia de la marca y un gran complemento que llevaron famosos de todo el mundo en su día a día; pero de esto te hablaré más adelante, ¡sigamos con los logos de Oblack!

UN LOGOTIPO CON UN SIGNIFICADO ESPECIAL

Este logotipo se creó en un momento clave de la historia de Oblack, ya teníamos varias colecciones exitosas como la Classic y la Origins, pero se necesitaba algo más potente en la moda para llegar a un público mucho más amplio alrededor del mundo, así que puse la maquinaria en marcha y empecé a pensar y a hacer I+D. Tras varios meses de pruebas, un domingo me llegó la inspiración; la creatividad es así, nunca sabes cuándo llegará, pero lo hace sin avisar. Así que cogí la libreta en la que solía hacer dibujos y tracé esta maravilla que te adjunto a continuación. Y te estarás preguntando qué significa, ¿cierto? Si observas la imagen, verás que hay una «O» de «oveja» y una «B» de «*black*»; en este logo simplemente recogí los elementos que ya tenía la palabra Oblack y los cambié de lugar. Y ¿por qué? ¡Te lo explico!

Fíjate que la letra «O» está al revés, simboliza el hecho de que las ovejas negras van a contracorriente, mientras que la «B» está situada en su posición normal para dar soporte y fuerza al logotipo; hay otra cosa superpotente en el diseño, y es que las letras están entrelazadas generando la unión de los ideogramas y por ende dando más fuerza a su significado. ¿No sientes más atracción hacia este logo ahora que conoces su significado real? Además, esta colección de gorras Baseball 2023 fue la que eligió Ilia Topuria para usar en su día a día; todo surgió la noche en que nos conocimos en un restaurante de Alicante, pero no te hago spoiler, más adelante te hablaré de ello. ¿Tienes ganas de saber qué pasó ese día?

ENTRADA EN LANZADERA

A medida que avanzaban mi vida y el proyecto, iban sucediendo cosas que sumaban a mi crecimiento personal y profesional. La experiencia que te cuento a continuación es una de ellas y, además, una de las más potentes que he vivido. Tras el viaje a China, haber superado la crisis de salud y haber desarrollado el proyecto empresarial más grande hasta ese momento, estaba todo listo para pasar al siguiente nivel, y decidimos hacerlo a lo grande, ¿para qué quedarse a medias? ¿Tú qué habrías hecho? Así que decidimos presentar nuestra candidatura en la Lanzadera de empresas de Juan Roig, fundador de la conocida cadena de supermercados Mercadona. Y todo sucedió de la siguiente manera...

En una de las reuniones de socios con Rubén Conchillo y Nacho Arauz salió el tema de Lanzadera, recuerdo que Nacho dijo: «¿Y si presentamos la candidatura?»; a Rubén y a mí nos pareció una gran idea y nos pusimos manos a la obra. Fue un largo proceso, no resulta nada fácil entrar porque las pruebas son muy meticulosas, de hecho hubo un momento en que casi nos rendimos. A ver si te sirven de ayuda los detalles de cómo fue. Nos pusimos a rellenar el formulario, pero cuando lo estábamos terminando nos pidieron algo que me llamó mucho la atención: un vídeo de unos cinco minutos hablando sobre el proyecto. Te daban libertad sobre el contenido, pero la duración era indiscutible, y ahí fue donde decidimos dar la nota y demostrar que éramos diferentes, queríamos que solo viendo el vídeo supieran que Oblack venía para cambiar las reglas del juego y debía quedar patente en los cinco minutos del vídeo. Así que les dije a mis socios que había que crear algo totalmente distinto a lo que mandarían los demás, y aunque no teníamos ni idea de lo que harían, estaba claro que no sería tan disruptivo como nuestro concepto... ¿Quieres saber cómo fue la cosa?

Sabía que todos los candidatos presentarían el típico vídeo de estudio o quizá dentro de una oficina, y eso a nosotros no nos representaba. Como ovejas negras había que hacer algo único y diferente. Nuestro vídeo se grabó en medio de un campo de almendros en flor, justo allí pusimos una alfombra que nos prestó la madre de Nacho y un sofá antiguo que parecía de la época de Napoleón Bonaparte; con esos elementos tan disruptivos solo faltaba coordinarse para lanzar el mensaje de la marca, pensando bien quién hablaría de cada cosa para mostrar organización y transmitir confianza. El resultado final fue un éxito, es una pena que no pueda mostrártelo aquí por tratarse de un libro, pero estoy seguro de que te encantaría tanto como a los directores de proyecto, que lo vieron y nos abrieron el paso a la segunda fase de la candidatura. ¿Imaginas lo que sucedió luego?

Aproximadamente al mes de confirmarnos que habíamos superado la primera fase, vinieron un par de pruebas más, había que reunirse en persona con ellos y convencerlos de que nuestro proyecto estaba capacitado para ser un éxito. Recuerdo que en aquella época nos habíamos sentado con tanta gente que teníamos el mensaje superaprendido, no había pregunta que no supiéramos responder, un dato importante cuando te presentas a una candidatura tan exigente como es la de Lanzadera. Por fin llegó la hora de mostrar lo que habíamos aprendido a base de esfuerzo y autosuperación, era nuestra oportunidad para entrar en aquella aceleradora de empresas y llevar Oblack Caps al siguiente nivel. Al llegar a las instalaciones, nos hicieron esperar unos quince minutos y algo me llamó la atención: casi todos los emprendedores allí presentes llevaban cara de miedo, se notaba que estaban atemorizados por si no los seleccionaban; sin embargo, nosotros tuvimos claro en todo momento que nos seleccionarían, que eso ya era una realidad; habíamos trabajado muy duro creando una marca con identidad propia y con un buen producto, y sabíamos cómo demostrar que todo ello junto podía ser rentable. Así que, cuando nos dieron luz verde para entrar en una de las salas donde se hacían las entrevistas, eso es lo que hicimos. Además, antes de acabar nos hizo saber que seríamos seleccionados para la siguiente fase; en un momento de la conversación nos pidieron que les enseñáramos nuestro producto, justo lo que más desarrollado teníamos, así que pusimos encima de la mesa nuestro *packaging* premium: una caja negra hecha de un material exterior que no se rayaba y que en el interior estaba forrada con terciopelo e incluía una solapa imantada para abrir y cerrar, aquello parecía un producto tecnológico más que algo de moda. Al ver sus caras le di una patada por debajo de la mesa a Rubén, dándole a entender que se habían quedado perplejos; sus expresiones dejaban claro que nunca antes habían visto algo así. Esto es lo que sucede cuando creas algo innovador que no ha hecho nadie. Ya lo decía Steve Jobs, «Lo que diferencia a un líder de sus seguidores es la innovación».

Después nos tocó esperar la última llamada, en que nos confirmarían si habíamos pasado la entrevista o no, y si era que sí, solo faltaría un paso más y estaríamos dentro de aquel sitio del que tan bien hablaba todo el mundo. Por fin recibí la anhelada llamada de alguien de Lanzadera diciéndome que habíamos sido seleccionados de entre más de trescientos proyectos y que veían mucho potencial en Oblack Caps, pero que aún quedaba la última entrevista con nuestra directora de proyecto. Finalmente tuvimos esa reunión presencial y culminamos el proceso, ya estábamos dentro y comenzaba una etapa supermotivadora. ¿Quieres saber lo primero que hicimos al llegar?

UNA CARTA DE BIENVENIDA

La primera semana quisimos tener un detalle con todos nuestros compañeros de la Lanzadera y se nos ocurrió una idea un poco atrevida pero muy divertida, aun a sabiendas de que podría no gustar a la dirección. Sí, una vez más, éramos fieles a nuestros valores personales. Así que un día por la noche, cuando todos los emprendedores ya habían salido de las instalaciones, entramos allí; habíamos trazado el plan de dejar una carta y un llavero de Oblack a cada persona de Lanzadera: fue la mejor idea que se nos ocurrió para darnos a conocer en aquel entorno, ¿quieres ver la carta?

No habían pasado ni cuarenta y cinco minutos del inicio de la jornada del día siguiente cuando sucedió lo siguiente: uno de los emprendedores que pertenecía a nuestra candidatura escribió en el grupo privado de WhatsApp que teníamos con los directores de proyecto y algún jefe, enviando una imagen de la carta y diciendo: «Estos de Oblack son unos cracs, yo soy oveja negra», y seguidamente lo siguieron muchos más. Como supondrás, no gustó en absoluto a la dirección de proyectos de Lanzadera y uno de los jefes tardó poco en decir que el grupo de trabajo no era sitio para hablar de ese tipo de cosas. Entonces vi que esa acción de marketing se la habían tomado como algo negativo. En ningún momento fue nuestra intención molestar a los directores, tan solo pretendíamos darnos a conocer de una forma única y diferente, ¿tú qué habrías hecho?

Hello my friend, soy Steve, oveja negra aborigen y criada en libertad. Es un placer para mí estar en Lanzadera con todos vosotros y por ese motivo quiero que sepáis un poquito más sobre nosotros.

De mis pensamientos e inquietudes nació un día Oblack. Sin condiciones. Sin etiquetas. Somos ese punto negro en el rebaño incapaz de ignorar. Es simple.

«Oblack» representa un nuevo significado de Oveja Negra, derivado de la unión de «O» de Oveja, y «Black» de negra, una parasíntesis entre el español y el inglés que implica que somos y nos sentimos una marca internacional.

Uno de nuestros objetivos es cambiar el concepto que la gente tiene de ser «**Oveja Negra**». Muchos ven a esta gente como los desplazados, inadaptados o los que no encajan en los moldes establecidos. Pero nosotros vemos en ellos a gente auténtica, sin miedo al qué dirán. Gente que es fiel a sus valores y que no se deja arrastrar por el *statu quo*. Gente que potencia su don innato y se dedica a lo que realmente le gusta, creando así su propio camino en la vida.

De ahí nuestro nombre, nuestro logo y nuestro eslogan «Be Unique, Be Different, Be Oblack. Find Your Way».

No vendemos gorras, vendemos la experiencia de sentirse único y libre. Vivimos el presente pensando y creando un futuro mejor.

– Steve

MI PRIMERA CONVERSACIÓN CON JUAN ROIG, PRESIDENTE DE MERCADONA

Dentro de Lanzadera iban sucediendo cosas superinspiradoras, ya que en un sitio así puedes hacer mucho *networking*, hay emprendedores de cualquier tipo, desde el perfil de marketing al programador o diseñador de producto; da igual lo que pienses, allí dentro vas a encontrar, seguro, lo que buscas, esa es la magia del lugar donde habíamos conseguido entrar. Siempre que hablo de Juan Roig digo maravillas, y es que, en mi opinión, lo que ha construido este hombre es digno de admiración, pero solo se entiende cuando montas tu propia empresa y te das cuenta de lo difícil que resulta crecer y ser rentable en un mundo con tanta competencia. Desde que entré en Lanzadera estaba impaciente por que llegara la formación con Juan Roig, tenía tanta admiración por él que sabía que en esa jornada aprendería grandes cosas para mi futuro empresarial. Y así fue.

Sobre las nueve de la mañana estábamos en la sala de formación que teníamos con los socios fundadores de la marca. Nacho Arauz, Rubén Conchillo y un servidor, los tres sentados juntos, llevábamos nuestras respectivas gorras Oblack en la cabeza; y es que seguíamos las indicaciones de nuestra directora de proyectos Marta Nogueras: como vendíamos gorras, había que llevarlas puestas, y más el día de la sesión formativa con Juan Roig. Además, mi intuición me decía que la gorra llamaría la atención de Juan, y así fue: cuando entró en la sala, lo primero que hizo fue mirar quién había allí, y noté que nos miraba mucho, las gorras le llamaron la atención; ten en cuenta que de las doscientas personas que había en la sala solo tres llevaban algo en la cabeza, lo raro habría sido no llamar la atención. Cuando empezó la sesión y terminó de explicar las primeras cosas, subió hasta donde estábamos y se quedó mirándome fijamente; me pidió que le diera la gorra, la observó y se la puso en la cabeza, dejada caer; luego dijo:

—¿Dónde se fabrica esta gorra?

—Se fabrica en China —le contesté.

—¿Y cuánto vale? —quiso saber.

—Vale treinta euros.

—¿Y qué tiene esta gorra para valer treinta euros si es china y en China esta gorra cuesta como mucho tres euros?

—Esta gorra representa un estilo de vida, lo que llamamos *lifestyle*. Al llevarla…

—Para un momento —me interrumpió él—, ¿*lifestyle* qué? No entiendo lo que dices, te voy a decir una cosa, José Luis, si quieres triunfar con tu marca y vendérsela a todo el mundo, habla con un lenguaje claro. Yo, cuando pido un plato de tortilla de patatas, lo pido tal cual se llama y no utilizo palabras raras. Te voy a dar un consejo: cuando hables, siempre acuérdate de que tienes que conseguir que te pueda entender una persona de cualquier edad; y si no lo consigues, ¡no podrás triunfar a lo grande!

Concluyó con esa última frase y se movió hacia otra parte de la sala, no me dejó ni terminar el argumento, me quedé mirándolo perplejo e intentando decir algo, pero ya me había enseñado una gran lección que he puesto en práctica desde aquel momento; nunca más volví a utilizar palabras derivadas del inglés para ofrecer o vender algún producto o servicio, y ¿sabes qué? A partir de aquel momento me fue mucho mejor en la venta y sobre todo en los grandes acuerdos que cerré con Oblack Caps.

En la sesión, Juan no dejó de inspirar a todos los presentes en la sala, tanto mis socios como yo estábamos cruzando los dedos para que no se volviera a acercar a nuestro sitio, pero fue en balde. Tras dar varias lecciones a algunos compañeros volvió donde estábamos y prosiguió con una nueva lección, esta es una de esas cosas que no se olvidan en toda una vida. Te doy más detalles, ¡que estarás con ganas de saber!

—José Luis, me gustaría saber una cosa —me dijo Juan—, ¿qué tipo de productos vendéis en Oblack además de gorras?

En ese momento no imaginé que la pregunta llevaba trampa y le contesté:

—Ahora mismo solo fabricamos gorras, pero muy pronto queremos hacer ropa, calzado y muchos otros productos, la gente nos lo está pidiendo. —Y me callé, pero su cara era muy expresiva y yo sabía que me iba a responder algo que no encajaba con mi opinión de aquel momento.

—Mira, José Luis, te diré una cosa, si yo hiciera caso a la gente en Mercadona, tendríamos gimnasios, talleres de coches y una infinidad de cosas, pero nuestra misión es atender las necesidades del hogar, ¿por qué crees que somos los líderes? Somos los líderes porque solo hacemos una cosa, solo tenemos supermercados y somos los mejores en eso. Entonces lo que te recomiendo es que te dejes de tonterías, focalízate en hacer solo gorras, ¿cuántas gorras se pueden vender en todo el mundo? Somos siete mil millones de personas, haz solo eso y cuando hayas conquistado el mundo con las gorras, entonces pasas al segundo producto. No inventes nada, copia y mejora a la competencia, en calidad, presentación y precio, ese ha sido nuestro secreto. —Y añadió—: Chicos, aquí el único que va a aprender hoy es José Luis, estáis todos muy callados y esto no se volverá a repetir nunca más, así que ¡aprovechad ahora!

Además de estas anécdotas, sucedió mucho más en aquella sala, parecía que la vida nos había puesto a Juan Roig para alinear nuestro camino hacia el éxito empresarial. En comparación con otros emprendedores de la sala, te puedo decir que casi toda la interacción de aquel día fue con los miembros de Oblack, como si él supiera que nuestro deseo por triunfar con Oblack Caps era mayor al del resto de emprendedores de la candidatura. Y para concluir la sesión de aquel día finalizó diciendo: «Chicos, no os creáis nada de lo que os dije, no quiero que después de diez años alguno de vosotros venga diciéndome que fracasó por hacerme caso, tened criterio propio y aplicad lo que os funcione, yo solo he contado lo que me funcionó a mí con Mercadona, pero que cada uno haga lo que considere, muchas gracias». Y se despidió. Muchos de los emprendedores lo tacharon de soberbio, prepotente, arrogante y un sinfín de adjetivos, pero a mí me quedó una sensación de admiración profunda, sabía que todo lo que me había dicho era desde la experiencia y que debía hacerle caso. Fue algo parecido a lo que estoy haciendo yo con este libro, que te lo traigo para que encuentres tu camino y seas feliz en la vida.

Tres jóvenes DJ valencianos triunfan con sus gorras gracias al *dueño de Mercadona*

Sus diseños causan furor entre los famosos. Su sueño, ver a Cristiano Ronaldo con una puesta

GEMA CONTY
MADRID

Si hay un complemento estrella esta temporada es sin duda la gorra (con permiso del pañuelo). Este accesorio, cuyo origen se remonta a las antiguas civilizaciones, nunca ha dejado de usarse pero es ahora cuando ha invadido las pasarelas de moda y las calles de todo el mundo con versiones de alta costura y firmas 'low cost'. Su uso ha pasado de restringirse al ámbito meramente deportivo para usarse con conjuntos más sofisticados. Pero mucho antes de que las 'influencers', modelos y rostros conocidos pusiesen de moda la gorra, tres empresarios valencianos, **Rubén Conchillo, José Luis Sena y Nacho Arauz**, decidieron crear su propia marca: Oblack Caps.

Los inicios de estos tres amigos no fueron fáciles. Todo empezó con el sello discográfico que crearon en 2012 Nacho Arauz y José Luis Sena. Por aquel entonces vivían en Ibiza y eran DJ y productores de música electrónica. «Hicimos unas gorras corporativas para dárselas a artistas internacionales que pinchaban en la isla. Gustaron mucho y a raíz de eso nos pidieron más. Fue cuando nos planteamos hacer una marca de gorras», cuenta José Luis Sena, CEO de Oblack

Caps. Comenzaron con una pequeña colección de la mano de una firma española que fabricaba para otros y que tuvo cierto éxito. No tardaron en darse cuenta de que merecía la pena continuar con su aventura empresarial. Fue entonces cuando se sumó al equipo Rubén Conchillo.

Los elegidos
Los tres empresarios desarrollaron el proyecto que es hoy y en 2019 lo presentaron a La Lanzadera, la aceleradora de empresas impulsada por **Juan Roig**, presidente y dueño de Mercadona. «Fuimos seleccionados entre más de 300 proyectos y ahí es

cuando arrancamos como marca oficial de moda», dice muy emocionado Sena.

Tienen presencia en 25 países en este momento y ya están con la estrategia para entrar en el mercado de Estados Unidos. Su objetivo ahora es posicionarse como referente y en menos de dos años montar una tienda física en Madrid. «Creemos que la primera tienda tiene que estar en la capital porque hay mucho más potencial a nivel de moda y de flujo de gente». Será entonces cuando inten-

> **Oveja negra**
> «A Ayuso le pondrían una gorra negra porque es experta en llevar la contraria»

ten ampliar su gama de productos con sudaderas, zapatillas o algún otro complemento, al menos esa es la idea que tienen si todo va como esperan.

Cuentan con **Wally López** como embajador de su marca. El DJ tuvo su propia edición limitada, que se agotó a las pocas horas. Además son ya muchos los rostros conocidos que han confiado en Oblack para completar sus conjuntos: desde **Omar Montes** al cantante **Nil Moliner** y los futbolistas **Semedo** e **Ivan Rakitic**, entre muchos. Los tres empresarios sueñan con que algún día sea **Cristiano Ronaldo, Nicky Jam** o **Will Smith** quienes se pongan alguno de sus diseños.

Una gorra para Ayuso
A quien tienen claro cuál de sus cuatro modelos de gorras le pondrían es a la presidenta de la Comunidad, **Isabel Díaz Ayuso**: «Una gorra negra, como buena oveja negra que es y experta en llevar la contraria». De su contrincante en las recientes elecciones madrileñas Pablo Iglesias prefiere no hablar, pues no está muy de acuerdo con sus ideas: «No le pondríamos gorra. Directamente no nos identificamos nada con su forma de pensar».

Seguro que no les habría costado mucho que **Lady Di** se pusiese una de estas gorras, pues fue ella quien en varias ocasiones las lució combinándolas con una bléiser y unos vaqueros o, incluso, con el típico chándal gris, como en abril del 89. Fue toda un referente en moda en aquellos años y aún se echa la vista atrás para copiar un estilo que nunca pasará de moda.

Además porque quizá se hubiese sentido identificada con la marca Oblack, que nace de la unión de dos palabras, 'o' de oveja y 'black' de negra. «Siempre nos hemos sentido ovejas negras pero no la connotación negra, sino como algo positivo», explica Sena. Para estos empresarios «es una persona que piensa diferente y se atreve a encontrar su propio camino», como su eslogan: «Sé único, sé diferente, sé Oblack».

Kiko Rivera luciendo uno de sus diseños

Su gran oportunidad
El empuje que necesitaron para su marca llegó de la mano de La Lanzadera, la aceleradora de empresas de Juan Roig, presidente de Mercadona. Su firma de gorras fue elegida entre más de 300 proyectos

---

Si no ayudas a la gente a crecer, no estás creciendo.

JOSÉ LUIS SENA MIQUEL

196

¿Conoces la metáfora del hoyo? En la vida, muchas veces podemos aprender a salir de las situaciones inspirándonos en historias o metáforas muy fáciles de comprender. Hay una que a mí me gusta mucho y se puede aplicar a las adversidades que nos toca vivir. Como sabes y siempre digo, hay que buscar referentes y seguir sus pasos, en mi caso es lo que hice siguiendo el ejemplo de Juan Roig o Steve Jobs y continúo practicándolo a día de hoy para superar los desafíos que aparecen en mi vida. Si has llegado hasta esta parte del libro debe de significar que mis experiencias han impactado de forma positiva en ti y te apetece seguir leyendo para encontrar tu camino y ser feliz, ¡no sabes cuánto me alegra! ¿Quieres conocer la metáfora del hoyo?

Cuando alguien se cae en un hoyo muy profundo es muy difícil salir de él por propio pie; por más esfuerzo que uno hace, todo se vuelve inútil y uno se acaba rindiendo. Imagínate que, dentro del hoyo, en vez de una, hay dos personas, ¿crees que podrían salir ayudándose si las dos están al mismo nivel y tienen tres metros de altura por encima? La respuesta es no, la única forma de salir del hoyo es llamando a alguien que esté fuera y desde arriba lance una cuerda o las estire con sus propias manos para impulsarlas hacia la superficie y que así logren salir.

En la vida suele pasar lo mismo que en esta metáfora, muchas veces queremos que alguien que se encuentra en nuestro mismo nivel de problemas y resultados nos ayude a salir de la situación en la que nos hemos metido por ignorancia, pero lo único que conseguiremos es replicar lo que ya tenemos. En cada caso se tratará de unas cosas determinadas, puede ser más dolor y menos salud, más problemas económicos y menos abundancia o quizá más desamor y menos amor. ¿Lo más sensato e inteligente no será buscar a alguien que tenga aquello que a nosotros nos falta y queremos conseguir, y seguir sus pasos? Yo nunca anduve solo, recuerda las historias de este libro, siempre busqué referentes.

EXPULSIÓN DE LANZADERA POR SER OVEJAS NEGRAS. SER ÚNICOS Y DIFERENTES TIENE UN PRECIO

Me gustaría empezar este apartado con una reflexión de la gran escritora Louis Hay, que define a la perfección la importancia de ser único y diferente; no hay dudas, y lo verás claramente en este texto:

Con frecuencia, aquellas cosas nuestras que consideramos «malas» no son más que expresiones de nuestra propia individualidad. Eso es lo que tenemos de peculiar, lo que hay de especial en nosotros. La naturaleza jamás se repite. Desde que existe este planeta, no ha habido dos copos de nieve idénticos, ni dos gotas de lluvia iguales. Y cada margarita es diferente de todas las demás. Nuestras huellas digitales son distintas y nosotros también. Estamos hechos para ser diferentes. Cuando podemos aceptar que es así, ya no hay competición, ni comparación. Tratar de ser como algún otro es marchitarnos el alma. Hemos venido a este planeta para expresar quienes somos.

Louise Hay

A medida que pasaban las semanas, todo iba cambiando de rumbo, nada estaba sucediendo según lo previsto. Nuestra mentalidad no encajaba al cien por cien en el sistema de trabajo de Lanzadera; más tarde entenderás el porqué. Pero no había tiempo que perder, nuestro lanzamiento quedaba cada vez más cerca y lo habíamos preparado todo muy bien, nueva web, campañas de Facebook e Instagram, todo apuntaba a un gran éxito de ventas; el equipo que nos acompañaba en Lanzadera había insistido en que había que seguir este camino, pero mi intuición sentía que era un camino trillado por la gran mayoría de marcas, que, como nosotros, querían posicionar sus productos y conseguir un éxito en ventas. Aun sabiendo que podríamos fallar y perder mucho dinero, decidimos hacerles caso, ya que supuestamente eran ellos los expertos en marketing mientras que nosotros solo éramos unos principiantes dentro de un programa de formación. Por fin llegó el gran día, allí estábamos todos los que formábamos el equipo en ese momento —unas cuatro personas y una becaria de Ámsterdam—, todos nerviosos y pensando que se nos agotarían las gorras en una sola mañana. Pero ¿sabes cuántos productos vendimos?, la espectacular cifra de «cero», nada funcionó como se esperaba, y nos quedamos bloqueados por completo, no había plan B ni ideas para seguir por un camino diferente al que habíamos iniciado. Recuerda que estábamos allí dentro en un programa de formación y nos limitábamos a hacer caso de sus directrices. Sin embargo, ese fracaso me hizo pensar de forma compulsiva durante varios días, recuerdo que me costó mucho dormir durante al menos una semana, solo hacía que darle vueltas a la cabeza, hasta que al final me llegó a la mente una frase de mi abuela materna, mi yaya, la sabia de la que tanto te he hablado en este libro, aquella frase que decía así:

El que a buen árbol se arrima, buena sombra lo cobija.

MARÍA GUZMÁN ROS (Mi yaya)

Entonces tuve una gran intuición, se me ocurrió la idea de probarlo en Amazon, pero había varios problemas añadidos: por un lado, Lanzadera no lo aprobaría porque nos hacían mucho hincapié en crear nuestros propios canales de venta, por otro lado, Amazon no estaba bien visto para vender productos de moda; pero, sinceramente, estas cosas me daban igual y así se lo transmití a mis socios en una reunión exprés que se hizo para determinar el rumbo de la marca. Recuerdo que les dije: «Chicos hay que tomar una decisión importante para el rumbo de la marca; si eso conlleva enfrentarnos a la dirección de Lanzadera, lo haremos y correremos con las consecuencias»; ellos asintieron con la cabeza y me dijeron que adelante. Unos días más tarde yo tenía reunión con un comité de la aceleradora para considerar las próximas acciones de la marca y valorar el *cash flow* de la empresa, recuerdo que íbamos fatal de caja y mi intención era pedirles financiación para poder salir del bache en el que nos habíamos metido nosotros solos; la ignorancia tiene estas cosas. Cuando llegó la mítica reunión, me encontraba nervioso, para qué mentir, sabía que iba a ser un día muy decisivo para mi vida y para la trayectoria de Oblack Caps, pero entré en la sala con las cosas muy claras y repitiéndome esta frase: «Nadie sabe adónde quieres llegar, así que nadie puede pararte, confía en ti, todo está en tu interior, a por ello».

Allí había cuatro miembros de Lanzadera; una era mi directora de proyecto, Marta, también estaban Javier Jiménez, director general de la aceleradora en aquel momento, y dos personas más. La reunión empezó superbién, me hicieron varias preguntas que respondí tranquilamente, y proseguí explicándoles cómo iba nuestro proceso de crecimiento, hasta que llegamos a la parte de las ventas y les expliqué el fracaso que habíamos tenido con el comercio electrónico; fue ahí cuando me insistieron en que había que seguir intentándolo, me dijeron: «José Luis, seguid trabajando vuestra propia web, todas las demás estrategias no son rentables». Entonces les expliqué dos cosas que quería hacer: por un lado, vender en Amazon y, por otro, abrir el canal de tiendas físicas de terceros; rápidamente vi que esa idea no les gustaba, así que intenté argumentar por qué aquella nueva iniciativa nos ayudaría mucho más a crecer y con un coste de adquisición menor que la estrategia de Facebook e Instagram Ads. Ante su negativa, me posicioné diciendo: «Con todos mis respetos, tengo que deciros que he contratado a un colaborador externo y experto en moda, él me ha dicho que la única forma de hacer crecer una marca cuando nadie la conoce es a través de los puntos de venta físicos, así que eso lo vamos a llevar a cabo. También vamos a probarlo en Amazon, ya que la vieja estrategia no ha funcionado y no podemos perder más dinero intentándolo más veces; en ese canal de ventas hay mucha gente pujando y es como una máquina tragaperras». Luego mantuve silencio para ver qué decían, pero nadie dijo nada y la reunión finalizó.

La semana siguiente solicitamos ayuda para unas subvenciones que daba un banco muy conocido en España, tenían un acuerdo con Lanzadera y algunos compañeros ya lo habían pedido para escalar sus empresas, así que consideré que sería buena idea coger ese dinero para financiar el crecimiento. Le envié un correo a mi directora de proyecto y me dijo que al regreso de sus vacaciones trataríamos el tema; me mantuve paciente esperando a que llegara el momento. Cuando ella regresó, le hice un recordatorio y me dijo que tenía que hablar conmigo urgentemente, creí que se trataba de una buena noticia, pensé que me lo habían aprobado, pero ¿sabes qué ocurrió? Al llegar a su despacho, la vi muy seria y sospeché que me iba a dar una mala noticia; la miré y le dije: «Hola, Marta, ¿qué tal?», y ella me contestó: «José Luis, estáis fuera del programa, los motivos ya los sabéis, habéis incumplido varias normas y eso no lo vamos a consentir», no me dejó ni hablar y me sentí muy triste, esa es la verdad. Nos habíamos dejado la piel en aquel proceso para aprender y ser nuestra mejor versión, y ahora nos echaban de la noche a la mañana en nuestro peor momento; no solo íbamos mal de caja, sino que tampoco teníamos oficinas adonde acudir y teníamos a una chica de Ámsterdam en prácticas. Intenté explicárselo, pero fue en balde; su argumento fue el que has leído; además, su lema con la empresa es «Contrata lento y despide rápido», y tan rápido que lo hicieron, fue rápido e injusto, al menos en mi opinión. Me dijo que le firmara la baja voluntaria en esa misma sala, a lo que me negué, le dije que no iba a firmar nada hasta que Javier Jiménez —que era el director general de Lanzadera en aquel entonces— se sentara conmigo a una mesa y me explicara cuáles habían sido esos motivos que tanto les habían molestado como para echarnos de allí de cualquier manera; sus palabras fueron: «Eso es imposible, José Luis, Javier no tiene tiempo para reunirse contigo hasta dentro de un mes», y le contesté: «Pues esperaré lo que haga falta, quiero hablar con él en persona, y hasta que no lo haga, no te voy a firmar nada, tú verás lo que haces, ¡muchas gracias!».

Con una mano delante y otra detrás salimos de allí al día siguiente, tras recibir la noticia de nuestra expulsión. Ahora teníamos varios retos importantes que afrontar, pero de esto te hablaré un poco más adelante, sigo con la historia: Al mes de la expulsión nos volvimos a ver las caras; mi socio Rubén y yo acudimos a la reunión que habíamos pactado en Lanzadera para vernos con Javier y Marta, lo recuerdo como si fuera hoy. Nos llevaron a una sala de reuniones, sus rostros eran serios y la tensión se respiraba en el ambiente, algo que nunca logré entender, si tan claro tenían todo lo que decían. Al entrar en la sala, me senté frente a Javier, quería mirarlo a los ojos para poder hablar con él . Empezó Javier:

—José Luis, me ha dicho Marta que querías hablar conmigo, ¿qué quieres saber?

—Gracias por tu tiempo, Javier —le respondí—, agradezco mucho que hayas venido a hablar con nosotros. Para serte honesto, no entendemos bien por qué se nos echó de la manera en que se hizo, prácticamente sin dar explicaciones; todos nuestros compañeros se quedaron perplejos, nos veían como uno de los proyectos estrella de la candidatura, ¿qué os llevó a tomar esta decisión?

—Mira, José Luis —me respondió de forma contundente—, te voy a decir lo que pienso de verdad, sois una empresa desorganizada, sois poco fiables y además creo firmemente que cuando salgáis de aquí no vais a durar ni dos meses de vida en el mercado, fracasaréis muy pronto, ya lo verás. —Y y se calló. Rompí el silencio abrumador de la sala concluyendo:

—Muchas gracias por la honestidad.

Cuando salimos de aquel lugar, sentía una mezcla entre rabia y motivación. ¿Te ha sucedido alguna vez que alguien te dijera que no eras capaz de algo y eso te ayudara a lograr cualquier cosa por más difícil que fuera?, pues algo parecido nos pasó tanto a mi socio Rubén como a mí, salimos de aquel lugar diciendo: «Este tío se va a arrepentir de sus palabras, no es consciente de lo que ha dicho, algún día no muy lejano tendrá noticias nuestras que no espera». Y desde entonces nuestro único objetivo fue convertirnos en la mejor marca de gorras del mundo y demostrarle que se equivocaba. ¿Sabes qué pasó unos meses más tarde cuando Oblack Caps empezó a hacerse viral? Este mismo hombre que nos menospreció, nos desalentó y nos echó, nos ponía como ejemplo en sus formaciones, y eso lo sé por varias personas que lo vieron en directo y me llamaron para contármelo. Con esto quiero decirte que jamás te creas lo que los demás piensen de ti, ellos solo hablan de sus miedos y limitaciones, cree en ti por encima de la opinión de los demás, aunque lleven traje, aunque sean directivos de una multinacional, aunque sean tus padres, tus profesores, tus hermanos mayores, tu pareja, da igual quién sea, el único que sabe de lo que eres capaz eres tú mismo, no aceptes las limitaciones que vienen del exterior, o algún día te arrepentirás, y te lo digo por experiencia personal.

Como dato curioso, te dejaré una imagen que hay en el comedor de Lanzadera y que simboliza la mentalidad de su fundador, Juan Roig, y te haré una pregunta: ¿Tú crees que los responsables que nos lideraron en esa etapa practicaban los principios de ir a contracorriente?

Claves de esta historia

- Sé único y diferente; siendo auténtico crearás cosas brillantes.
- Cree en ti incluso cuando nadie más lo haga.
- Las adversidades vienen a mostrarte algo que no sabes, confía en el proceso.
- No te dejes impresionar por un cargo o una jerarquía, las mentes brillantes fueron desestimadas en empresas y universidades, ¡piensa en ello!
- No pretendas que un ciego vea; la visión va más allá de los ojos, y se fundamenta en la fe.
- Cuando no sepas adónde ir, recuerda los refranes contemporáneos, es sabiduría ancestral y resuena a verdad.
- Ve a contracorriente, todos los grandes proyectos se crearon de esta manera, ¿te suenan Nike o Apple?
- Y la última: Sal del rebaño, porque si piensas como todos, cosecharás los resultados de todos.

SÉ EL NIÑO DE LA BICICLETA Y NUNCA TE RINDAS

¿Sabes por qué hay personas que consiguen todo lo que se proponen y otras no? Se llama perseverancia y es una habilidad que desarrollan los niños cuando son pequeños, ¿recuerdas cómo aprendiste a ir en bicicleta, a pintar o a jugar al videojuego? Lo hiciste a través de la perseverancia, horas y horas de práctica sin rendirte, daba igual lo que dijeran los demás, solo había un objetivo y era dominar la técnica en la que estabas empleando gran parte de tu tiempo. Nunca pierdas este valor, lo necesitarás para alcanzar tus objetivos personales y profesionales. Me gusta poner ejemplos simples para que entiendas con facilidad, sé que tienes un gran poder y estamos aquí para potenciarlo y si por alguna razón se ha dormido, pues despertémoslo, ¿qué te parece la idea?

Recuerdo el día en que conseguí ir con la bici a dos ruedas, llevaba más de dos semanas practicando y mi padre me había puesto unas ruedecillas de apoyo para que no me cayera hacia los lados, al principio llevaba las dos, y ya en la última fase del aprendizaje llevaba solo una, pero había un problema, cuando mi cuerpo se inclinaba hacia el lado donde no había ruedecilla, perdía el equilibrio y me caía. Hasta que empecé a visualizarme continuamente llevando aquella bicicleta sin las ruedas de apoyo, pensaba todo el tiempo en eso, incluso cuando me caía y mis primos mayores se reían de mí. Pero yo pensaba y deseaba llevar aquella bici a la perfección, hasta que un día me acosté muy tarde practicando con ella; la obsesión era tan grande que esa noche soñé que llevaba la bicicleta a la perfección, soñé que era un experto. Al día siguiente me levanté y fui corriendo a cogerla, tenía tanta confianza en mí mismo y había practicado tanto que al cogerla sentí un gran poder y mucha confianza. Entonces ¿sabes lo que pasó?, pues que empecé a ir en bici perfectamente sin ayuda de pequeñas ruedas ni de nadie, lo había logrado. En la vida todo es así: trabajo, disciplina y perseverancia, y los resultados acaban llegando, unas cosas tardan más y otras menos, pero si no te rindes, antes o después todo llega. Y quiero hacerte una pregunta, ¿hay algo que no hayas logrado? Seguramente sea que sí, a mí me ha sucedido, y ¿sabes cuál es la razón?, que lo dejaste antes de tiempo o no le dedicaste la pasión y el trabajo que eso requería. No te lo creas y piensa en ello.

Bueno, y en este punto retomo lo que nos sucedió después de ser expulsados de Lanzadera: estábamos sin oficinas, sin dinero, con un almacén lleno de stock que pagar y en la calle, pero algo seguía firme: nuestra actitud frente a esa situación que muchos etiquetarían como mala o crítica. Porque todo ocurre por algo y siempre es para algo mejor, ¡nunca olvides esta frase! Atento a lo que viene, es superinspirador.

CAOS EMPRESARIAL Y NUEVO APRENDIZAJE. NUNCA TE DETENGAS, TODO ES CUESTIÓN DE TIEMPO

Da igual lo que ocurra en tu vida, como viste en la última historia, el golpe fue duro, nos expulsaron de la aceleradora en la que nos había costado entrar, además estábamos en una situación empresarial caótica, aunque eso no me preocupaba en absoluto, tenía muy claro que al fin y al cabo todo son procesos que hay que atravesar, y que si Dios lo había decidido así, es porque era la mejor opción para nosotros; como dice el gran Ilia Topuria, «Si Dios destruye tus planes, es porque tus planes podrían destruirte a ti», así que tuve mucha fe y trabajé duro junto a mi equipo, sin ellos nada habría sido posible. Además me armé de paciencia, las cosas grandes se cuecen a fuego lento y tenía claro que Oblack Caps era algo grandioso. Te dejo una reflexión para hacerte pensar y luego sigo con la historia:

La naturaleza cosecha una calabaza en tres meses. Un roble de buen tamaño requiere cien años. El huevo de una gallina se convierte en un pollo en cuatro semanas, pero se requieren nueve meses para convertir el feto de un ser humano en un individuo, ¿por qué tienes prisa? Todo son procesos y llevan su tiempo, ten paciencia que los tiempos de Dios siempre son perfectos y todo ocurre para algo mejor, además Roma no se hizo en un día, las grandes cosas de la vida cuestan mucho trabajo y tiempo. No te creas la realidad virtual, esa velocidad es efímera, no es real ¿Alguien te dijo lo contrario? ¡Piensa en ello!

Una vez que aceptamos la nueva situación había que diseñar un plan, por un lado debíamos conseguir unas oficinas, y por el otro, dinero, pero había un problema añadido, sin métricas empresariales nadie te da un euro. Así que, para salir adelante elaboramos un listado de *coworkings* donde poder trabajar en equipo, para elegir después el que más se adecuara a nuestras necesidades, pero casi todos se nos iban de presupuesto; recuerda que nos habíamos gastado mucho dinero en un lanzamiento que había salido mal y no teníamos liquidez, así que solo nos quedaba una opción que te contaré más adelante. También hicimos un listado de unos veinte bancos y fuimos, uno por uno, presentándoles el proyecto para ver si conseguíamos la financiación necesaria y salir del bache; pero fue en balde, nadie creía en nosotros, todos nos decían lo mismo: debéis tener métricas, o algún aval familiar, algo a lo que nos negamos rotundamente, el proyecto era nuestro y no queríamos vincular a las familias. Finalmente se nos apareció la Virgen, como solemos decir aquí en España; por medio de un contacto nos conseguimos el de Pedro, un director de proyectos en un centro de la Generalitat valenciana que se llamaba Co-Crea-Te, así que le llamé y concerté una reunión. Todo resultó muy fácil, hicimos *match* a la primera, le conté nuestra experiencia en Lanzadera y la situación en la que se encontraba nuestra empresa; sus palabras fueron: «Vamos a ponernos manos a la obra, os ayudaré en todo lo que pueda», y así lo hicieron tanto él como su compañero Raúl, desde el día cero nos acompañaron en casi todas las gestiones necesarias para nuestro crecimiento. De hecho, Pedro fue quien nos presentó a Ana, la directora de un banco con el que tenían un acuerdo para financiar proyectos y nos dijo: «Creo que Oblack le va a encantar. Si queréis, hablo con ella, cierro una reunión y le presentáis vuestra marca, a ver si os da la financiación que necesitáis». Evidentemente, ¡acepté!

El secreto del cambio es enfocar toda tu energía no en luchar contra lo viejo, sino en construir lo nuevo.

SÓCRATES (filósofo griego)

Y por fin llegó el gran día, mi socio Rubén y yo habíamos quedado pronto, teníamos preparado un *deck* y había que presentárselo a Pedro y si nos daba el visto bueno, sobre la una del mediodía nos veríamos con la directora en el banco. Nos habíamos puesto nuestras mejores galas, nada de sudaderas y gorras; cuando vas a un banco tienes que usar la psicología, y recuerda que «no hay una segunda oportunidad para dar una primera impresión»; tanto mi socio como yo sentíamos que íbamos disfrazados, pero lo más importante era alcanzar nuestros objetivos: por un lado, gustarle a la directora y por el otro, que nos diera el capital para nuestro crecimiento. La reunión empezó muy bien; al parecer, nada más entrar en el despacho se notó que le habíamos caído bien, Pedro se había encargado de allanar el terreno y hablar maravillas de nuestro proyecto, pero ahora nos tocaba defender lo que para nosotros era la mejor marca de gorras del mundo. La conversación empezó con preguntas trampa que sabíamos responder a la perfección —recuerda que ya le habíamos vendido el proyecto a muchas personas y nos sabíamos todas las preguntas que la gente suele hacer—, así que la entrevista fue un éxito y finalmente conseguimos la financiación. Cuando lo escribo parece fácil, pero créeme que fue un proceso tedioso y complicado a nivel empresarial, pero ¡nunca nos rendimos!

Con el dinero en la cuenta y las ventas creciendo en Amazon, solo había que mejorar la estrategia de *branding* para llegar a más personas y multiplicar las ventas, así que hicimos acciones de diferentes tipos que te contaré más adelante. Cuando tienes un objetivo claro y no te rindes ante ninguna adversidad, las soluciones van llegando, este tipo de pruebas que te pone la vida te curten como persona y empresario, y si no las superas, te quedas estancado y culpando a los demás de algo que es tu única responsabilidad, ¡piensa en ello! Como ves, en Lanzadera nadie creyó en nosotros y nos echaron por elegir un camino diferente al que ellos nos sugerían, así somos las ovejas negras, mientras que ahora estábamos vendiendo en Amazon y crecíamos en ventas como nunca hasta ese momento, ¿te das cuenta de la importancia de creer en ti por encima de todas las cosas?, si les hubiéramos hecho caso, aún estaríamos allí dentro perdiendo dinero en las campañas de Facebook e Instagram. ¡Bendita intuición! Si aprendes a usar esta herramienta que todos poseemos, serás invencible, pero ¡no te lo creas y compruébalo a través de la experiencia!

CAPÍTULO 9

PANDEMIA Y HACKEO DEL SISTEMA EN PLENO CRECIMIENTO DE VENTAS

Cuando todo parecía ir de maravilla, sucede un hecho incontrolable, de un día para otro nos encierran en nuestras casas y se declara una pandemia mundial. En ese momento nuestras ventas no paraban de crecer, fue tan apoteósico que un medio de comunicación se enteró y decidió publicar un artículo sobre Oblack Caps, en el que decía algo así: «Oblack, la empresa valenciana que ha multiplicado sus ventas por tres y espera facturar su primer millón», pero no encajó de forma positiva en un momento tan crítico a nivel económico y social y nos dimos cuenta por lo siguiente: un día, al empezar la jornada laboral, no podíamos entrar en nuestra cuenta de Amazon ni en el panel de control de Facebook; al principio creímos que había sido un fallo del sistema y probamos a cambiar las contraseñas para solucionarlo, pero la cosa se complicaba minuto a minuto. Y es que el hacker que había entrado en nuestra cuenta de Amazon se hacía pasar por la marca Oblack y a través de nuestro canal de ventas subió unas siete mil referencias sobre motos eléctricas, ordenadores o cualquier tipo de tecnología; su intención era clara, pretendía estafar a la gente y, al hacerlo a través de nuestra marca, cientos de clientes empezaron a picar en su estrategia y luego nos reclamaban a nosotros. ¿Puedes imaginar por un momento el nivel de tensión que se respiraba en la empresa?, recuerda que salíamos de una gran adversidad empresarial y ahora que empezaba a marchar bien, nos sucedía esto. Hoy he entendido que todo forma parte del aprendizaje, son dificultades que manda la vida para ponerte a prueba y validar si estás preparado para el éxito o no; si te sucede, nunca te rindas. ¡Verás cómo acaba esta historia!

Ya sabes que nunca se pueden resolver las adversidades del momento presente desde el nivel de consciencia y con los conocimientos que nos han llevado hasta ese punto, así que solo nos quedaba una opción: tuvimos que hacernos expertos en Amazon Seller porque ni la propia plataforma sabía cómo vencer los ataques del hacker, una vez tras otra nos daban el control de la cuenta y el acceso, pero a los diez o quince minutos el estafador recuperaba el control y accedía de nuevo al panel central; así transcurrieron quince largos días, por lo que el posicionamiento de nuestro producto se desmoronó y afectó de forma radical al nivel de ventas y a la facturación. Además, nuestra web quedó prácticamente parada porque no podíamos hacer campañas para vender a través de ese canal, así que nuestros canales más importantes estaban bloqueados y era imposible vender. Tras mucho esfuerzo, el equipo de genios de Oblack solventó el problema y recuperamos la normalidad; entre unas cosas y otras estuvimos casi un mes sin vender, pero ya había sucedido la magia. Esa situación había servido para transformarnos, primero como personas y luego como equipo; como siempre digo, lo que te define como persona no es lo que logras, sino lo que superas, y en aquel momento habíamos superado una grandísima adversidad, algo que ni Facebook ni Amazon sabían cómo solucionar, aunque parezca increíble. En ese momento aprendí una gran lección que quiero compartirte de forma exclusiva por haber confiado en mí y haber comprado el libro: esa adversidad me demostró que mi equipo y yo éramos capaces de cualquier cosa, y me dio la fuerza suficiente para seguir remando con ellos a muerte, sabía que habíamos venido a hacer historia y además llevaba al ejército correcto a mi lado. Pero esto que te cuento no fue lo mejor, ¿quieres saber más?

Como aprendimos a dominar la plataforma de Amazon como nadie, empezamos a cosechar grandes resultados económicos y un posicionamiento de marca muy por encima de las grandes marcas contemporáneas; éramos la marca de gorras de moda, y lo sé porque la gente compraba, repetía y nos recomendaba, ¿hay algo mejor? Como resultado, fuimos top uno de ventas en todos los mercados europeos, por delante de marcas americanas como New Era, Nike o Tommy Hilfiger. Y el trabajo dio sus frutos: Amazon no tardó en ofrecernos mejores condiciones de trabajo y asesoramiento para seguir evolucionando dentro de su red de ventas; de nuevo todo iba mejor, la vida volvía a sonreír y había sucedido a través de la adversidad. Sé que lo repito mucho, y te pido disculpas por ello, pero el único sitio donde puedes crecer personalmente es ahí, no tengas miedo a los desafíos, ya que ¡no son maldiciones sino bendiciones!

Las adversidades vienen a mostrarte algo que no sabes, confía.

José Luis Sena Miquel

Aproximadamente al cabo de un año recibimos una supernoticia, Amazon nos había elegido para formar parte de su programa Vendor, al que únicamente se accede mediante invitación y en el que solo están las marcas top ventas o marcas consolidadas internacionalmente como Apple, Nike o cualquiera de ese tipo. Para ello nos citaron en la central de Madrid, nos hicieron una visita por las instalaciones y nos propusieron lo que habían pensado para el futuro de Oblack: de un mes para el otro pasamos de vender las gorras en la plataforma por unidades sueltas y al cliente final, a vender pedidos gigantes a Amazon; es decir, pasamos de ser un minorista que vendía mucho a ser un mayorista, nuestros clientes ya no eran las personas, sino Amazon, ¿puedes imaginar el nivel de ventas?

UNA RELACIÓN QUE MARCÓ UN ANTES Y UN DESPUÉS EN MI VIDA

Como nada en la vida es estático ni rígido, a pesar de que en la empresa todo marchaba bien, la vida me traía nuevos aprendizajes personales que iban más allá del mundo del emprendimiento. La pandemia dejó huella en mí, para qué mentir, todo aquel tiempo encerrado solo en casa, dándole mil vueltas a la situación de la empresa y a mis cosas personales me aumentó considerablemente los niveles de estrés; para gestionarlo hacía entrenamientos muy exigentes en casa, solía salir a la terraza a dar vueltas como un hámster en una jaula y lo acompañaba de flexiones, abdominales y sentadillas, diría que me sobreentrenaba; tanto fue así que con las flexiones me lesioné, un dolor me atravesaba el brazo derecho desde el hombro hasta la mano y la dolencia me acompañó durante mucho tiempo, limitándome muchísimo la vida deportiva. Al no poder entrenar la fuerza en la parte de arriba, empecé a perder masa muscular, algo que no llevaba muy bien y me costaba mucho aceptar.

Considero que en esa parte de mi vida Dios quería prepararme para algo de otro nivel y me mandó a una gran maestra, la chica de la que te hablo, aunque no diré su nombre por respeto a la intimidad. Ella vino a mi vida a transformarme en la persona que soy hoy en día. Fue una historia basada en la competición; como sabes y decía el gran Jung, lo que no haces consciente se manifiesta en tu vida como destino. Pues por lo visto, con mi última relación tóxica aún no había hecho conscientes muchas cosas, así que me tocaba repetir algunas asignaturas, y para ello había llegado a mí esa persona. Como todas las relaciones al inicio, todo parecía perfecto o así lo romantizaba mi ego, pero debo reconocer que no hice caso a un mensaje de mi intuición que decía: «Cuidado con esta persona, hay algo raro en su comportamiento»; sin embargo, no logré verlo en ese momento debido a mi necesidad de ser querido y validado por una mujer muy poderosa. De todas formas, en parte estoy agradecido con la vida por haberme mandado ese aprendizaje, gracias a ello soy quien soy hoy en día.

Puedes adornarte con la mejor ropa, con lo último en diseño, y comportarte de una forma de lo más agradable en cuanto a las apariencias externas se refiere, pero si hay codicia, envidia, odio, celos, avaricia y egoísmo en tu corazón, jamás atraerás a nadie, excepto a aquellas personas cuyo carácter esté en armonía con el tuyo. Los iguales se atraen y, por lo tanto, puedes estar seguro de que quienes son atraídos hacia ti son aquellos cuya naturaleza interior es análoga a la tuya.

Napoleon Hill, *Las leyes del éxito*

Aunque no lo creas, esa persona fue atraída por mí, la atrajo mi mente inconsciente, ya que no puedes atraer lo que no eres; tal como yo lo veo, atraemos cosas, personas y situaciones que vibran en nuestro nivel de energía, no sirve de nada quejarse o victimizarse, esto trata de algo más profundo, porque este tipo de relaciones vienen a mostrarnos cómo está nuestro mundo interior, y la única forma de aprender a través de ellas es haciendo consciente nuestro estado interno; de nada sirve echar balones fuera creyendo que los malos son los otros y nosotros somos perfectos. En mi caso, esta mujer me enseñó a quererme, a valorarme y a priorizarme, me enseñó a tomar la iniciativa en las relaciones y a amarme por encima de todas las cosas, aunque ella no hizo nada extraordinario, solo fue ella misma, y ¿sabes lo que quiero compartirte con esta historia? Cuando tú enfocas las relaciones desde este paradigma es cuando te transformas de verdad, cuando dejas de culpar al otro y a la vida de tus resultados, solo ahí surgen la magia y la transformación personal. Da igual lo que hizo, si fue fiel o infiel, si fue leal o desleal, si fue amorosa o miedosa, todo esto son prejuicios personales; más allá de eso siempre te quedará tu capacidad para leer la situación de una forma constructiva y no deconstructiva. Tú eliges, y en función de lo que elijas, tu estado emocional será uno u otro.

Yo no supe gestionar mis emociones de rabia, ira, resentimiento y frustración, no supe adaptarme al momento presente, estaba rígido en la forma de pensar y no aceptaba la situación, aquella chica no me amaba aunque dijera lo contrario, y me costaba mucho aceptarlo, además llevaba una doble vida que me generaba mucha desconfianza. Me avisó mi padre y no le hice caso, pero sabe más el diablo por viejo que por diablo, como dicen aquí en España. A pesar de que yo sabía perfectamente lo que debía hacer porque había leído muchos libros y trabajado el autoconocimiento a través de la mente subconsciente, vivía esclavizado por los traumas de mi inconsciente, heridas como el abandono, rechazo o desamor me guiaban los pensamientos y me hacían sentir grandes dosis de negatividad. Así que, fruto de esa experiencia, volví a estar triste y confundido, dejé de ser una persona feliz, volvía a sentir la ansiedad y los ataques de pánico, y me parecía alucinante, ¿cómo podía encontrarme en ese estado después de haber superado tantas adversidades?, pero así es como me sentía, además no podía bajar la guardia y darme mis espacios, recuerda que tenía una empresa en crecimiento y era el líder del equipo: si yo estaba mal, todos seguirían mi ejemplo, por eso hacía como si no pasara nada, imagínate cómo se me dificultaba todo día a día. Unos meses después de haber dejado la relación, me sacudió de nuevo el dolor pélvico, el mismo que había marcado una gran etapa en mi vida y que me había transformado como persona. Y es que, como ya he comentado, cuando algo no se hace consciente, no puede ser transformado y si no se transforma no puede sanarse, al menos eso he aprendido yo de la experiencia. Así pues, entiendo que esa mujer había venido para eso, y con el sufrimiento que yo mismo me causé debido a la ignorancia llegó el dolor físico: para mí, el mejor maestro que tiene la naturaleza, aunque nos hayan dicho todo lo contrario y haya más de un millón de píldoras para anularlo.

Día tras día hacía todas las técnicas que había aprendido la otra vez, cambié los hábitos alimenticios, leí más sobre desarrollo personal y espiritualidad, hacía estiramientos, comía comida ecológica y un largo etcétera. Pero nada funcionaba, la vida quería que ampliara el nivel de consciencia y no me lo iba a poner tan fácil, y ahí recordé esta gran frase que me encanta: «Cuando sabíamos todas las respuestas, cambiaron todas las preguntas»; exactamente eso es lo que vivía yo en primera persona, nada de lo que había aprendido me estaba sirviendo y el dolor no dejaba de aumentar. Como quizá ya sabrás, el cuerpo utiliza el mecanismo del dolor para indicarte que estás en un camino equivocado, pero en aquel entonces yo desconocía estas cosas y creía que cambiando los hábitos sería suficiente. Sin embargo, nada me funcionaba, además seguía obsesionado con el crecimiento de Oblack, algo que amaba pero que era muy contraproducente para mi sintomatología. A medida que avancemos en esta parte del libro entenderás todo esto, porque te lo explicaré detalladamente para que puedas aprender de mi ejemplo.

APRENDIENDO A LEVANTAR RONDAS DE INVERSIÓN

En medio de la vorágine empresarial y los problemas de salud, se añadió más presión a la ecuación, ahora teníamos problemas de caja. Por si no eres empresario te lo explico: según varios estudios recientes, este problema es el que hace morir entre el 38 y el 82 % de las empresas, en función de su tamaño de facturación y empleados, claro está. Para ello tuve que ponerme manos a la obra y desarrollar un plan de acción, no podía dormirme en los laureles por victimizarme por mi situación de salud; ya sabes, la determinación y la disciplina son clave cuando luchas por tus sueños, así que busqué a algún mandamás de las rondas de inversión. Por mediación de un conocido me hablaron de un tal Diego Moya, y al buscarlo en Instagram me di cuenta de que ya lo seguía; según me dijeron, Diego había hecho crecer su *startup* Entrenarme y había conseguido venderla por una buena cantidad, para ello había tenido que escalarla y levantar muchas rondas. En ese momento Diego se dedicaba a ayudar a emprendedores con talento a conseguir sus objetivos empresariales a través de las rondas de inversión y su función era asesorarlos para conseguirlo. Así que le llamé para explicarle mi modelo de negocio, lo puse en situación y le dije adónde queríamos llegar, seguidamente programamos una reunión y nos pusimos a trabajar. Diego me presentó a mucha gente del sector de la inversión y gracias a su trabajo aprendí a vender mi modelo de negocio como nunca antes lo había hecho, lo que me ayudó a conseguir otros hitos muy potentes.

Sin embargo, algo seguía sin funcionar dentro de mí, sentía en lo más profundo del corazón que iba de reunión en reunión sin atenderme a mí mismo, sin priorizarme ni escuchar la voz de mi ser. Como consecuencia, sucedió algo que me impactó muchísimo y que te cuento en exclusiva en este libro. Un día tenía reunión con un jefazo de las inversiones, no diré su nombre por discreción, pero era un inversor de grandes marcas reconocidas y profesor del centro IESE Business School en Madrid; aquel día me lo había preparado todo al detalle, quería impactarlo y hacerle ver que Oblack había venido para liderar el mundo de la moda y que, si me apoyaba, él formaría parte de algo muy grande. ¿Sabes qué sucedió?, diez minutos antes de empezar la reunión por videollamada, mi socio Rubén Conchillo y yo estábamos en la oficina frente la pantalla comentando cómo desarrollaríamos la reunión y empecé a sentirme muy triste, era una tristeza muy profunda, un vacío existencial enorme, en ese momento sentí que nada tenía sentido, pero al mismo tiempo una voz me decía: «Ahora no puedes rendirte», y en ese mismo momento entré en una confusión extrema y me puse a llorar. Me levanté y fui al baño, tan solo quedaban cinco minutos para que empezara esa reunión tan importante y yo no tenía ganas de nada, fue ahí cuando mi socio me dijo que abandonara, que dijera que no me encontraba bien y la suspendiera. Pero ¿qué hice?, lo contrario a lo que sentía: una vez más, antepuse lo de fuera a lo de dentro, me lavé la cara e hice una afirmación positiva ante el espejo, seguidamente me senté e hice la reunión, que fue todo un éxito.

A través de esta experiencia volví a demostrarme que no tenía límites, que daba igual qué situación estuviera enfrentando emocionalmente, mi objetivo era tan claro que no me detenía ante nada, la mente solo me repetía: «Sigue y no te pares; si te paras, nunca llegarás adonde te has propuesto»; era como un robot programado para cumplir una misión, de hecho había veces que sentía que desconectaba la parte emocional para poder ejecutar los pensamientos sin sentir compasión por nada ni por nadie. Y, amigo mío, todo esto a la larga pasa una gran factura, ¿recuerdas cómo acabó Steve Jobs?, de nada sirve crear un imperio si estás roto por dentro, lo bonito del emprendimiento es disfrutar del camino y estar en paz, porque si pierdes la paz interior, ¿de qué sirve ser millonario o exitoso?

RAUW ALEJANDRO, AYUSO Y FAMOSOS DE TODO EL MUNDO

A medida que crecíamos pasaban cosas de otro nivel y llegó un momento en que perdimos la cuenta de cuántos famosos de todo el mundo llevaban nuestras gorras: jugadores de la NBA, del Real Madrid, del Barcelona y de todos los equipos de fútbol de primera división internacional, actores de Hollywood, *influencers*, personajes públicos, cantantes y un largo etcétera. El alcance fue tan potente que superó los doscientos millones de personas en el mundo entero, pero hubo dos historias que te gustarán y te servirán para entender el poder de la visión. Por un lado, te contaré cómo Rauw Alejandro llevó nuestras gorras y se hizo fan de ellas, y por otro, cómo Isabel Díaz Ayuso —una mujer muy conocida en España por su labor como presidenta de la Comunidad de Madrid— se interesó por nuestra marca al leer una declaración que yo había hecho en varios medios de comunicación. ¿Crees que es casualidad o causalidad que dos personas que piensan de un modo tan diferente acabaran llevando nuestras gorras?

La historia de Rauw Alejandro no tiene ningún secreto, es el resultado de un trabajo bien hecho. Cuando amas lo que haces, siempre suceden cosas de este tipo. Todo comenzó un día en Madrid, donde me presentaron a alguien del equipo de trabajo del artista; en ese momento solo tuve unos minutos para hablarle de Oblack. Siempre digo que debes saber vender tu proyecto en lo que tarda en subir un ascensor del primer al quinto piso, es el tiempo que necesita un desconocido para interpretar si lo que le cuentas es relevante o no; así que prepara un discurso corto pero contundente, ¿quieres saber cuál fue el mío para la ocasión? Cuando nos presentaron, le dije mi nombre y cuando me preguntó a qué me dedicaba, se lo conté así: «Hacemos gorras de alta calidad, y vendemos en veinticinco países de la Unión Europea, pero Oblack va más allá de todo eso, significa «O» de «oveja» y «*black*» de «negra», y estamos creando la comunidad de ovejas negras más grande del mundo. Creo que tanto tú como Rauw sois personas únicas y diferentes, y pienso que os puede encajar la idea de colaborar de alguna forma»; me dijo que le gustaba el concepto, me dio su número y me dijo que le escribiera, y ahí término todo. Al tiempo llegó la pandemia y es cuando aproveché para retomar aquella conexión, me acuerdo que le escribí para enviarle gorras de la colección Origins; en aquel momento, Rauw Alejandro aún no era el superartista que todo el mundo conoce hoy en día, y aquí es donde te digo que apliqué la visión: para ello venía observando al artista desde hacía mucho; en su última gira por España tan solo cantaba en discotecas y locales, nada de estadios ni macroauditorios, pero se le veía el aura de estrella: la forma de vestir, el semblante, su música y muchas más cosas que supe reconocer tan solo verlo…, todo apuntaba a que sería una nueva estrella para las nuevas generaciones, y decidí apostar por él. Para ello le enviamos a Miami una caja llena de gorras Oblack porque, aunque la persona de su equipo me dijo que solo le enviara dos para Rauw y dos para él, me parecía ridículo. Como no hay segundas oportunidades para dar una primera impresión, y yo quería a toda costa que el artista quedara impresionado con la marca para que se enamorara de ella y empezara a llevarla en todos sus shows. Y así sucedió, ¿quieres saber por qué?, pues jugué con el factor sorpresa, ni su mánager ni él contaban con una caja tan grande llena de gorras, nuestra presentación los impactó porque nadie en aquel momento enviaba las gorras como nosotros, cada gorra llevaba su caja, su papel de seda, pegatinas de la marca y una tarjeta de bienvenida en la que ponía el siguiente mensaje: «Queremos darte la bienvenida a la comunidad de ovejas negras más grande del mundo. Aquí podrás sentirte único y diferente», además, cada *packaging* llegaba completamente cerrado con un precinto de garantía que te certificaba que tú estabas usando esa gorra por primera vez, algo disruptivo en aquella época de pandemia en que la gente creía que el virus del COVID se pegaba a través de las prendas de ropa. Al poco tiempo de recibir las gorras, Rauw Alejando inició una gira por el mundo y sacó su éxito mundial «Todo de ti» y ¿a que no sabes qué gorras llevaba en la cabeza? Esta acción dio como fruto la estrategia de *branding* más brillante hasta la fecha de Oblack Caps, todos los medios de comunicación se hicieron eco de la colaboración y eso impulsó la marca a otro nivel porque, como consecuencia, muchos otros famosos empezaron a aparecer con las gorras; primero fue Omar Montes, luego Jay Cortez, Mike Towers, Justin Quiles, Alejandro Sanz, Natos & Waor o Manuel Turizo, además de famosas reconocidas como Eva Longoria, Vicky Martín Berrocal o Ester Expósito, y un largo etcétera que puedes ver en las redes sociales. ¿Crees que fue suerte y cuestión de azar o trabajo bien hecho y visión? Si aciertas la respuesta, querrá decir que ¡estás ya en el camino hacia el éxito laboral!

La excelencia no es la mejor forma de hacer las cosas, es la única.

José Luis Sena Miquel

La segunda historia es muy disruptiva, y quizá imagines por qué, ¿alguna vez has visto que una marca llegue a la cabeza de un político y que encima lo publique en sus redes? Esa marca es Oblack y eso sucedió con Isabel Díaz Ayuso, que era la presidenta de la comunidad de Madrid en el momento en que se estaba escribiendo este libro. Te cuento cómo se dieron los hechos por si te sirven de inspiración para crear una historia de marca genuina y auténtica. A raíz del impacto mediático que tenía la marca en toda Europa, muchos medios de comunicación se interesaron por nuestra historia; yo iba de entrevista en entrevista respondiendo dudas de los periodistas de los medios de comunicación más potentes y en varias ocasiones me preguntaron lo siguiente: «¿A qué político le pondrías una gorra Oblack?». Como sabes, siempre intentan polarizar las opiniones para llevarte a un lugar o a otro, a un color o a otro, pero tenía claro que eso no va conmigo, siempre pasé de la política, para ser honestos, para mí la vida va de personas y no de colores o ideologías. Así que respondí de forma contundente a su respuesta diciendo: «Le pondría una Oblack a Isabel Díaz Ayuso, porque siempre va a contracorriente en todas sus decisiones, creo que es una oveja negra y como persona me cae muy bien», se convirtió en el titular en varios medios de comunicación muy importantes y obviamente llegó a oídos de Isabel. El domingo 21 de agosto de 2022 recibí un mensaje de ella diciéndome «Yo quiero una», además adjuntaba dos de las noticias en que hablaba de ella con admiración y me empezó a seguir en Instagram. No podía creer lo que acababa de atraer con tan solo dar sin esperar nada a cambio; como siempre me gusta decir, «da sin esperar nada a cambio, el universo lleva las cuentas por ti», y eso fue lo que sucedió. Esa misma semana le enviamos unas gorras Oblack para que las luciera orgullosa y meses más tarde hizo una bonita aparición en las redes sociales con una de ellas, ¿puedes imaginar la que se lio en aquel momento?

ATRAER SIN PERSEGUIR, QUÉ PARADOJA

¿Conoces a alguien que ponga en práctica esta ley universal?, te estarás preguntando cómo se puede conseguir, pues quiero que prestes atención a lo que voy a contarte. Lee atentamente y si no comprendes, no te preocupes, que más adelante lo entenderás todo. Durante muchos años quise saber cómo conseguir que la gente se fijara en mi trabajo y en mí, así que observé a muchas personas de éxito que fui conociendo a lo largo de la vida. Había una cosa en la que coincidían todas ellas: todas aplicaban este principio universal que trata de atraer la atención de las grandes masas sin perseguir y que solamente se consigue «siendo». Como ya sabrás, a los seres humanos nos gusta tener la libertad de elegir qué queremos en nuestras vidas, odiamos que nos impongan las cosas a la fuerza. He aquí donde reside el secreto de esta ley universal. ¿Qué hay que hacer para atraer sin perseguir? Voy a contarte cuáles han sido mis secretos para hacer de esta técnica una de mis mayores fortalezas tanto a nivel personal como empresarial. ¡Atento!

Por ejemplo, yo no cuidaba mis hábitos alimenticios al cien por cien, no invertía en mí, me rodeaba de personas que no tenían un claro objetivo principal en la vida, elegía a personas problemáticas para compartir tiempo con ellas, me costaba madrugar y me encantaba salir de fiesta los fines de semana, entre otras muchas cosas que ya te he contado, ¿te suena? Así que tuve que transformar todos esos hábitos y ser mi mejor versión para despertar la admiración de mi entorno y de todos los que me seguían; tanto en redes como a nivel profesional, no puedes atraer lo que no eres. Cuando tú haces el cambio y te transformas, tus resultados cambian, no te lo creas y compruébalo. Yo no quiero enseñarte nada, te hablo desde mi experiencia, y todo lo aprendí a base de cometer errores. Como ser humano he trabajado todas mis debilidades y las he convertido en fortalezas. Lo primero fue transformar el concepto «oveja negra», algo con lo que se me etiquetó desde muy pequeño y que consideraba una debilidad porque tenía una connotación negativa, así que tuve que convertirlo en una fortaleza, ¿a que hoy en día escuchas «oveja negra» y ya no te suena mal? Para ello emprendí un largo camino de autoconocimiento y desarrollo personal que dio como fruto emprendimientos como Oblack Label, Oblack Caps y Oblack Community, que tienen el claro propósito de crear la comunidad de ovejas negras más grande del mundo. Llegó un punto en que los medios de comunicación ponían titulares como: «La Real Federación Española de Fútbol suma una nueva licencia: La comunidad de ovejas negras "Oblack Caps"», o descripciones de titulares como: «La legión de Ovejas Negras va en aumento, el nombre de la marca no persigue el significado negativo, sino que queremos ser únicos, irrepetibles, diferentes, la voz del cambio —sentencia Sena, que sabe que ahí está el secreto del éxito—. Una filosofía de vida a la que se quiere sumar Ilia Topuria».

Como ves en este pequeño ejemplo, transformé mi situación personal y más tarde se transformó mi situación profesional, todo empieza por uno mismo, así que, si estás pensando qué hacer en tu vida, empieza por ti y hazlo ya, nunca es tarde si la dicha es buena, como decimos aquí en España. El José Luis de antes no habría podido atraer sin perseguir, porque antes hay que vivir la transformación personal, solo ahí podremos atraer hacia nosotros a personas y cosas, mira lo que sucedió con Rauw Alejandro, Isabel Díaz Ayuso, Ilia Topuria o famosos del mundo entero, ¿de verdad crees que un chaval como yo habría conseguido todas estas cosas de no haber hecho trabajo personal? Atraer sin perseguir resulta fácil cuando no debes hacer nada; a mi entender, se da cuando como ser humano atraes hacia ti cosas, situaciones y personas que están alineadas con lo que eres en esencia, entonces tu nivel de vibración influido por la ley cuántica del universo será la que actúe acercándote o alejándote de lo que tiene que ser o no para ti. Si has oído hablar sobre la ley de la atracción, aquí tienes una pequeña explicación de cómo funciona; como a veces todo es mucho más sencillo de lo que pensamos, me gusta ponerte ejemplos para que tú también puedas llegar a lograr tus sueños y ser feliz. Por último, trabaja en silencio y deja que los resultados hablen por ti, ¡así es como todos los referentes contemporáneos han conseguido el respeto de las grandes masas!

LLEGA MI MOMENTO, LOS PÓDCAST, LAS ENTREVISTAS Y LA MARCA PERSONAL

Entre tanto aprendizaje mi vida personal iba transformándose, profesionalmente para mejor, espiritualmente para peor; mis problemas de salud seguían su curso y yo no era consciente de ello, quizá estaba tan ocupado que eso no le importaba a mi ego, que, totalmente esclavizado por la opinión de los demás, seguía luchando sin cesar por el reconocimiento y los aplausos; cada semana me entrevistaban en los medios de comunicación nacionales y en pódcasts de renombre para hablar de mi trayectoria profesional, algo que me estimulaba muchísimo porque todo el mundo me felicitaba por ello. Y lo compaginaba con grandes dosis de café, y mi nivel de consciencia se estaba perdiendo, no sabía desconectar, había olvidado lo que era la paz interior y tan solo me preocupaba el juego de la dopamina, cuanto más me esforzaba, más grande era la recompensa de dopamina; sin darme cuenta había caído en las redes de mi mente otra vez, tenía mucho miedo a salir del personaje y creía que si lo hacía, todo se desmoronaría, así que fingía que todo estaba bien, solamente mis socios Nacho Arauz y Rubén Conchillo sabían la verdad, todos los demás, incluso mi familia, creían que mi vida era de color de rosa o de película, pero la realidad era totalmente lo contrario, ya que yo vivía un infierno personal por mi estado de salud, que parcheaba trabajando en exceso. ¿Alguna vez te has sentido así?

Mi mentalidad llegó a ser tan rígida que no me permitía ningún tipo de error, mi *mindset* era el de un cuerpo especial del ejército, lo que suelen llamar «disciplina militar», pero ¿estaba en equilibrio o actuaba así para satisfacer las necesidades de mi ego?, a continuación te dejaré un extracto de un texto que creé en aquel tiempo, describe cuál era mi mentalidad y lo que hizo que una marca como

Oblack pasara de ser un logo en un papel a la mejor marca de gorras de Europa según los clientes. Claro está, a costa de mi salud física y emocional.

SÉ COMO UNA BANDA ORGANIZADA

No crees simplemente equipos, crea una organización, las personas tienen que estar alineadas y trabajar por un bien común. Defiende valores como el esfuerzo, la responsabilidad, la disciplina o la lealtad, ya que son los valores diferenciales que llevan las cosas al éxito o, si no se aplican, al fracaso. ¿Entiendes por qué digo que seas como una banda organizada?, en ellas no hay margen de error, y si lo hay, el precio es la muerte, la cárcel o perder mucho dinero. ¿Lo vas comprendiendo ahora? Si tú quieres ser el mejor en algo, debes aplicar estos valores diferenciales y buscar la excelencia, que es la mentalidad con la que trabajan los cuerpos especiales de policía y los soldados de élite. No te digo que te lo creas, compruébalo a través de la propia experiencia.

Fíjate en los grandes deportistas o empresarios de éxito, sus valores los llevan a las cumbres de sus profesiones. No han tenido suerte como te han hecho creer, la suerte no existe, la creas tú cada día con cada decisión que tomas, decisiones acertadas resultados positivos, ¿entiendes que no es suerte? A mí me dicen que tengo mucha suerte en la vida, pero ¿sabes lo que hago? Aplico los valores que te he indicado, no hay secretos, solo códigos exactos que si pones en práctica todo fluye de forma automática. Busca referentes por los que sientas admiración y sigue sus pasos, ellos te guiarán hasta que crees tu propio camino; en mi caso lo hice así y mira dónde estoy llegando. No seas impaciente, las cosas grandes solo cuestan un poco más, pero si tienes paciencia y trabajas con inteligencia día a día, los resultados llegarán más pronto que tarde.

Y una cosa más. Me ha costado muchos años recopilar toda la información que te brindo. Son todo afirmaciones verificadas a través de mi propia experiencia, nada de lo que lees está inventado ni lo he escuchado en las redes sociales, son leyes universales que han utilizado muchos sabios contemporáneos para crear sus imperios. ¿Conoces a Julio César, Napoleón Bonaparte o Henry Ford? Igual te parecen muy antiguos, pero seguro que conoces a Steve Jobs, Elon Musk, Phil Knight, Amancio Ortega o Juan Roig. Todos ellos aplicaron estos conceptos y llegaron a lo más alto. Y no digo que te vaya a resultar fácil, pero creando un sistema de trabajo y aplicando las leyes universales de los grandes referentes internacionales podrás conseguir tu mejor versión en cualquier faceta que elijas de la vida.

> ## Para toda disciplina existe una recompensa múltiple.
>
> Jim Rohn

TRANSMUTACIÓN DE LA ENERGÍA SEXUAL

Tras casi toda una vida investigando y leyendo a miles de autores, en enero de 2023 empiezo un proceso de autoconocimiento brutal y decido ponerlo en práctica como te cuento a continuación: He tardado muchos años en descubrir la transmutación de la energía sexual. Es sencillo, y se trata de utilizar tu energía para alcanzar la mejor versión de ti mismo o para llevar un proyecto profesional a la estratosfera; todo lo banal quedaría en un segundo plano, y con «banal» me refiero a todo lo que no esté alineado con tus objetivos personales y profesionales y, además, te aleje de ellos de modo que puedas perderlos.

Las relaciones personales se alimentan de atención, amor y sexo. Si inviertes tu energía ahí, la estás quitando del proyecto personal y laboral; el gran Emerson lo llamaba «ley de la compensación»: Lo quito de un sitio para ponerlo en otro, ya que la materia siempre es una y no puede estar en varios sitios a la vez y en la misma cantidad,

¿lo entiendes ahora? La ley de la compensación es el poder con el cual la naturaleza equilibra las fuerzas negativas y positivas de la vida, en todas las formas de energía, en todas las formas de materia y en todas las relaciones humanas. Para que puedas aplicarlo, es necesario saber que no se trata de quedarse completamente solo y no relacionarse con nadie, sino de priorizar la energía sexual hacia uno o dos puntos como máximo. Para esto es muy importante tener una escala de prioridades y un claro objetivo principal, ya que sin estos elementos resultará mucho más difícil saber lo que hay que hacer en cada momento.

Ningún viento es favorable para quien no sabe a qué puerto se dirige.

SÉNECA

Según la teoría del gran Napoleon Hill, que estudió a más de trescientos millonarios de éxito de su época, ninguno de ellos logró un éxito abrumador hasta que no aplicó esta ley universal tan poco conocida en nuestros tiempos. Y repito, no se trata de estar completamente solo, puedes tener pareja, pero si persigues a mujeres u hombres constantemente para pasar el rato y satisfacer los deseos sexuales, el derroche de energía será tan grande que no conseguirás liderar ningún campo en el que quieras ser un referente. Según relata Hill en el libro *Piense y hágase rico*, la correcta aplicación de la transmutación de la energía sexual consigue transformar a un hombre o mujer y elevarlo de la mediocridad a la genialidad; sí, lo has leído bien. Cualquier genio en su propio campo profesional ha conseguido, consciente o inconscientemente, transmutar la energía sexual y por eso escala hasta donde no llega la gran mayoría, ¿me vas entendiendo ahora?

Si has llegado hasta aquí y esto tiene sentido para ti, no te digo que lo aceptes a ciegas, pero sí que podrías probarlo durante dos meses y ver qué resultados cosechas.

El sexo es una de las fuerzas más grandes que motivan a los seres humanos. Debido a este hecho, también es una de las fuerzas más peligrosas. Si los humanos controlaran sus deseos sexuales la mitad del tiempo que desperdician en ir tras el sexo y los convirtieran en una fuerza propulsora con la cual seguir adelante en su ocupación, nunca conocerían la pobreza.

NAPOLEON HILL, *Las leyes del éxito*

CAPÍTULO 10

EL DÍA QUE CONOCÍ A ILIA TOPURIA

Después de años observando a Ilia y de haber recibido varios rechazos de sus antiguos equipos de *management* a mis propuestas, llegó el día de conocerlo en persona, y todo gracias a su mánager Pedro Dols. Nunca olvidaré ese día, fuimos a reunirnos con Ilia Topuria y realmente no sabíamos si le caeríamos bien o mal; a pesar del miedo, decidimos asistir con nuestra mejor cara.

La reunión era el 29 de abril de 2023 en el Restaurante Petimetre de Alicante a las nueve y media de la noche. Al llegar, nos esperaba Pedro, su mánager, y le pregunté: «¿No ha llegado Ilia?». Me dijo: «No, y además a veces suele tardar». Me reí y dejé caer: «No pasa nada». Finalmente, sobre las diez y media llegó Ilia; debo reconocer que me gustó su energía nada más verlo, supe que era un ganador absoluto. La energía de los números uno es diferente a las demás, pero no se puede explicar, lo sientes al tener cerca a una persona de esas características.

Nos pidió disculpas por el retraso y comenzó la cena, durante un buen rato solo hablaba Ilia y los demás escuchábamos. Esa noche estábamos mi socio y mano derecha Rubén, Ilia, su mánager Pedro y yo. Cuando consideró que ya había hablado suficiente, me miró fijamente y me dijo:

—¿Ustedes qué han pensado para mí y cuáles son sus planes de futuro con Oblack?

Ahí estaba la oportunidad que buscaba desde que me había fijado en él a finales de 2020, no podía fallar y debía decir algo que fuera música para sus oídos; obviamente, dentro de la lógica y la honestidad para más tarde no ser preso de mis palabras. Y le dije:

—Hemos pensado muchas cosas, pero empezaré por las más importantes, queremos que seas embajador de nuestra marca y quiero saber una cosa, ¿alguna vez te has sentido una oveja negra?

—Sí, siempre, desde que era pequeño —contestó.

—¿Sabes lo que significa Oblack? —continué entonces.

Y no lo sabía, así que se lo expliqué:

—Oblack significa «O» de «oveja» y «*black*» de «negra», es como nos hemos sentido nosotros toda la vida.

Y ahí sucedió algo brutal: en ese momento cogió una de las gorras de la colección Baseball 2023 que le habíamos llevado para que viera el producto —lo íbamos a sacar próximamente— y se la puso en la cabeza; a continuación dijo:

—Pues a partir de ahora ya sé cuál es mi marca de gorras favorita, esta gorra representa mis valores y la llevaré siempre puesta porque además me gusta mucho. —Me miró y me dio paso a que siguiera contándole.

—Además de embajador, creo que en un futuro podemos hacer grandes cosas juntos, nosotros hemos venido a cambiar las reglas del juego y nuestro objetivo es convertirnos en los líderes mundiales.

—Por su sonrisa vi que le gustaba, y añadí—: Podrás pensar que estamos locos, pero te digo una cosa, el líder mundial está dormido y lleva así más de cincuenta años, no hacen nada nuevo, y quien no innova muere. Aquí sucederá lo que pasó con IBM y Apple, IBM lideraba pero no innovaba y Apple empezó a revolucionar el sector de las computadoras y acabó liderando el mercado.

Justo en ese momento llamaron a Ilia y se levantó porque era algo importante. Lo aproveché para preguntar a su mánager cómo veía la conversación y me dijo:

—Esto lo tenéis hecho, le está gustando lo que oye, que lo conozco bien.

Cuando regresó Ilia, continué contándole cómo veíamos nosotros esta unión:

—¿Recuerdas cuando Nike y Jordan unieron fuerzas y los dos salieron impulsados? Esto mismo es lo que hemos pensado para hacer contigo, haremos ediciones de gorras y ropa que eleven la marca Topuria hasta la estratosfera y que a la vez hagan que Oblack se retroalimente. ¿Qué opinas?

Su respuesta fue clara:

—¡Me encanta!

Claves de esta historia

- Nunca te rindas, el éxito siempre es para las personas que no se cansan de intentarlo. Estuve casi tres años intentando llegar a Ilia, hasta que un día se presentó la oportunidad.
- Sé auténtico y transmite tus valores, la única forma de conectar de forma única es siendo honesto contigo mismo. Los demás lo percibirán, la gente no soporta a los falsos.
- Habla con seguridad y cree en ti, nadie apostará por ti si tú mismo no lo haces.
- Ten un mensaje de marca original, las cosas copiadas no llaman la atención de los grandes referentes.
- Y lo más importante: no mientas, porque las mentiras son pan para hoy y hambre para mañana. La palabra de una persona es lo que marca la diferencia.

CAMINO A LA CIMA, INCLUSO CON MIEDOS

¿Crees que yo no tengo miedo? Pues sí, tengo muchos, además, todos los días de mi vida; de hecho, cada día afronto varios de ellos y quiero contártelo, quizá te sirva de ayuda. En esta vida hay dos tipos de personas, las valientes y las cobardes, y la diferencia es clara: el valiente actúa con miedo y no se queda bloqueado, en cambio el cobarde se deja atrapar quedándose estancado en esa emoción. Te dejo algunas ideas por si te sirven de inspiración.

MIEDO A LA ADVERSIDAD

Este miedo llega a mí cada vez que doy un paso adelante, afrontando nuevos desafíos personales y profesionales. Te pongo un ejemplo: Casi todos los días tomo decisiones arriesgadas en mis empresas, muchas veces nadie sabe decirme si el camino es acertado o equivocado, pero ¿sabes cómo se averigua?, avanzando y tomando acción. Más tarde llega el resultado y puedes verificar a través de la experiencia si es el que esperabas o solo te queda un nuevo aprendizaje.

Conclusión: Nunca te detengas, la adversidad es necesaria si esperas un gran crecimiento.

MIEDO A QUE NO ME QUIERAN

Aparece ante mis amigos, mi equipo, mi familia o mis parejas, todos queremos ser queridos y buscamos el amor de los demás en cada acto de nuestra vida. ¿Sabes cómo afronto este miedo?, doy sin esperar nada a cambio, trato a los demás como me gustaría que me trataran a mí, les sirvo y los hago sentir especiales, solo así consigo que todo eso venga de vuelta y que el miedo desaparezca, ¿a que mola?

Conclusión: No puedes recibir lo que no das, el flujo de salida determina el flujo de entrada, da amor y recibirás lo mismo multiplicado, así funcionan las leyes universales.

MIEDO A FRACASAR

Este es el más fuerte de todos, al menos en mi caso, debido a mi gran competitividad, pero no hay problema porque también tengo soluciones para este fantasma invisible. Cada día trabajo con amor y pasión, me rodeo de personas que piensen igual que yo y que están dispuestas a luchar por sus sueños hasta conseguirlos y, sobre todo, hago siempre un poco más para conseguir la excelencia. Y aunque nadie me garantice que no haya fracaso, al menos sé que he hecho todo lo que estaba en mis manos para evitarlo. Tú tienes un gran poder, ¡aprovéchalo para lograr todos tus objetivos personales y profesionales!

Conclusión: El fracaso no existe si tu determinación por alcanzar el éxito es lo suficientemente poderosa, hay lecciones que solo se aprenden ahí.

MIEDO A LA POBREZA

El gran miedo de todos los tiempos, todos lo tenemos y a todos nos influyen a través de él; según lo veo yo, mediante las crisis económicas, por ejemplo. Para combatirlo, me guardo una parte de los ingresos, que suele estar entre el 10 y el 30 %, para poder construir un colchón económico que me permita no ser un esclavo de las circunstancias; te pongo un ejemplo: Vives con la novia en un piso y te deja; el colchón te permitirá buscar un piso e irte a vivir solo. Otro ejemplo: tu empresa necesita liquidez; si tienes dinero, se lo prestas y así no dependes de bancos e inversores. ¿Lo has probado alguna vez?

Conclusión: como decía mi yaya, la sabia: «El que guarda cuando tiene, gasta cuando quiere». Deja de vivir por encima de tus posibilidades y empieza a invertir en tu futuro.

MIEDO A LA MUERTE

Es el peor de todos los miedos y suelen tenerlo todos los seres humanos del planeta. Desde aquí queda condicionada toda nuestra vida y, si no se vence, acaba sometiéndonos hasta llevarnos al miedo profundo que termina en ansiedad, ataques de pánico, depresión o cualquier otro tipo de enfermedad física o mental, y hablo desde la experiencia personal. ¿Quieres saber cómo afronto este miedo intangible y tan potente? Te pongo varios ejemplos: en primer lugar, cuido mi alimentación e intento tener únicamente hábitos saludables como leer buenos libros, comer comida sana, hacer deporte y practicar la meditación. No veo noticias en la tele, no leo periódicos e intento buscar influencias que me generen más energía positiva y menos negativa, ¿a que es fácil?

Conclusión: La muerte no existe, empezamos a morir cuando dejamos de amar la vida.

MIEDO A NO ENCONTRAR EL AMOR

Este miedo es muy social, creo que lo experimentamos todos desde que somos adolescentes, y digo «creo» porque tampoco voy a generalizar. En mi caso estuve muchos años persiguiendo mujeres para no sentirme solo, pero nacemos solos y morimos solos; cuanto antes aceptemos que la soledad no es mala ni buena sino necesaria para nuestra transformación personal, antes podremos darnos amor a nosotros mismos y por ende atraer a alguien a quien poder ofrecer algo potente. Si no, estaremos limitados a ofrecer un ser lleno de miedos y con un gran vacío existencial. ¡Tú eliges!

Conclusión: Sé la persona de la que te gustaría enamorarte, y la vida te mandará más de lo mismo.

MIEDO A NO SER SUFICIENTE

Uno de los mejores que existen, porque te impulsa a la excelencia; solo te diría una cosa: hay que detectarlo para poder dominarlo y convertirlo en tu mayor potencial. Yo lo tengo muy arraigado y gracias a él he conseguido cosas muy difíciles, a mí me ha permitido seguir esforzándome cuando la gran mayoría de personas se rinden, y déjame que destaque un punto importante que tener en cuenta: seguir cuando no puedes más está muy bien para ganar en un deporte o liderar un mercado con una empresa, pero a nivel personal tiene un impacto negativo; en mi experiencia me ocasionó fatiga crónica y fibromialgia, ¿sabes de lo que te hablo?

Conclusión: De nada sirve ser el mejor en todo si para ello pierdes la paz interior. ¡Ser el mejor, a veces, no es lo mejor!

MIEDO A SUFRIR

Este miedo es el que no te permite lanzarte al vacío ante las cosas de la vida, te bloquea el instinto y te adormece el pensamiento. Te pongo varios ejemplos: cuando te sientes frustrado, no te permite abrazar ese sentimiento y te impulsa a parchear los síntomas, a veces tomando mucho café para afrontar el día, bebiendo alcohol, comiendo en exceso o yéndote de fiesta. El sufrimiento es un mecanismo de desarrollo personal y si lo evades, nunca conseguirás evolucionar y ser feliz. Lo sé por experiencia propia.

Conclusión: Atrévete a lanzarte al vacío del sufrimiento, solo allí encontrarás la llave de la verdadera felicidad.

EL DOCTOR ME DIJO: «NO ENTIENDO CÓMO NO ESTÁS EN CAMA, DEPRESIVO O EN EL MANICOMIO»

Antes de contártelo con todo detalle, te dejo la prueba que me hizo el doctor para comprobar mis niveles hormonales a través de la saliva.

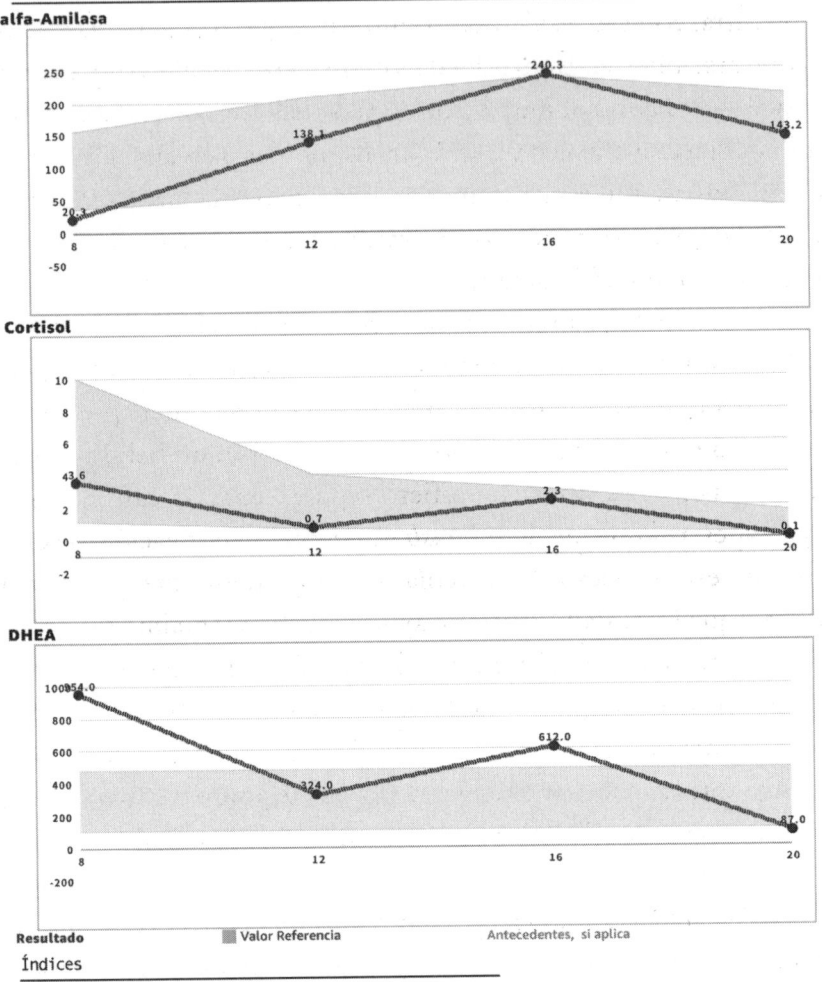

El 11 de junio de 2024 tenía hora con el doctor Goosen para ver la evolución de mi tratamiento y unas pruebas que me había hecho; su primera pregunta cuando empezamos a hablar fue:

—¿Cómo te encuentras, José Luis?

—Superbién, doctor —le contesté.

—¿Superbién? ¿Cómo llevas el dolor pélvico, el sacro lumbar, etcétera?

—Los llevo prácticamente igual que en la última visita, ¿para qué mentir?, creo que hay algo que no funciona correctamente.

Me miró fijamente y me dijo:

—Mira, con tus resultados es imposible que una persona pueda encontrarse bien, en tu prueba de saliva te salió la alfa-Amilasa por los suelos y el cortisol muy bajo, las personas con esos niveles están acostadas en una cama con depresión, medicadas o en un manicomio. ¿Cómo puedes funcionar cuando te levantas por la mañana? Debes de tener algún superpoder, porque médicamente es imposible. —Y se quedó mirándome fijamente.

—Mira, doctor, ¿ahora entiendes por qué no dejo el café? Podría no tomarlo y seguir haciendo todo lo que hago porque estoy super-motivado con mi trabajo, mi marca está en crecimiento y ahora mismo no puedo bajar el ritmo porque es como un bebé que necesita a sus padres; aun así, prefiero seguir tomando café si tú me lo permites, porque me da ese *push* de energía y motivación necesarios para este proceso. Hoy venía rezando que no me quitaras el café, porque la verdad es que me ayuda mucho mentalmente.

—No te preocupes, José Luis, te voy a dar algo para que se vaya regulando el déficit que tienes y poco a poco irás notando más energía al levantarte, verás que llegará un día que no necesitarás el café como fuente de energía. Además de lo que te acabo de contar también estás muy parasitado, ¿cómo duermes por las noches?

Me puse a reír.

—Jajaja. Doctor, me despierto entre tres y cinco veces cada noche, llega un momento que, sí o sí, tengo que comer algo de fruta para hacer un pico de insulina y aprovechar el efecto que me provoca para poder descansar, mis días son muy largos. Sé que comer fruta en la madrugada no ayuda en mi proceso de sanación, pero entre eso o no dormir, elijo dormir.

—Mira, José Luis, los parásitos que tú tienes son los peores que hay, viven en tu sistema digestivo, sobre todo en la parte del colon, y se alimentan de azúcar. Se reproducen por las noches y son capaces de cualquier cosa con tal de sobrevivir, por eso no te dejan dormir, su único objetivo es reproducirse dentro de ti y necesitan comer, por eso te provocan sensaciones por las noches para que te despiertes y, harto de no dormir, les des su comida; o lo cambiamos o puede durar toda la vida, y cada vez va a más. Sé que no te gusta la química, y a mí tampoco, pero hay veces que no podemos vencer a estos bichos con cuatro hierbas por muy naturales y ecológicas que sean, ¿confías en mí?

—Por supuesto, doctor, por eso estoy aquí, vamos a por ello con todo. Mi único objetivo es estar completamente saludable y voy a hacer todo lo que sea necesario.

LA DHEA ME SALVÓ DE UN CÁNCER

Antes de verme con el doctor Goosen me habían visitado varios equipos médicos y casi todos coincidían en una misma cosa, o me cuidaba y ponía fin al ritmo frenético de estrés laboral o corría el peligro de acabar con algún tipo de cáncer, ya que todas mis pruebas médicas daban los indicadores necesarios para que así fuera; yo nunca me creí esos cuentos médicos, estaba tan focalizado en mis objetivos profesionales que no tenía tiempo para escucharme a mí mismo, además pensaba que nunca me ocurriría a mí. Paradójicamente, a Steve Jobs le sucedió algo parecido y terminó falleciendo; como ya te he contado, yo me había hecho una promesa y era no terminar como él, pero sin ser consciente de ello me acercaba al mismo punto al que había llegado Steve sin darse cuenta.

Como has visto en la gráfica de arriba, la hormona DHEA (la deshidroepiandrosterona) estaba por las nubes, lo que resultó una bendición para mi vida; un año después de hacerme esa prueba y otras muchas, estaba leyendo un libro del gran Deepak Chopra y un fragmento en cuestión hizo un clic en mi mente: «Se ha descubierto en algunas personas unos índices elevados de una hormona llamada DHEA (dehidroepiandrosterona), y se sugirió una hipótesis según la cual la DHEA contribuye en cierta medida a retrasar el envejecimiento y, tal vez, a inhibir la aparición y el desarrollo del cáncer». Yo llevaba muchos meses hablando de mi experiencia con la enfermedad en entrevistas y pódcasts y solía contar que varios equipos médicos me decían que estaba en una antesala del cáncer; en aquel momento no sabía si me había librado solo por obra de Dios o debido a algún factor biológico, pero después de leer ese fragmento ya puedo decir con certeza que me salvó la hormona DHEA, ya que, al tenerla más elevada de la cuenta, no entré en un proceso de mutación celular maligna. Además, el resultado de las pruebas de estrés oxidativo fue óptimo. Entonces ¿de dónde procedía mi dolor físico (la fibromialgia) y toda la sintomatología que lo acompañaba?

Aquí va un cuento que explica de forma metafórica los estados mentales que nos llevan hacia la salud o la enfermedad, en función de dónde estemos la mayor parte del tiempo cosecharemos una o la otra; te sugiero que cuando lo leas, hagas un listado con aquellas cosas de tu vida que son cielo y otro con las que son infierno, y tú solo encontrarás tu camino para la sanación.

EL SAMURÁI Y EL MAESTRO ZEN

Cuenta una antigua leyenda que un poderoso señor de la guerra, temido por su brutalidad y su espada letal, oyó hablar de un maestro zen que vivía en las montañas. Se decía que ese monje poseía un conocimiento tan profundo que podía revelar los misterios de la vida y la muerte. Intrigado, pero con el orgullo de un guerrero, el señor de la guerra decidió desafiarlo.

Montado en su caballo y acompañado de la escolta, el samurái llegó al templo. Sin desmontar, gritó con arrogancia:

—¡Monje! Dicen que eres sabio. Si realmente lo eres, dime ahora mismo qué diferencia hay entre el cielo y el infierno.

El maestro Zen, sin inmutarse, levantó la mirada y con voz tranquila respondió:

—¿Tú? Un guerrero arrogante y sin honor como tú jamás entendería la diferencia. ¡Eres un bruto! Tu espada es torpe y tu mente, aún más. No mereces mi tiempo.

El rostro del samurái enrojeció de furia. Las venas se le marca-ron, y en un instante, desenfundó su catana con intención de matar al monje. La rabia lo cegaba, y su ego herido clamaba venganza.

En ese momento, el maestro zen sonrió y, con calma, dijo:
—Eso es el infierno.

El samurái, paralizado, sintió cómo sus pensamientos se detenían. Bajó la espada y lo comprendió: el infierno no era un lugar, sino un estado de su propia mente. La rabia, el ego, la violencia… eso era el infierno.

Lleno de gratitud, cayó de rodillas y los ojos se le humedecieron. Sintió, por primera vez en la vida, una paz inmensa.

El maestro zen, con la misma serenidad, añadió:
—Y eso, ahora, es el cielo.

Este cuento nos recuerda que el cielo y el infierno no son lugares distantes, sino estados internos que creamos con la propia mente. La rabia y el ego nos encadenan al sufrimiento, mientras que la paz y la comprensión nos liberan.

ILIA TOPURIA, CAMPEÓN DEL MUNDO CON OBLACK CAPS

A la vez que me seguía tratando los problemas de salud ocasionados al cien por cien por mi nivel de ignorancia con respecto a la verdad de la vida, seguía completamente focalizado en la estrategia de *branding* de Oblack Caps; como sabes, habíamos firmado con Ilia Topuria su contrato como embajador y no podía permitirme bajar la guardia, debía estar a la altura de las circunstancias. Día tras día mejoraba la relación con Ilia y su equipo, sentía que estábamos muy alineados y eso me aportaba grandes dosis de entusiasmo y motivación, ya que me había costado casi tres años llegar a firmar el acuerdo y ya era una realidad. Ahora había que trabajar mucho para que su marca y la nuestra sumaran juntas y llegaran al mundo entero. En primer lugar se planteó una edición de gorras superlimitada, pero para ello había que crear un logo totalmente novedoso y fue una tarea complicada, ya que Ilia quería a toda costa que se utilizara su logotipo tradicional. Así que fueron necesarias varias reuniones con su equipo para transmitirles mi visión con respecto a la colaboración y que accedieran al desarrollo de una nueva imagen corporativa, al menos para la unión de Ilia Topuria x Oblack Caps. Para ello les propuse la idea que te cuento a continuación.

A partir de entonces me puse a trabajar muy en serio con ello; como sabes, además del CEO de la compañía también era el director creativo de la marca y ese reto me llenaba de entusiasmo. Propuse que creáramos un imagotipo redondo, en su interior había unos brazos cruzados con guantillas que simulaban fuerza, combate y preparación. Al lado del brazo izquierdo había la palabra «Est.», que es la abreviación de *established* —que significa «nacido»—, y del derecho, el año 1997; este tipo de detalle se utiliza mucho en *branding* para dar un aire de tradición, solidez o legado. La creación también incluía unas hojas de laurel a cada lado, como referencia a la victoria mundial en su deporte y, cómo no, la «T» de «Topuria» extraída de su logo original; en la parte superior se leía, de izquierda a derecha, «Ilia Topuria El Matador», todo un imagotipo a la altura de un campeón mundial y un emblema de marca superpotente, capaz de seducir incluso a quienes no conocían al mismo Ilia. Como no podía ser de otra forma, cuando oyeron la idea les encantó, ya solo faltaba mostrarles el resultado final, el que te dejo aquí debajo.

Una vez creado el imagotipo para la colección de Ilia Topuria x Oblack Caps, había que dar paso a la segunda fase: crear una gorra que representara los valores del deportista en cada detalle. Para ello pusimos la maquinaria en marcha y creamos una gorra *trucker* de rejilla con visera acolchada, parche frontal de silicona en 3D, pin metálico de la marca en la parte trasera y una etiqueta interior de «Edición Limitada» que señalaba la fecha de lanzamiento y las unidades fabricadas; un producto minimalista pero elegante que encajaba a la perfección con Ilia. Para la presentación del producto se hizo una caja especial, que llevaba papel de seda, pegatinas, además de una tarjeta de la colección con un código QR que conducía al sitio web y explicaba cada detalle de la colaboración. Para esta campaña se creó un *spot* junto con Ilia en el que se transmitían los valores del deportista y, cómo no, de la marca Oblack, ¿quieres saber qué decía el mensaje?: «Me entregué al deporte para encontrar mi camino, he cambiado muchas cosas, muchísimas veces, hasta que me he dado cuenta de que no puedo vivir una vida deseando tener otra. Con disciplina y determinación conseguí hacer de mi pasión una forma de vida, trabajé en mí, para no tener que trabajar para otros ni un solo día. Creer crea realidades, cree en ti, sé único, sé diferente. Encuentra tu camino». Este vídeo se volvió superviral en las redes sociales y muchos medios de comunicación quisieron hacerse eco de la colaboración, y se multiplicó así el impacto de la campaña, de modo que llegó a muchísimas más personas, además, gracias a la repercusión que tuvo, yo fui entrevistado en muchas ocasiones, una de ellas incluso junto con Ilia en Madrid. Y como puedes imaginar, fue todo un éxito y el stock se agotó en un periodo de tiempo relativamente corto.

En vistas del éxito de esa primera colección se empezó a valorar el desarrollo de una segunda edición limitada; era una gorra *baseball* negra con el logo entrelazado en blanco en el frontal; esta edición llevaría su nombre deportivo «El Matador» en la parte posterior, además de algunos acabados de lujo que la hacían diferente a las otras gorras de la marca de aquel momento, como su presentación en nuestro *packaging* de lujo negro, una caja forrada en un material que no se rayaba, y el hecho de que estuviera imantada en su solapa de cierre para dar la impresión de que era un producto lujoso; además estaba completamente forrada de terciopelo en el interior, algo inusual en las marcas de gorras mundiales. Recuerdo el día que fuimos por primera vez a su casa de Alicante y le llevamos el prototipo de esta edición para que lo viera y lo aprobara, nunca olvidaré su reacción al ver la caja, abrirla y descubrir la gorra: su cara expresión por sí sola, lo único que dijo fue: «Bua, chicos, me encanta».

Cuanto más avanzábamos, mayor era la demanda de productos de Ilia Topuria x Oblack Caps, los clientes nos escribían por todos los canales pidiéndonos más productos de cualquier tipo, pero no queríamos salirnos de nuestra especialidad, las gorras de alta calidad. Ilia se estaba convirtiendo en un referente de masas y ya llegaba hasta los más pequeños, sus apariciones en programas de tirada mundial, en *El Hormiguero* de Pablo Motos y otros medios de comunicación lograban que su marca personal creciera de forma estratosférica y, lo mejor de todo, nosotros con ella. Se acercaba la pelea por el campeonato mundial de peso pluma contra Alexander Volkanovski y un día se me ocurrió una idea brutal que transmití al equipo para ver qué pensaban: crear un chándal oficial del campamento para el Topuria Team, así podrían ir todos vestidos iguales y proyectar una imagen sólida y muy profesional. Tanto mi equipo como el de Ilia lo consideraron una gran idea y lo pusimos en marcha contra reloj, no quedaba tiempo y debía estar listo antes de que Ilia y su equipo se fueran a Las Vegas a preparar la semana de la pelea (*fight week*). La idea del chándal oficial era clara, tenía que ser todo negro y de un tejido cómodo pero de calidad, a la altura de nuestra marca; en la espalda de la sudadera llevaba el imagotipo ampliado de la colección Ilia Topuria x Oblack Caps, en la parte frontal a la altura del corazón, la palabra Oblack. La parte izquierda delantera del pantalón llevaba también la palabra Oblack, de pequeñas dimensiones, y el logo original de Topuria con la corona y el octógono quedaba en el bolsillo trasero derecho; todos ellos, elementos que hacían de esa creación una prenda única y elegante. El día que llegaron las primeras unidades del chándal se me ocurrió vestir a nuestro director de marketing, Toni, con la equipación entera: el chándal negro de pantalón y sudadera y la gorra edición limitada, y lo grabé en tiempo real en un vídeo que subí a mi cuenta de Instagram @senaoblack, etiquetando a Ilia y diciendo: «Ya está aquí el chándal oficial Ilia Topuria x Oblack Caps, ¿lo comprarías?». En tan solo treinta minutos volví a entrar en mi cuenta, vi que Ilia me había compartido en sus historias y me quedé impactado con todos los mensajes que recibía para comprar el chándal; nunca jamás había recibido tal cantidad de mensajes, recuerdo que contesté a cada uno de ellos uno por uno y tardé más de veinticuatro horas…

La producción del chándal para la venta a clientes se quedó en *stand by* debido a los plazos aun sabiendo que estaba teniendo muchísima demanda en las redes sociales; un error que nos salió caro, más adelante entenderás por qué. Por fin llegó la semana de la pelea y nos trasladamos a Los Ángeles, donde se realizaría el combate para el título mundial, no sin antes mandar varias cajas llenas de gorras y chándales para hacer *branding* en las instalaciones del hotel donde se hospedaban Ilia y los luchadores de la UFC. Una vez que llegamos allí, nos dimos cuenta de que todo el equipo iba con el chándal oficial de Ilia Topuria x Oblack Caps pero que había un problema: mucha gente no tenía chándal y quería uno, así que nos pusimos a repartirlos sobre todo a gente influyente como Omar Montes o Plex, entre otros muchos cantantes, famosos e *influencers* que estaban por allí, pero llegó un momento en que se nos terminaron; sin embargo, ibas por las instalaciones del hotel y solo veías a gente del equipo de Topuria vestida de negro con el chándal oficial. Fue ahí cuando se creó un *hype* brutal alrededor del chándal, esto ocurre cuando hay mucha demanda de algo y el producto se agota, entonces la gente aún lo desea más. Así que se nos ocurrió la brillante idea de poner el chándal en producción —si no había habido tiempo antes de irnos a Los Ángeles, imagínate en ese momento— y programar una campaña de venta para lanzarla al día siguiente de que Ilia ganara el título mundial. ¡Y lo hicimos!

Por fin llegó el gran día e Ilia cumplió con lo que había dicho, noqueó a Alexander Volkanovski y se proclamó campeón del peso pluma con un combate histórico, así que dimos órdenes al equipo de marketing para que a la mañana siguiente lanzara la colección en las redes sociales; entonces se compartiría desde el perfil de Ilia para dar más visibilidad a la campaña, y ¿sabes cuál fue el resultado?, los chándales se agotaron en tan solo cuarenta y ocho horas, se vendieron miles de unidades, llegaban pedidos de todas las partes del mundo, incluso de Japón o Australia. Creo que fue la campaña más exitosa que tuve el placer de experimentar como CEO de la compañía en todos los años que lideré la marca. Y no termina aquí, además de la visibilidad que alcanzó Oblack gracias a esta campaña mundial, otro acontecimiento remató la estrategia y nos elevó a la cumbre… Como el hito de Ilia fue algo histórico para el deporte español, a su llegada a España lo esperaban cientos de medios de comunicación, incluso canales de televisión y emisoras de radio. Pues el día que llegó al aeropuerto de Barajas, en Madrid, con toda su familia y la parte más cercana del equipo, iban todos conjuntados con el chándal y las gorras de Oblack, además Ilia llevaba en la cabeza la segunda edición limitada, que era una gorra *baseball* negra con el logo entrelazado de OB blanco en el frontal y el apodo «El Matador» bordada en la parte trasera; ¿recuerdas la gorra que le entregamos en su casa de Alicante?, pues se la había guardado para ese momento tan especial como la llegada a España tras su triunfo mundial, así que la lució en todos los medios de comunicación y ¡tuvo un impacto en millones de personas!

Como te decía, no producir los chándales a tiempo tuvo un precio caro que al final supimos solucionar, pero nos costó un buen susto que te cuento a continuación. Quizá ya sabes que nuestros productos se fabricaban en China en grandes fábricas auditadas y con estrictos controles de calidad; aun así, los chinos son chinos y a veces hacían cosas que nadie más que ellos entendían. Según la previsión de recepción de los chándales, todo apuntaba a que en dos meses estarían listos, así que para no arriesgarnos pusimos tres meses como fecha de entrega al cliente final, de modo que todo el mundo los compró con esa condición. Sin embargo, hubo un grave error de producción y tuvieron que repetir la producción entera, lo que incurrió en un gran retraso de entrega; además, hubo un problema en el mar Rojo que afectó al canal de Suez, ruta por la que navegaría nuestra mercancía hacia España, así que no íbamos a llegar a tiempo para entregarlos a los clientes y la situación nos hizo replantear toda la estrategia para no dejar en mal lugar la imagen de Ilia y de Oblack frente a todos nuestros clientes. ¿Qué habrías hecho tú en una situación parecida, si los clientes ya te hubieran pagado por adelantado? Todo el equipo Oblack se puso a pensar sin parar para solucionar algo que nos costaría la reputación y ¿sabes lo que hicimos finalmente?, creamos un texto y lo enviamos por e-mail. Como verás, supimos darle la vuelta a la situación y de una maldición sacamos una bendición, mira el texto del e-mail:

Nos ponemos en contacto contigo con un nudo en el estómago para comunicarte que el envío del pedido de tu chándal Topuria se retrasa a la primera quincena de julio. Sabemos que lo esperas con ansias y nos duele enormemente que debas esperar más de lo previsto.

Algunos de nuestros envíos se están viendo afectados por los problemas actuales en el mar Rojo y el práctico cierre del canal de Suez. Queremos que sepas que estamos luchando contra viento y marea para resolver esta situación lo más rápido posible.

Como disculpa y muestra de agradecimiento por tu paciencia, ¡vamos a sortear entre todos los que sigan con su pedido una **gorra edición limitada Illia Topuria firmada** por él mismo!

[En este punto aparecían dos imágenes de Ilia firmando la gorra].

Además te regalamos una gorra y un descuento especial del 20 % para tu próxima compra usando el código **TOPURIA20**. Esperamos que esto ayude a aliviar un poco el malestar causado.

Ten por seguro que estamos trabajando sin descanso para que tu pedido llegue a tus manos lo antes posible. Tu satisfacción es nuestra máxima prioridad, y haremos todo lo que esté a nuestro alcance para solucionar esta situación.

> Lo que importa no es lo que sucede,
> sino cómo reaccionamos ante ello.
>
> Louise Hay

Cuando llegó ese e-mail, mucha gente respondió contenta por la medida que adoptamos, solo un 0,5 % de los clientes se enfadaron y decidieron cancelar el pedido y que se les devolviera el dinero. Además, una vez que llegaron los chándales y los enviamos a todos los clientes, la estrategia dio sus frutos: como imaginarás, muchos de ellos no habían visto la última notificación y cuando recibieron en su casa el chándal perfectamente presentado con su *packaging* edición limitada, papel de seda, tarjeta de bienvenida de la edición limitada, pegatinas de la colección y la gorra gratis por la demora ocasionada, la situación dio un giro de trescientos sesenta grados y empezamos a recibir mensajes de felicitación por todos los canales, además de etiquetas en las redes sociales diciendo cosas como: «Estos de Oblack están en otro nivel». Como ves, supimos darle la vuelta a una adversidad y transformar el resultado final, algo que solo podrás conseguir si aprendes de los mejores y tu objetivo es ser tu mejor versión.

UNA TERAPIA CON ENRIC CORBERA, DE RISA

Después de muchos meses de autoexigencia y estrés, me decidí a parar y a empezar a escucharme de verdad. Los equipos médicos me habían dado en cantidad de ocasiones varias indicaciones que había ignorado, pero llegó un punto en que empeoré bastante y decidí salir de la operativa de la marca, sucedió hacia agosto del 2024. Dejé de lado mis labores empresariales y delegué el cierre de una ronda de inversión que venía alargándose desde hacía más de seis meses; en ese momento ni yo mismo entendía cómo podía dejarlo todo en manos de otros, ya que me había tirado los últimos diez años controlándolo todo de forma obsesiva. Durante ese proceso me dediqué a cuidarme de verdad, pasaba mucho tiempo solo, leyendo, relajado o en buena compañía. Aproveché también para socializar sin ningún interés empresarial, algo que tenía abandonado desde hacía muchos años; poco a poco fui experimentando más plenitud, paz y atención plena en el momento presente, pero algo en mí necesitaba despertar y no sabía cómo hacerlo, así que, por mediación de un gran amigo, me pusieron en contacto con el gran Enric Corbera, un referente internacional como creador de la Bioneuroemoción y fundador del Enric Corbera Institute. Lo que te cuento a continuación es lo que sucedió.

Lo primero que me dijo fue: «No sé quién eres o qué haces, pero me han dicho que tengo que hablar contigo. Como sabrás, José Luis, yo ya no me dedico a hacer terapia uno a uno, a no ser que sea algo excepcional y me han insistido mucho en que esto lo es, así que ¡empecemos!». Nunca antes había visto algo igual, una terapia que comenzó riendo y acabó riendo. Así es como un fenómeno de masas como Enric comenzó una consulta privada el 4 de septiembre de 2024. ¡Yo estaba alucinando! Su primera pregunta fue: «Dime qué te sucede en una palabra, no hace falta que te enrolles explicándome todo, sé breve, esta terapia trata de eso, yo te iré haciendo las preguntas oportunas y tú limítate a responderlas». Cuando le dije lo que me sucedía, se empezó a reír y me dijo: «No me río de ti, pero sé por qué estás así, con lo cual es mejor que empecemos a tomarnos las cosas de otra manera». Y eso me hizo reír a mí también. «Todo tu problema viene de tu rigidez, José Luis, déjate ser y fluye, eres como un motor que va a toda revolución y nunca para. Y ¿sabes qué les pasa a esos motores? Se rompen, pero tú no eres un motor, eres un ser humano, tienes la capacidad de observar todo eso y dejarlo ir para estar en paz». En ese mismo momento saqué un libro que me estaba leyendo que se llama *Dejar ir* del doctor David R. Hawkins y que compré al escuchar como Enric lo recomendaba en un pódcast. Su respuesta fue: «Vas por buen camino —y prosiguió—: He visto muchos casos como el tuyo y hay una cosa en común, nunca tenéis suficiente, creéis que por más que hagáis, todo es mejorable, y ese pensamiento acaba con vosotros. Mírame a mí, me río de la vida y de mí mismo, yo tuve una enfermedad y me di cuenta de lo que no había que hacer, y tú tienes ahora una gran oportunidad para verlo, te invito a que lo hagas».

Cuando consideró que me había relajado y que ya estaba sumergido de lleno en la terapia, se calló y mirándome fijamente dijo: «Quieres saber cuál es tu gran problema?», a lo que le respondí: «Creo que ya sé por dónde vas, y no te lo vas a creer, pero estos días ya he llegado a esa conclusión. Pero dímelo y así sabré si estoy en lo cierto». Y Enric continuó: «José Luis, tu vida es una mentira, y hasta que no sepas eso y lo hagas consciente, no te vas a transformar de verdad y esto lo sé por experiencia. Todo lo que has construido te ha llevado a estar como estás ahora, y llegó el momento de preguntarse si esto te sirve o no. La vida es puro amor, nos regala personas y situaciones para evolucionar, pero desde el yo egoico no podemos verlo, porque estamos ciegos de inconsciencia». Según Enric, todo comienza cuando dejas de ver al otro como alguien externo a ti y empiezas a verlo desde el sentimiento de unidad, todos somos lo mismo y estamos hechos de lo mismo, Dios está en todas partes, porque todos somos una parte de Dios.

> ## Uno de los rasgos de la verdad es la simplicidad.
> DAVID R. HAWKINS

Una terapia sencilla, divertida y, sobre todo, basada en el amor incondicional. Siempre le estaré agradecido por haberme regalado un poquito de su tiempo, como él dice: «Yo ahora no soy Enric, soy Dios hablando a través de mí para mostrarte el camino que sanará tu vida. ¡Siéntelo!».

EL ESTRÉS ME ESTABA MATANDO Y NO LO SABÍA

El estrés es una enfermedad silenciosa, no sabes que la tienes hasta que aparecen los síntomas físicos. En mi caso sentí varias cosas, como dolor crónico, indigestión, falta de energía, libido baja, apatía y un largo etcétera. Bajo ningún concepto quería aceptarlo como una realidad y seguía con mi día a día, más objetivos, más retos y más trabajo duro. Pero exploté, llegó un día en que nada tenía sentido. En la última etapa había practicado infinidad de terapias naturales, todo enfocado a sanarme de forma natural; al leer un libro de Louise Hay llamado *Usted puede sanar su vida*, descubrí la medicina holística que trata de nutrir los tres pilares fundamentales que componen a los seres humanos, que son mente, cuerpo y espíritu, y con base en esa filosofía empecé a vivir de otra manera; tanto fue así que probé cosas como los enemas de café —de los que te hablaré en profundidad en el capítulo once—, la reflexología podal, el shiatsu, la acupuntura, la dieta antiinflamatoria y un largo etcétera de terapias para potenciar mis niveles de salud, y noté grandes mejoras —por ejemplo, que desaparecía la fatiga crónica—. Sin embargo, el dolor físico no se me iba, continuaba con molestias en muchas partes del cuerpo y tenía un gran listado de etiquetas médicas que no me creía pero que me acompañaban a nivel subconsciente —te las compartiré a continuación—, todo fruto de un estado de alerta crónico durante años. En el libro *Dejar ir* leí este párrafo, en el que su autor David R. Hawkins se definía a sí mismo de la siguiente manera y me recordó a mi proceso:

Además, ¿cómo podía funcionar con tanto éxito en el mundo a pesar de esta larga lista de enfermedades y el dolor constante que las acompañaba? La respuesta parecía ser: una voluntad muy fuerte me llevaba a atravesar todos los obstáculos y a apartar todo lo que interfiriera en mi funcionamiento efectivo, en este caso, principalmente, los sentimientos. Esa fuerza de voluntad suprimía esos sentimientos.

DAVID R. HAWKINS

Y este era mi listado de enfermedades, lo que yo llamo «etiquetas médicas»:

- Artritis reumatoide en ambos hombros.
- Pinzamiento del nervio cubital a la altura del codo derecho con reflejo hasta el dedo meñique.
- Tortícolis crónica.
- Fibromialgia.
- Síndrome de fatiga crónica.
- Disbiosis intestinal.
- Colon irritable.
- Dolor perineal crónico.
- Pubalgia.
- Dolor sacro lumbar crónico.
- Escozor y quemazón al orinar.
- Dolor al eyacular.
- Prostatitis crónica.
- Uretritis crónica.
- Sensación de cuerpo extraño dentro de la vejiga.
- Picor y escozor en la próstata.
- Inflamación y desgarro en el tendón de Aquiles.
- Neuroma de Morton en el pie derecho.
- Hemorroides.

LLEGÓ LA DANA E HICE TRIPLETE

Cuando parecía que todo estaba en paz y que comenzaba a experimentar nuevos sentimientos y emociones, ocurrió algo superimpactante. Si has llegado hasta aquí, sabrás que superé muchas adversidades y algunas de ellas muy complicadas; pero esta vez me tocaba ponerme a prueba de nuevo para ver de qué pasta estaba hecho y la vida en su inmensa generosidad me mandó la experiencia que te cuento a continuación; fue el 29 de octubre de 2024. En ese momento, yo estaba en un proceso de introspección y transformación personal muy potente, ni en mis peores pesadillas podría imaginar lo que viví aquella noche en mi nueva casa, ¿quieres saber qué sucedió?

En el momento de la riada más grande de la historia de España me encontraba solo en mi nueva casa, había decidido irme a vivir a unos bajos en el pueblo de al lado de mis padres para poder estar cerca de ellos, ya que en esos últimos años había forjado una bonita relación con ellos; además, mi padre había sufrido el ictus y un infarto y quería tenerlos cerca por cualquier adversidad que se presentara. Pues ese día, sobre las ocho de la noche, estaba dispuesto a activar el modo avión para iniciar mi ritual de conexión espiritual, te lo describo. Primero cenaría algo ligero, luego me ducharía con agua caliente y después leería un rato hasta la hora de la meditación y los estiramientos, que solía ser sobre las diez y media; en aquel momento, mi socio Nacho me llamó alertado tras haberle llegado un vídeo por un grupo de WhatsApp en el que el agua había formado un río en el polígono de la localidad de Chiva, donde se encontraban nuestros almacenes, y me dijo: «Bro, acabo de ver las imágenes por las cámaras de los almacenes y el agua ha arrancado la puerta y lo hemos perdido todo». Recuerdo que le rogué que se relajara, aunque eso me impactó muy profundo, para qué mentir, así que seguí diciéndole: «Bro, tranquilízate, ya no podemos hacer nada, mañana será otro día y ya veremos cómo lo solucionamos», e intenté seguir con mi ritual cuando de repente mi madre me llamó por sorpresa e impidió que pusiera el modo avión y no me enterara de lo que estaba pasando. Me dijo: «José, ¿has visto la que está cayendo?», obviamente, le dije que no —solía estar siempre en mi mundo sin televisor y sin ver malas noticias— y ella me dijo: «Asómate a tu ventana, por favor, y dime cuánta agua hay en tu calle». Ahí me di cuenta de que algo raro pasaba…

Al asomarme en ese momento, vi unos dos palmos de agua en la calle, era algo anormal, agua marrón con barro, eso no es lo que se suele ver en estos pueblos y lo sé porque nací y me crie en Aldaya, que está al lado de Alaquàs —donde me encontraba entonces—. Así que salí a la calle y ya estaban los vecinos asombrados e intentando poner algo que hiciera de barrera para el agua. Al ver la reacción de dos personas mayores que viven en el edificio me di cuenta de que estábamos en peligro, ellos ya lo habían vivido antes y, por lo que decían, parecía que se iba a repetir la escena del año 1957; lo que no sabíamos en ese momento era que este desastre superaría con creces la histórica riada valenciana de aquel año. Sin comerlo ni beberlo, el agua empezó a subir, en ese momento pensé en mi coche, y me dije: «¿Voy a sacarlo y me juego la vida? ¿O me arriesgo y confío en la vida y que sea lo que DIOS quiera?». Al final decidí no salir de casa a sacar el coche del aparcamiento, y fue una decisión acertada, mucha gente murió haciendo eso mismo, arrastrados por las fuertes corrientes del agua. Mi ángel de la guarda, mi abuelo —del que te volveré a hablar más adelante—, me dio luz para tomar aquella buena decisión. Mi coche fue sumergido por el lodo y acabó muerto en un desguace.

Confía en Dios, él te ama porque tú amas la vida.

José Luis Sena Miquel

A cada minuto que pasaba, el nivel del agua subía y subía más, cuando de repente se fue la luz, y yo entré en pánico. Créeme, soy una persona muy valiente, he pasado muchas adversidades y tú lo sabes porque lo has leído en el libro, pero de todas ellas, esta creo que es la más difícil de gestionar. Nunca antes había sentido esa sensación de pánico y era algo real, no era algo imaginado por mi mente, como la ansiedad o los ataques de pánico; por un momento sentí que podía morir allí dentro acorralado por las aguas, literalmente estaba entrando agua dentro mi nueva casa, entraba por la ducha, por el váter, que había rebosado a consecuencia de la obstrucción del alcantarillado de la calle, y entraba por debajo de las ventanas que daban a la calle; la fuerza y presión del agua era tan grande que ni la obra pudo contener ese fenómeno natural. Dentro de mi casa había unas cinco personas que habían venido a ayudarme y estábamos sacando agua a destajo. En ese momento yo iba en chanclas y pantalón corto, era tan aterrador que incluso se me quitó el frío, aunque estaba completamente mojado. Sin exagerar y con la única intención de que entiendas lo que viví, estuvimos seis largas horas luchando contra la tempestad, sacando agua con cubos, mochos y recogedores, todo en balde, ya que el agua entraba más rápido de lo que tardábamos en sacarla. Es algo que no se lo desearía a nadie.

El teléfono se me quedó sin batería, y esa era la única luz que habíamos tenido hasta el momento dentro de la cueva en la que estábamos, mi propia casa, así que la situación se complicó mucho más. Había momentos en que no sabía si llorar y rendirme o si seguir sacando agua hasta que aquello parara, finalmente opté por seguir hasta el final. Sobre las cuatro de la madrugada, todo se estabilizó y el nivel del agua dejó de subir, gracias a Dios, parecía que la situación iba a calmarse y fue ahí cuando me rendí ante la vida y dejé que todo fluyera tal como Dios decidiera. Recuerdo que me trasladé a casa de dos vecinos mayores que estaban pasando por la situación solos e intenté darles apoyo emocional en la medida de mis posibilidades; otro vecino, que vino a ver cómo estábamos, me ofreció dormir en su casa porque él vivía en el tercer piso y mi casa había quedado inservible aquella noche. Cuando decidimos acostarnos —sobre las cuatro y media de la madrugada— subí a su piso y al tumbarme no tuve tiempo ni de pensar, caí totalmente rendido. Sobre las siete de la mañana desperté de sopetón, fui consciente de la magnitud de aquella catástrofe y decidí bajar a revisar los daños de mi casa para ver de forma objetiva qué había sucedido.

Al ver la nueva casa, entendí muchas cosas que no había entendido antes, por un lado me di cuenta de lo afortunado que era de seguir con vida, y por otro lado reflexioné durante unos minutos sobre lo que es importante de verdad y lo que no, y llegué de inmediato a una conclusión: de nada sirve acumular cosas materiales sin sentido, en una catástrofe natural como la dana todo se perderá. Como has visto en esta historia, yo perdí todos los almacenes de

Oblack, la casa nueva quedó superdañada y también perdí el coche, solo hubo algo que no es material y quedó intacto, mi fe, mi espiritualidad, mi autoconocimiento y mis ganas de salir de aquello mucho más fuerte y transformado. Y llegué a otra conclusión que te contaré en profundidad en el capítulo 11, donde solo te hablaré de lo que de verdad es importante en la vida para encontrar la paz en tu interior.

MI MADRE INTENTA INOCULARME EL MIEDO DESDE SU NIVEL DE CONSCIENCIA

Tras la primera dana, en la que se sufrieron grandes destrozos materiales y personales, el 13 de noviembre de 2024 recibimos un segundo aviso de alerta roja. En ese momento la población entró en pánico, me llamaron mi madre y mi hermana para preguntarme dónde estaba y qué iba a hacer. Así que decidí hacer una videollamada con ambas para tranquilizarlas y mis palabras fueron las siguientes: «Chicas, estad tranquilas que no va a pasar nada, lo gordo ya ha ocurrido y esto son solo avisos que hacen desde el miedo a otra catástrofe, pero vamos a confiar en que todo irá bien para estar calmados». Mientras tanto escuchaba de fondo las noticias en el televisor de mi madre y de mi hermana, en las que contaban tragedias y metían miedo en ambas casas. Mi madre de repente me dijo: «¿Por qué no pones la tele y verás que estamos en peligro? ¿No tienes miedo de estar ahí solo y que te pase algo? ¡A ver si te vuelves normal de una vez y ves la tele y haces lo que todos hacen!». En ese momento le dije a mi madre que la única forma de vencer los miedos es afrontándolos, y añadí: «Claro que tengo miedo de estar solo, pero no estoy dispuesto a sucumbir ante cualquier aviso de peligro o cualquier señal de alarma, voy a mantenerme firme aquí en la casa, sé de sobra que, aunque ocurra algo, no será peor que la vez anterior, así que permaneceré aquí y venceré este miedo para ser libre y feliz, y ahora, si me lo permitís, dejo esta llamada porque me estáis transmitiendo vuestra baja vibración de pánico, dejad de ver las noticias y confiad en Dios».

Después de estas historias hablándote sobre la dana y sobre cómo mi madre y hermana reaccionaban ante un nuevo aviso de alerta, me gustaría contarte una historia totalmente metafórica de dos bebés, en la que se hace mención a la percepción de dos seres humanos ante un mismo hecho; como verás, todo son interpretaciones y nada es real de verdad, lo hacemos real mediante nuestra interpretación de los hechos, y esta interpretación está totalmente basada en nuestro sistema de creencias. No estamos destinados, estamos programados, y si cambias tu programación, cambias totalmente tu destino.

LOS BEBÉS NUNCA MIENTEN

Había una vez dos bebés gemelos que estaban en el vientre de su mamá, muy cómodos, calentitos y sin ningún déficit ni dificultad, o eso parecía al menos. Pero apenas tenían espacio, estaban apretados, no podían correr ni jugar y encima estaban atados por el cordón umbilical. De repente uno de ellos se quedó mirando al otro y le dijo: «Oye, ¿te has dado cuenta de que estamos aquí superapretados e incómodos? ¿Qué crees que habrá al otro lado de ese túnel?, no creo que haya nada bueno fuera, ¿tú qué crees que hay?». Y el otro le dijo: «¿Qué clase de pregunta es esa? Fuera está mamá, ella nos ama, cuando salgamos por ese túnel nos abrazará y nos dará amor incondicional, ¿cómo puedes dudar de eso?». El primer bebé le respondió: «¿Qué dices? ¿Mamá? Eso no existe, ¿quién te ha dicho que mamá está fuera? Cuando salgamos de aquí nos moriremos o ¡quién sabe!». «Calla, hombre, tienes que confiar más, esa mentalidad no te ayudará a ser feliz, ¡la fe es lo que mueve el mundo!».

En esta historia vemos el claro ejemplo de la distinta mentalidad de dos personas, una de ellas confía plenamente en el proceso y en la vida, y la otra solo tiene dudas, nada le parece real si no puede percibirlo con los sentidos; pues en la vida sucede lo mismo con las personas que nos rodean. Muchas de ellas solo creen lo que pueden ver e interpretar con los sentidos y mediante sus creencias, todo lo juzgan como verdadero o falso. Y por otro lado estamos los seres más espirituales —entre los que me incluyo—, que tenemos la capacidad de creer en Dios, en la vida o en la inteligencia infinita, y sabemos que existe algo más allá de lo material y no necesitamos que un científico nos haga un estudio para confiar plenamente en el proceso. Siempre digo que más allá de este plano existe otra realidad intangible; considero que el mundo de las almas existe, todos venimos de allí y algún día volveremos a él. Ya lo decían los grandes sabios contemporáneos.

SEGUNDA PARTE

Todos tenemos dos vidas, la segunda empieza
cuando nos damos cuenta de que tenemos
solamente una.

CONFUCIO

CAPÍTULO 11

ENCUENTRA TU CAMINO, AMANDO LO QUE HACES

Después de la dana, todos mis sueños empresariales se desmoronaron, para qué mentir; me había esforzado muchísimo en crear una marca como Oblack Caps y había luchado a contracorriente durante mucho tiempo, incluso con problemas de salud graves, como has podido leer, y ahora una catástrofe natural me había desmontado una estrategia empresarial que llevaba tejiendo contra viento y marea durante años. Por un lado, se me cayó una ronda de inversión muy importante para el crecimiento de la marca, un proyecto en el que había trabajado sin descanso los últimos seis meses antes de la dana y que si se hubiera firmado nos habría permitido llevar a Oblack al siguiente nivel de crecimiento internacional; por otro lado, se nos cayeron varias colaboraciones de gran envergadura, ya firmadas por contrato, en las que había trabajado durante más de año y medio, una era la selección española de fútbol y la otra un equipo de fútbol de los mejores de la liga española, dos sueños hechos realidad para mí, ya que había practicado ese deporte y siempre soñé con este tipo de cosas.

De haber salido bien, se me habrían abierto las puertas de la liga de fútbol profesional y habría convertido Oblack Caps en la marca oficial de gorras de muchos de los grandes equipos españoles, pero la vida cambió mis planes, ya que la dana arrasó por completo los almacenes donde estaban las muestras preproducción de las colecciones de estos equipos, y para cuando logramos recuperarnos del desastre las fechas de entrega ya habían vencido. Una vez más, me di cuenta de que en el mundo de los negocios todo vale, nadie va a tener compasión contigo porque hayas sufrido una catástrofe; los inversores intentaron aprovecharse de nuestra debilidad y cambiaron de pensamiento pidiendo un porcentaje de la compañía que me parecía injusto, ¿puedes imaginarte por un momento los niveles de frustración y rabia que se sienten en un momento así? Pero de nada servía dejarme llevar por esas emociones tan negativas y que si no se transforman acaban con la paz mental de cualquier ser humano. En cambio decidí romper la negociación y decirles a mis socios: «Chicos, no podemos firmar con esta gente, lo que proponen es abusivo, ya nos han mostrado la clase de personas que son, si subimos al barco a esta gentuza, más pronto que tarde nos tiraran por la borda». Así que decidimos buscar a otros candidatos, lo que nos tuvo cinco largos meses sin vender ni un solo producto. Y cuando te cuento estas cosas me viene una frase de Bruce Lee que me encanta y dice así: «Esperar que la vida te trate bien porque eres buena persona es como esperar que un tigre no te ataque porque eres vegetariano».

En mitad del desastre que teníamos a nivel empresarial, y yo como CEO a nivel personal, llegué a un punto de inflexión muy potente —o lo que en la espiritualidad llaman «la noche oscura del alma»—, una sensación de vacío aterradora, algo que ya había vivido pero no de esta manera tan profunda, en el que dejé de pensar en cualquier cosa, incluso en el rumbo de Oblack Caps, solo me preocupaba mi bienestar como individuo y muchas dudas me rondaban la cabeza. Entendí que de nada servía luchar por cosas materiales si en cinco horas de catástrofe podías perderlo todo; durante la historia de Oblack Caps era el segundo fenómeno ajeno a nuestro control que nos sumergía de lleno en serios problemas —el primero, la pandemia del año 2020—. Y cuando logré ver de forma objetiva la situación llegué a una conclusión que cambió el rumbo de mi vida para siempre, me dije: «Si una catástrofe ha arrasado con gran parte de las cosas materiales por las que he luchado durante tantos años, ¿no estaré equivocado y tendré que mirar hacia dentro?, lo único que no pudieron arrebatarme la pandemia ni la dana fue mi fe, mi espiritualidad, mi autoconocimiento, mis ganas de salir adelante mucho más fuerte y transformado, en resumidas cuentas, en la persona en quien me había convertido en ese momento, ¿y si ha llegado la hora de cambiar mi vida y encontrar mi camino de verdad? Como sabrás, el eslogan de la marca era *Find Your Way*, es decir, «Encuentra tu camino», y yo lo había creado pero me sentía perdido, todo había sucedido para ir a mejor, pero en ese punto ya no lograba comprenderlo. Muchos sabios contemporáneos dicen que a veces hay que perderse para luego encontrarse y yo estaba en ese preciso momento de transformación que finalmente decidí aprovechar. Tuve que plantearme crear una nueva personalidad, no puedes obtener resultados diferentes siendo el mismo de siempre, y lo que estaba claro era que había montado una empresa de éxito que ahora tenía problemas debido a una catástrofe mientras yo estaba con problemas de salud, así que había que transformar cosas. Gracias a un libro de Joe Dispenza titulado *Deja de ser tú*, comprendí los conceptos necesarios para comenzar mi transformación personal y, aunque fue doloroso, poco a poco fui transformándome en la persona que considero que he venido a ser en realidad. Quiero dejarte una historia que me define y seguro que a ti también, porque sé que estás en un proceso de transformación brutal, por eso lees ahora este libro; en este ejemplo de lo que hace el águila te verás reflejado, y si quieres vivir muchos más años con salud, dinero y amor, tendrás que vivir una metamorfosis. Mira lo que hace el águila.

EL ÁGUILA REAL Y SU DETERMINACIÓN

El águila real vive setenta años, pero a los cuarenta tiene que tomar una difícil decisión. Sus uñas se vuelven tan largas y flexibles que no puede sujetar a las presas de las cuales se alimenta; el pico, alargado y puntiagudo, se curva demasiado, apuntando contra el pecho, y ya no le sirve; sus alas están envejecidas y son pesadas debido al gran tamaño de las plumas, y para entonces, volar le resulta una tarea muy difícil. En ese momento tiene dos alternativas: abandonarse y morir, o enfrentarse a un doloroso proceso de renovación que consiste en volar hasta un nido en las montañas cerca de una pared, donde se encontrará segura. Una vez allí, el águila comenzará a golpear el pico contra la pared con mucha fuerza hasta conseguir arrancárselo. Después esperará el crecimiento de un nuevo pico, con el que se desprenderá una a una de sus viejas uñas. Cuando las nuevas garras empiecen a nacer, comenzará a desgarrarse las desgastadas plumas.

Y tras esos largos y dolorosos cinco meses de heridas, cicatrizaciones y crecimiento, el águila real logra realizar su famoso vuelo de renovación y renacimiento para vivir otros treinta años...

Esta historia del águila ilustra claramente que a veces debemos transitar procesos dolorosos para, más tarde, experimentar paz, salud y bienestar. Este animal toma una decisión muy importante en su vida y de no ser así termina muriendo. A los seres humanos nos pasa algo parecido, ¿a cuántas personas conoces con treinta, cuarenta y cincuenta años, o más, que están medicadas crónicamente?, posiblemente, muchos de ellos hayan tenido malos hábitos e incluso hayan llegado a una situación caótica a nivel fisiológico, o quizá no. Lo que quiero que veas es que las adversidades, sean del tipo que sean —salud, dinero o amor—, vienen a tu vida para enseñarte algo, para transformarte en la persona que has venido a ser, como le sucede al águila; si cuando llega ese momento te rindes y te inflas a drogas —ya sean legales o ilegales, me da igual—, no vas a aprender nada —te lo digo por experiencia—, y si no aprendes nada de lo que te sucede, no te puedes transformar en tu mejor versión, ¿tú quieres eso para ti? porque yo lo tengo claro, yo no lo quiero para mí. Y ojo, nadie dice que tomar alguna sustancia de vez en cuando sea bueno o malo, olvídate, aquí no hay juicio, no hay moral; mi única intención es inspirarte para que hagas esto consciente y puedas crecer como ser humano, recuerda que al otro lado del miedo están todas las bendiciones que anhelas o sueñas, ve a por ellas, ¡yo confío en ti y sé que puedes!

A raíz de ese proceso se fue despertando en mí un nuevo propósito, ya no me movían solo los logros empresariales, los resultados económicos, etcétera. Poco a poco comencé a dar charlas, colaborando en escuelas de negocios, universidades y eventos de emprendedores, y hablaba ante audiencias de hasta quinientas personas. Fue ahí cuando comprendí que todas las adversidades de mi vida cobraban sentido, entendí el desastre de la dana a nivel empresarial, entendí mis problemas de salud, mis dolorosas rupturas de pareja, mis fracasos y un sinfín de adversidades que superé y te he contado en este libro; por fin encontraba un sentido a la vida dentro de aquel caos y comprendí que todo eso había sucedido para algo mejor, aunque en su momento no lo entendiera. Y ¿sabes cómo llegué a esa conclusión?, al hablar en público y contar mi historia de constante superación, dejé de presumir de mis logros empresariales como sí venía haciendo hasta antes de la catástrofe; en vez de eso, empecé a contar mis mierdas, hablaba mucho de superación personal, de espiritualidad, de autoconocimiento, incluso conté mi experiencia cercana a la muerte en alguna charla y, al ver las reacciones de la gente, al observar que mi mensaje tenía el poder de cambiar y mejorar la vida de las personas, descubrí mi propósito de vida: ayudar a los demás a encontrar su camino, justo lo que yo hacía en ese momento tan delicado para mi salud. Me convertí en el referente de mucha gente que anhelaba escuchar cosas como las que yo contaba; no había esfuerzo, no había autoexigencia, por fin estaba fluyendo con el todo, y para mi sorpresa empecé a ganar dinero sin tanto sacrificio, estaba feliz sabiendo que había descubierto un nuevo estilo de vida, dejé de aplicar la fuerza (el ego) persiguiendo cosas, personas y resultados, para empezar a aplicar el poder (intuición, amor, compasión, calma) y observé un gran cambio; mis días eran más largos y terminaba menos cansado y con mejor humor, a diferencia de cuando me encontraba en la lucha, que siempre estaba estresado y de mal humor. ¿Sabes por qué sucede esto?, el poder surge de la verdad, la integridad y la consciencia elevada, mientras que la fuerza se basa en la imposición y siempre genera resistencia, y cuando alguien usa la fuerza, automáticamente genera oposición; además, la fuerza siempre está ligada al miedo, al orgullo y a la necesidad de control, ¿comprendes ahora la importancia de alinearse con un propósito y aplicar el poder y no la fuerza?

SIN SALUD NO HAY PLENITUD

En esta etapa de mi vida tenía algo muy claro, quería estar en paz y sanarme de todas las dolencias físicas que me acompañaban. Como viste en otros capítulos, tenía muchas enfermedades, lo que yo llamo «etiquetas médicas» y me producían bastante dolor físico, pero mi cambio de percepción acerca del dolor crónico me hacía sentir tranquilo y en paz con ello; después de varios años sufriendo el dolor físico, había tenido un cambio de paradigma y comprendido que el dolor no es algo malo sino bueno, y que siempre viene para enseñarnos algo. Y no me refiero a que si estás sufriendo dolor te pongas a dar palmas, no, es más, siento compasión por ti, pero sí te animo a cuestionarlo y comprenderlo. Vivimos en una sociedad que demoniza el dolor físico, por lo que se han inventado cientos de miles de químicos superdañinos para nuestra naturaleza como seres humanos con la única intención de aliviarlo; sin embargo, en este libro y hablando desde mi experiencia como paciente diagnosticado con fibromialgia y dolor crónico —unas etiquetas que no me creo—, considero que tu cuerpo y alma te están hablando a través del dolor físico; así lo explican doctores tan reconocidos como Deepak Chopra o Dharma Singh Khalsa. No olvides que el cuerpo grita lo que el alma llora, recuerda los principios de la filosofía holística, que son cuidar la mente, el cuerpo y el espíritu, si lo haces, el dolor físico y emocional desaparecerán, así lo afirman estos doctores que han tratado a miles de personas en el mundo entero.

En mi intención de sanarme en modo trescientos sesenta grados practicando la filosofía holística, hago rituales que te contaré más adelante, pero hay algo que te puede servir y quiero adelantártelo.

Cuando me levanto por las mañanas, me hablo con mucho amor y respeto, suelo decirme en voz baja: «Tú puedes, hoy va a ser un gran día; gracias, Dios, por darme la fuerza, el amor propio y la perseverancia para amar este proceso y ver en él solo todo lo bueno, gracias por esta bendición llamada "dolor", gracias por todo, ya que sin esto no podría ser quien he venido a ser». Estas palabras me llenan de gratitud y bienestar, y me impulsan a un nivel de consciencia superior que me permite afrontar el reto de recuperar la salud con una mirada menos crítica y más amorosa.

Como decía el gran Víctor Frankl, «No es lo que nos sucede, es lo que hacemos con lo que nos sucede. Cuando la situación es buena, disfrútala. Cuando la situación es mala, transfórmala. Cuando la situación no puede ser transformada, transfórmate». Cada día tengo la gran oportunidad de vivir con amor y amabilidad, desde el agradecimiento recupero la paz interior y me siento pleno aun estando lleno de dolores y viviendo en una completa incertidumbre. ¿Crees que no se me pasa por la cabeza abandonar y tomar el camino fácil?, podría tomar algunas pastillas y no sentir más dolor, las crearon para eso, ¿no? Pero si eliges ese camino no aprenderás nada, y si no aprendes, no evolucionas; considero que la función del dolor es llevarte a otro nivel de pensamiento, sacarte del lado cómodo de la vida e impulsarte a tu mejor versión, ¿crees que huir es la solución? Como siempre digo, tienes que encontrar tu camino, deja de ir por el camino trillado que te dijeron que tomaras, ahí está todo escrito, escribe tu propia historia como yo estoy escribiendo la mía. ¿O crees que habría podido escribir este libro para ti, si me hubiera rendido en la primera adversidad?, la respuesta es NO, en mayúsculas, además, mi única intención con estas reflexiones es ayudarte a través de mi ejemplo; no soy más listo que tú, tampoco más inteligente, simplemente tomé la decisión de ir por mi propio camino, fuera de la manera que fuese, y de dejar atrás las creencias populares y la educación de mi entorno social y familiar, ¿me sigues?

> **Nada es imposible, no creas las opiniones de los demás y cree en ti.**
>
> José Luis Sena Miquel

LA METÁFORA DEL VASO

De repente llega un momento en la vida en que te das cuenta de que nada sirve, nada funciona, todo lo aprendido deja de ser útil; cuando sabes todas las respuestas, cambian todas las preguntas, y ¿sabes qué significa eso?, que vas por el buen camino, nadie te lo ha dicho, ¿a que no? Pero ¿sabes qué?, nos da tanto miedo lo desconocido que muchas veces huimos de los aprendizajes que nos manda la vida. Te pondré un ejemplo para que comprendas de qué hablo y a ver si te sirve de ayuda; no quiero ser el tipo de autor que escribe para sí mismo, mi intención es inspirarte con mi ejemplo y para lograrlo es muy importante que se me entienda.

Siempre me gusta poner el ejemplo del vaso porque lo puede entender hasta un niño. Imagínate un vaso lleno de agua cristalina y transparente, que simula tu cuerpo y tu propia vida, dentro del vaso hay una serie de cosas, vamos a imaginar que son tus circunstancias: entre otras, tus problemas de salud, tus problemas económicos y tus problemas de amor; imagínatelos flotando en el agua del vaso. Si quisieras limpiar ese vaso de cosas, ¿qué harías?, ¿meterías más cosas que bloquearan la salida de lo que no quieres o meterías más agua para limpiar ese espacio? Fíjate en esta parte, porque la gente hace todo lo contrario.

Lo más probable es que, si sigues metiendo problemas en el vaso, haya cada vez menos agua y más cosas, el agua simula el bienestar de tu vida en todos los sentidos y las cosas simulan el malestar. Si la situación se prolonga en el tiempo y sigues así año tras año, puede llegar un momento en que no quede apenas agua y solo encontremos cosas, ahí es donde viene el gran problema. El agua es vida y simula el gozo, la paz y todas las sensaciones que te acercan a la felicidad. Nuestro cuerpo necesita el agua para vivir, cada célula, tejido y órgano funciona con agua. ¿Te das cuenta de su importancia?

¿Qué hace la gente?, deja de beber agua, dice que el agua no le gusta y toma refrescos, vino o cervezas en las comidas principales, y fuera de ellas este tipo de bebidas utilizadas de forma descontrolada pueden provocar deshidratación; si esto sucede, las consecuencias pueden resultar fatales para el funcionamiento del cuerpo. ¿Sabes lo que sentía yo cuando no quería beber agua?, me sentía mal, sentía un gran vacío, mientras que beber refrescos me estimulaba, me aliviaba. ¿Te suena? Digamos que llenaba mi vacío existencial de esa forma y, como te conté en otros capítulos, fui adicto al refresco de cola, ahora estoy pagando las consecuencias.

Te sigo contando…

Mucha gente se dedica a huir de los problemas pensando que así se solucionarán, pero en vez de desaparecer, aumentan. Se limita a parchear el malestar con cosas, como la mala alimentación, el alcohol, las drogas, el sexo o cualquier tipo de estimulante que la mantenga ausente de su realidad. Pero la situación persiste y aumenta de intensidad, te lo digo porque lo he vivido en primera persona, ya sabes que nada de lo que lees en este libro son teorías, son todo vivencias personales. He estado muchos años esclavizado por la ignorancia, hasta que me di cuenta de que no sabía tanto como creía. Si sabes detectar a qué me refiero, te felicito, denota que entiendes el mensaje del libro.

Con la metáfora del vaso, mi único objetivo es que entiendas que por más cosas que tomes y hagas, en ocasiones nada funciona; a veces lo mejor no es hacer, sino dejar de hacer, cambiar la programación mental por una nueva. A menudo la gente busca el escape a través de la acción: por ejemplo, tomar café cuando estás triste no hace más que posponer el malestar, porque entra una cosa nueva llamada «cafeína», ocupa un lugar y cuando cesa, su efecto desaparece dejando un residuo tóxico y deshidratándote el organismo; lo mismo ocurre con el alcohol, pero este es peor, porque te hace perder tu estado de consciencia, ¿sabes por qué te duele la cabeza cuando tienes resaca?, porque el cerebro no tiene suficiente agua, ¿basta como razón para entender la importancia del agua?

La conclusión es clara; cuando siento la necesidad de comer más de la cuenta o de tomar azúcar en cualquiera de sus formas, hay algo dentro de mí que necesita ser tapado, quizá alguna emoción mal gestionada, como tristeza, rabia o frustración, pero en vez de dejarme llevar, me paro y me observo, si la mente sigue diciéndome que escape a través de las cosas que hemos nombrado, me tomo un vaso de agua y sigo observando, y si no funciona, hago respiraciones profundas, ya que a veces el simple hecho de respirar es suficiente para calmar la mente y estar en paz. Si lo pruebas y nada de lo anterior ha funcionado, como último recurso puedes salir a andar rápido o correr, verás que esto no falla, está más que verificado, y no te digo que te lo creas, obsérvalo cuando te suceda. El mecanismo mental es muy sencillo hasta que lo descubres, ¿a que ahora ya no lo encuentras tan difícil? A continuación te hablo más en profundidad de la filosofía holística, un estilo de vida que practico y recomiendo a todo el mundo.

LA FILOSOFÍA HOLÍSTICA, ALGUNAS PRÁCTICAS

A lo largo del camino he practicado y aprendido muchas formas de vivir en este mundo, pero hay una que quiero compartir contigo por su gran poder de sanación. Se trata de la filosofía holística, y está basada en nutrir y alimentar la totalidad del ser, ¿sabes por qué se nos llama «seres humanos»?, porque estamos formados por un ser o espíritu, un cuerpo humano o físico y una mente, cada elemento tiene su función y todo está perfectamente creado para trabajar en armonía. Si olvidamos atender cualquiera de estos tres aspectos estamos incompletos y resulta imposible sentirse bien. Si decides trabajar los tres pilares fundamentales que nutren esta filosofía, la idea que te propongo es que empieces por el que mejor se te dé, así comprobarás que esto funciona y te servirá de motivación para seguir avanzando con las otras dos.

En caso de que decidas empezar por el cuerpo, hay que trabajar la nutrición, mirar qué alimentos introduces en la dieta y cómo te sientan, además habrá que controlar el tipo de bebidas y líquidos que ingieres, porque, como sabes, todo lo que no sea agua tiene un efecto en el cuerpo. Se puede apoyar este cambio con hierbas naturales y suplementación, aunque siempre es mejor ponerlo en manos de un especialista para no tomar las cosas a lo loco. Yo suelo hacer varias cosas distintas, como las limpiezas con aceite de orégano y zumo de zanahoria, o los enemas de café para limpiar el colon de toxinas. Pero de ello te hablaré detalladamente más adelante, pues tiene una gran importancia en la medicina holística ancestral. Otra parte fundamental para cuidar el cuerpo es el ejercicio, puedes elegir el que mejor te venga, pero hay que hacer algo, sea de intensidad baja, media o alta. Encuentra la que más atractiva te resulte; yo suelo recomendar andar rápido, correr, la elíptica, natación, entrenamiento de fuerza, artes marciales o yoga. La clave está en moverse, ya que el movimiento es salud, como dicen los japoneses, que de salud saben un poco porque tienen el mayor índice de personas longevas del mundo.

Si decides empezar por la mente, puedes leer algún libro para entender cómo funciona, uno que me gusta mucho es *El poder de tu mente subconsciente* del doctor Joseph Murphy, además, puedes hacer terapias alternativas como la Gestalt —yo practico desde hace muchos años con mi *coach*—, hipnosis, regresiones a vidas pasadas, constelaciones familiares, PNL o bioneuroemoción. Todas ellas te ayudarán a conocer mejor cómo funciona tu mente y como resultado obtendrás más paz mental.

Y no olvidemos la parte espiritual, que alimenta nuestro ser o espíritu; puedes utilizar diversas formas para cuidarla, pero las más recomendadas son la oración, la meditación, la respiración consciente o las afirmaciones para el ser. Mi técnica favorita es la meditación, no se trata de no pensar —como quizá te habrán contado—, sino que va más allá, es una práctica que transforma el estado de salud física, mental y espiritual. Yo suelo practicar el *mindfulness* por las mañanas al despertar, unos treinta o cuarenta minutos, y la técnica que utilizo se llama MBSR (*Mindfulness Based Stress Reduction*): cierro los ojos, me siento en una silla con la espalda recta, pongo la lengua en el paladar, una semisonrisa y hago respiraciones profundas inhalando y exhalando por la nariz, permitiéndome observar mis pensamientos sin identificarme con ellos; si me identifico con alguno, intento volver a la respiración manteniendo la atención en ella y soltando el pensamiento en cuestión. A veces hago otra meditación después de comer si tengo tiempo, y una tras la cena para bajar las revoluciones mentales del estrés diario, eso me permite entrar en una fase de relajación más profunda que suelo acompañar con una ducha de agua caliente, este ritual es una maravilla que me deja con un nivel de relajación máxima y me facilita una buena digestión de los alimentos. Después pongo luz roja en toda la casa, me tomo un vaso de ashwagandha con glicina y me aplico un aceite de magnesio en los pies, para relajar el sistema nervioso y disfrutar de un descanso óptimo y un sueño reparador.

Por último también está la espiritualidad más religiosa, da igual al Dios que sigas o la religión que practiques, puedes orar sin cesar para nutrir tu ser, sabes que funciona por la paz que cosechas al orar; deja a un lado lo que los demás piensen de ti y observa los resultados.

Si practicas todas estas técnicas, muy pronto empezarás a ver cambios; yo las practico y te hablo desde la experiencia personal.

Claves de la filosofía holística

- Trabaja los tres pilares fundamentales, que son mente, cuerpo y espíritu. Te permitirá estar sano y en equilibrio.
- Somos lo que comemos, elige comida real y deja a un lado los procesados y ultraprocesados.
- Bebe mucha agua, a poder ser filtrada o de botella; añádele agua de mar si es necesario, así te beneficiarás de todos los minerales que contiene.

- Varía la nutrición cada día para no cansarte y ser disciplinado.
- Disfruta del deporte. No hagas siempre lo mismo.
- Lee nuevos libros y estúdialos, para aplicar más tarde las teorías. Recuerda que no sirve de nada saber conceptos que no eres capaz de aplicar.
- Tómate tus momentos de relajación, haz estiramientos, yoga, medita o escucha música relajante. Tu cuerpo y alma te lo agradecerán.
- Utiliza la visualización, esto te permitirá manifestar nuevas realidades.
- Escribe nuevas afirmaciones positivas para cambiar tus pensamientos y estar en paz. Luego repítelas en voz alta.
- Y por último, confía en Dios, la vida o el universo, ellos tienen un plan para ti y siempre es perfecto aunque ahora no logres verlo así.

MIRA EL CIELO Y SANA

Mirar el cielo azul puede ayudar a reducir el estrés y mejorar la toma de decisiones. Es una certeza basada en varios factores:

- **Conexión con la naturaleza:** Según la Teoría de la restauración de la atención, los elementos naturales como el cielo reducen la fatiga mental y promueven la calma. Además, el color azul está asociado con la tranquilidad y relajación.
- *Grounding*: Puedes aprovechar la práctica de mirar el cielo para estar descalzo sobre el césped o la arena del mar y obtener beneficios como la reducción de la inflamación y el dolor, la mejoría del sueño, la disminución del estrés y la mejoría de la frecuencia cardiaca, entre otras.

- **Postura y emociones:** Mirar hacia arriba favorece una postura abierta, vinculada a emociones positivas y a una mayor confianza.
- **Luz natural:** La exposición al cielo regula el ritmo circadiano, aumenta la serotonina y mejora el estado de ánimo.
- *Mindfulness:* Centrar la atención en el cielo fomenta un estado de calma mental y claridad porque así se desconecta uno de aquellos pensamientos intrusivos.

LOS ENEMAS DE CAFÉ, UNA BENDICIÓN SIN APROBACIÓN CIENTÍFICA

Los enemas de café constituyen una técnica contemporánea que se utiliza desde hace más de cien años; la primera vez que supe de ella fue leyendo al gran Napoleon Hill. Reconozco que al principio me pareció algo extraño e incluso me provocó mucho rechazo, por un momento pensé que este autor al que tanto admiraba era un loco. Con el paso del tiempo y a medida que descubría métodos de sanación que no fueran excesivamente dañinos para el cuerpo, descubrí que mucha gente hablaba maravillas sobre esta terapia, pero, aun así, continuaba desconfiando, ya que buscaba información en la red pero tan solo encontraba información negativa y se tachaba la técnica de los enemas de algo superpeligroso que incluso podía llevarte a la muerte. Tanto fue así que seguí desconfiando, hasta que un día un doctor al que aprecio mucho y del que te he hablado en el libro me los volvió a nombrar; recuerdo aquel día perfectamente, cuando el doctor Goosen me dijo: «José Luis, ¿has oído hablar de los enemas de café?, te lo digo porque te voy a sugerir que los hagas, y te mandaré un protocolo médico para que no tengas ninguna duda», a lo que respondí escéptico y miedoso: «Doctor, eso me da miedo, ¿no puede ocurrirme algo malo?, todo lo que he leído en Google acerca de esta terapia es horrible», y él me respondió diciendo: «José Luis, yo lo hago y va genial, además vamos a empezar a limpiar tu cuerpo de parásitos y toxinas y esta terapia te ayudará a eliminarlo todo con más facilidad, si quieres prueba uno y me lo cuentas, estoy seguro de que cuando lo pruebes y veas cómo te sientes, no dejarás de hacerlos jamás». Y así fue, desde el primer día noté muchos beneficios y sobre todo mucha paz y equilibrio emocional, actualmente hablo maravillas de ello, aunque toda la información que aparece en la red sea mala; como buen buscador me gusta experimentar y encontrar mis propias respuestas y mis métodos de sanación, y doy fe de que esto funciona. Para ello te dejo a continuación un experimento que llevé a cabo durante más de un año en que anoté cada uno de los cambios y beneficios que experimentaba. Cuando veas el nivel de análisis al que llegué y lo que la experiencia me aportó, estoy seguro de que te sentirás tentado a probarlos.

BENEFICIOS PARA MENTE, CUERPO Y ESPÍRITU DE LOS ENEMAS DE CAFÉ

(Informe realizado sobre 178 enemas repartidos en 400 días aproximadamente).

1. Mejora de la función intestinal
- Pasé de tener molestias frecuentes al introducir el agua con café ecológico y aguantar el líquido durante 5–10 min en los primeros enemas a una **retención estable de 15 min (que es lo recomendado para que haga efecto)** en la mayoría de las sesiones.
- Esto indica una **adaptación progresiva del colon,** con mayor capacidad de relajación muscular y control de los esfínteres.
- La evacuación se volvía más rápida y eficiente tras cada enema, mostrando una **mejor peristalsis (movimiento intestinal).**

2. Estimulación hepática y detoxificación
- Notas claras: cuando estaba resfriado (moquillo, mocos verdes, dolor de cabeza), tras el enema los síntomas se redujeron o desaparecieron.

- Tras crisis curativas con zumos de zanahoria y aceite de orégano, el enema ayudó a **acelerar la eliminación de parásitos y toxinas.**
- Esto apunta a una **estimulación del hígado y de la vesícula biliar** por reflejo del colon, lo que mejora los procesos de depuración.

3. **Reducción de molestias digestivas asociadas a ciertos alimentos**
   - Identifiqué intolerancias muy claras gracias a la terapia.
   - **Peor tolerancia**: carnes rojas, embutidos, café tardío, lácteos, helados, marisco.
   - **Mejor tolerancia**: cenas ligeras, hervidos, huevos, pescado y cremas de verduras.
   - Esto significa que el enema me permitió **detectar intolerancias o sobrecargas digestivas** y evitó que los residuos de esas comidas permanecieran demasiado tiempo en el intestino.

4. **Efecto sobre el sistema nervioso autónomo**
   - Las molestias al introducir el brebaje en el colon aumentaban en días de estrés, miedo, impaciencia o prisas.
   - En cambio, tras la meditación, un retiro de silencio o una caminata matutina observé **cero molestias y gran facilidad** en la práctica.
   - Esto sugiere que el enema actúa como un *biofeedback*: refleja el estado del sistema nervioso autónomo (simpático-parasimpático) y favorece la relajación cuando hay calma mental.
   - Los días de grandes retos, reuniones importantes, grabación de pódcasts o necesidad de foco extremo, el enema me ayudó a estar mucho más concentrado y en paz.

5. Equilibrio de la microbiota y expulsión de parásitos

- Registro clave: **expulsión de una lombriz de 2 cm** (Enema 165).
- Esto confirma que la práctica ayudó a **eliminar parásitos intestinales**.
- La mejora progresiva de la tolerancia también apunta a un **ajuste positivo de la microbiota intestinal**, especialmente cuando se reducen azúcares y estimulantes.

6. Apoyo en procesos inflamatorios

- Durante la etapa con hemorroides, aunque hubo molestias iniciales, finalmente pude realizar enemas sin agravar la dolencia.
- Esto indica que, bien gestionados, pueden **reducir la inflamación local** y mejorar la circulación venosa de la zona rectal. Al menos, en mi experiencia personal.
- El dolor articular etiquetado como **artritis reumatoide** también mejoró cuando hice enemas durante quince días seguidos.
- El dolor sacro lumbar y el dolor pélvico crónico desaparecían los días de enema, con franjas sin dolor que alcanzaban las 10 horas.

7. Fortalecimiento del sistema inmunitario

- En varios episodios de resfriado o debilidad (síntomas gripales, crisis de cansancio, crisis curativa), el enema me ayudó a **aliviar síntomas y acelerar la recuperación**.
- Esto sugiere un **papel inmunomodulador**, probablemente debido a la reducción de aquella carga tóxica intestinal que puede afectar al sistema inmune.

Resumen

Según mi propio registro, los enemas me han aportado:

1. Mejor evacuación y motilidad intestinal.
2. Estimulación hepática y eliminación de toxinas.
3. Detección de alimentos problemáticos.
4. Regulación del sistema nervioso autónomo. Más paz mental.
5. Eliminación de parásitos y posible ajuste de microbiota.
6. Apoyo en procesos inflamatorios.
7. Refuerzo inmunitario indirecto.

EL CAFÉ EXPLOTA EL SISTEMA NERVIOSO

Tras varios meses sin consumir café a diario y con el organismo hiperlimpio, decidí exponerme a la cafeína de forma consciente, ¿cómo lo iba a hacer?, pues a lo bestia, quería saber qué ocurría al introducir esta sustancia en una naturaleza equilibrada y limpia de toda toxicidad. Hacia las doce del mediodía y después de haber hecho mi ritual —que consistía en meditación al despertar, lectura diaria, enema de café, desayuno de grasa y proteína más un licuado verde—, dejé pasar un rato para que se me regulara la insulina en sangre y me fui al local de al lado de casa; decidí que fuera con café de bar porque es más tóxico que el ecológico que puedas prepararte tú mismo.

Al llegar, pedí directamente dos cafés con leche cargados de café —sí, lo has leído bien, dos—, entonces me los bebí rápidamente y esperé a que comenzara la magia. Las primeras sensaciones fueron de bienestar, no duraron más de dos minutos, luego todo fue cambiando: empecé a notar calambres hacia la cabeza, un tic en el ojo, tensión en el suelo pélvico, en abdomen, espalda y cuello —curiosamente, en aquellos puntos donde tenía dolor crónico—, después entraron los pensamientos de miedo y pánico y recordé los ataques de pánico que había sufrido y que no sabía gestionar; esta vez, para experimentar y a propósito, me acababa de provocar uno de ellos, solo con el objetivo de observar qué sucedía y aprender desde la autobservación. ¿Sabes que el miedo a algo se vence afrontándolo?

Las sensaciones no dejaban de subir de intensidad, y pensamientos como «¿Para qué demonios haces estas cosas?» o «Sal corriendo de aquí y llama a alguien» cogían fuerza, pero ahí estaba yo, quieto, observando mi mente y mis reacciones ante ella, aprendiendo a través de la experimentación, ya que no hay otra forma de aprender. Viví más de cuatro horas de sensaciones a las que en el pasado había dado una connotación negativa, y ¿sabes desde dónde lo hacía?, desde el miedo absoluto. Sin embargo, esta vez algo había cambiado: mi percepción de la realidad fruto de la transformación personal. En mi subconsciente ya no estaba el residuo que dejan las viejas creencias limitantes y que me ataban a los ataques de pánico, ¿sabes qué había? Había un amor profundo por la vida, por la experimentación y por mí mismo. Desde este paradigma creas las circunstancias perfectas para beneficiarte de cada experiencia que llega a tu vida, sea de la índole y magnitud que sea. Si no te lo crees, compruébalo a través de tu propia experiencia y verás…

El experimento me permitió sacar varias conclusiones. Por un lado, entendí que el modo de alerta crónico durante tantos años me generaba tensión física y, por ende, dolor en varias zonas del cuerpo, tal como me había sucedido en la cafetería debido al pico de cafeína desmesurado, que se me habían disparado los niveles de adrenalina y cortisol simulando así el efecto que provoca el modo de alerta crónico. Y por otro lado me hizo ver, una vez más, que la sensación de pánico o ansiedad eran cosas del pasado; cuando te amas a ti mismo incondicionalmente y tienes fe en que todo irá bien, este tipo de sensaciones —para las que mucha gente toma ansiolíticos— son puras experiencias de autoconocimiento y desarrollo personal. Llámame «loco» por exponerme de esta forma y sin necesidad aparente, pero así es como aprendí todo lo que te cuento en el libro, porque fui autodidacta, y fruto de ello tienes a tu disposición una creación basada en mi propia experiencia. No hay trucos, ¡solo hechos reales!

DICEN QUE SOY ALTAMENTE SENSIBLE Y TENGO UNA INTELIGENCIA BRILLANTE

A medida que transcurría el tiempo, continuaba indagando en mi naturaleza y no encontraba las respuestas, por más que insistiera. Para apoyar la autobservación seguía visitando a equipos médicos muy recomendados, tenía el objetivo de llegar a mi sanación profunda, pero la impaciencia no me permitía entender que una mala salud no se genera en un año, sino que se forja viviendo de forma inconsciente durante mucho más tiempo; aun así, me empeñaba en acudir a buenos médicos para buscar una fórmula milagrosa que nunca encontré, para qué mentir; si escribo para ser sincero y ayudarte de verdad, debo ser honesto contigo.

En Madrid, un día en que tenía visita con uno de esos equipos médicos, la psicóloga revisó mi sintomatología y me dijo algo que no había contemplado hasta ese momento: «¿Alguna vez te has parado a pensar que quizá tengas altas capacidades y una alta sensibilidad?, las personas así sufrís mucho y además he observado, por mi dilatada experiencia, que muchos de vosotros acabáis con problemas autoinmunes; por ejemplo, Steve Jobs de Apple». Y justo me nombró a mi referente, así que reflexioné muchísimo sobre aquello. La psicóloga me recomendó a un chico que hablaba de estas cosas en las redes, Omar Rueda, y decidí seguirlo y comprarle una formación para averiguar si yo tenía o no altas capacidades y alta sensibilidad. Al hacer el curso me di cuenta de que tenía rasgos de ambas, así que me decidí a profundizar en el tema; me puse en contacto con Neural Kids, en Valencia (España), para que me hicieran un estudio neuropsicológico completo y saber a ciencia cierta si era AACC (altas capacidades intelectuales) y PAS (personalidad altamente sensible). Te copio a continuación el resultado del estudio.

Datos generales

Nombre: José Luis Sena Miquel

Edad: 45 años

Lugar: Valencia

Fecha pruebas: Mayo año 2025

Motivo de consulta: Sospecha de altas capacidades intelectuales (AACC) y personalidad altamente sensible (PAS).

Historia clínica y desarrollo

Infancia: Desarrollo temprano del lenguaje y la marcha; introvertido, poco sociable pero con liderazgo en el colegio. Posible TDAH (inquietud, baja atención, bajo rendimiento en lo que no le interesaba). Buen rendimiento en matemáticas, deporte y artes plásticas.

Trayectoria laboral:

• Trabajo con su padre, y en empresas externas con poca posibilidad de evolución.

• Creación de varias empresas, incluida una en moda (actualmente CEO y director creativo en @OblackCaps).

• Experiencia en música (DJ, productor, plataforma musical).

• Se destaca su **alta creatividad,** que es **autodidacta** y tiene **resiliencia**.

Relaciones personales: Dificultades con parejas (relaciones destructivas). Actualmente soltero y más consciente de sus patrones.

Vida social: Tiene un círculo reducido de amigos, valora las relaciones auténticas y evita ambientes cargados. Necesita tiempo de soledad.

Estilo de vida: Cuida la salud física y mental (alimentación, deporte, meditación, medicina integrativa y holística).

Área emocional y personalidad

Emociones: Intensidad emocional elevada, empatía desbordante, perfeccionismo y autoexigencia. Le cuesta aceptar las emociones.

Sensibilidad: Persona altamente sensible (se abruma con ruidos, aglomeraciones, tejidos, imágenes rápidas, etc.).

Conducta:

- Alta ambición y aspiraciones, tendencia al riesgo e impulsividad.
- En el pasado, consumo de sustancias y conductas impulsivas.
- Actualmente hábitos saludables.

Psicoterapia previa: Ha trabajado con diferentes enfoques (*coaching*, Gestalt, PNL, bioneuroemoción). Crisis de ansiedad y pánico en el pasado, con síntomas depresivos.

Autoconcepto: Adecuada autoestima, se percibe capaz y brillante. Pero presenta un bajo ajuste psicológico, con rumiación, estrés crónico y tendencia a crisis existenciales.

Resultados neuropsicológicos. (Perfil cognitivo)

Inteligencia global: Brillante.

Fortalezas:

- Comprensión verbal sólida.
- Excelente razonamiento perceptivo, lógico y abstracto.
- Alta creatividad gráfica.
- Alta resolución de problemas.

Rendimiento variable:

- Memoria de trabajo: adecuada (promedio).
- Velocidad de procesamiento: más lenta de lo esperado.
- Atención: correcta, aunque disminuye con el tiempo; baja impulsividad y buena flexibilidad.
- Tareas poco motivantes (memoria verbal, repetitivas): rendimiento bajo por falta de interés.
- Creatividad: más desarrollada en el área gráfica que narrativa.

Perfil emocional y conductual

- Alta sensibilidad (emocional, sensorial y social).
- Rumiación, exceso de preocupación, tensión somática (molestias digestivas, insomnio, dolor crónico físico).
- Necesidad de control, perfeccionismo y anticipación.
- Personalidad con tendencia a la inconformidad y a desafiar las normas sociales **(oveja negra)**.

Conclusiones

1. **Perfil de inteligencia brillante**, con destacadas habilidades lógicas, abstractas y creativas.
2. **Personalidad altamente sensible**, con fuerte impacto de los estímulos externos y las emociones.
3. Predisposición a **estrés crónico, rumiación y anhedonia**, con crisis existenciales.
4. Buen autoconcepto y autoestima, pero con necesidad de mejorar el ajuste psicológico y estrategias de regulación emocional.
5. No se observan rasgos compatibles con **TDAH** en la actualidad.

Recomendaciones

- Regular los contextos de exposición (evitar sobrecarga sensorial y emocional).
- Continuar con hábitos saludables (alimentación, ejercicio, meditación, medicina integrativa y holística).
- Profundizar en estrategias de **autorregulación emocional**.
- Terapia psicológica enfocada en manejo del estrés, reducción de la rumiación y aceptación emocional.
- Fomentar espacios creativos y motivantes, donde muestra su mayor potencial.

Al ver el resultado final de las pruebas entendí por fin mi frustración con el sistema educativo; mis altas capacidades estaban enfocadas sobre todo en la creatividad y en las tareas que me motivaban, de ahí que dejara a un lado y mostrara poco interés en aquellas áreas por las que no sentía motivación o entusiasmo. Por ello fui juzgado y vilipendiado como un mal estudiante y una persona problemática, algo que debería estar prohibido a día de hoy para evitar que se influya de forma negativa en la vida de una persona. Yo sabía con certeza que todo lo que decían de mí era falso, pero muchos otros chicos o chicas creyeron lo que les decían y sucumbieron a los juicios de los profesores, aceptando así que eran un fracaso como personas y que lo único que podían hacer con sus vidas era trabajar en algo que no les gustara para ganarse la vida como pudieran, un crimen que se normalizó en aquella época y del que fui testigo. Te vuelvo a dejar la gran frase de un genio que ¡lo ejemplifica muy bien!

> **Si juzgas a un pez por su capacidad para trepar árboles, vivirá toda su vida pensando que es un inútil.**
>
> Albert Einstein

LOS VERDADEROS LUJOS DE LA VIDA SON INTANGIBLES

En esta etapa de mi vida ya no buscaba lo mismo, por fin empecé a entender los mensajes de grandes sabios contemporáneos que decían algo así como «Los verdaderos lujos no son cosas» o «No es más feliz quien más tiene, sino quien menos necesita»; me había pasado casi toda la vida focalizado en lo de fuera y tenía olvidado por completo lo que de verdad me hacía sentir paz y plenitud, había leído infinidad de libros sobre la gestión del ego, sobre autoconocimiento y espiritualidad, pero no me había enterado plenamente de qué iba el asunto y en ese momento estaba viviendo un gran cambio de paradigma. Me di cuenta de que, conforme evolucionaba, mi percepción sobre la vida había cambiado y empecé a priorizar las cosas de forma diferente.

> **El verdadero lujo es necesitar poco.**
>
> Séneca

Algunas de mis motivaciones perdían importancia, como el dinero a cualquier precio, la fama, la estima social, la posición, el prestigio, el poder, la ambición, la competitividad y la necesidad de seguridad. Y poco a poco fueron reemplazadas por otras como el amor, la cooperación, la realización personal, la libertad, la expresión creativa, la expansión de la consciencia, la comprensión y la espiritualidad. En esta etapa de la vida me sentía en un proceso de transformación apoteósico; como la oruga que nace como gusano y acaba transformándose en mariposa, tuve que pasar por las tres fases trascendentales de la vida, evolución, lucha y transformación. Qué bonito es poder contarte esto con todo mi amor, imagínate que no me hubiera atrevido a transitar este camino o que hubiera dejado que alguien interfiriera en él. Como el gusano que se transforma en mariposa, todo son procesos naturales que hay que vivir con paciencia y amor incondicional; imagínate el gusano dentro de la bolsa o crisálida que él mismo fabricó para su propia transformación, y llega un humano y corta la bolsa, ¿sabes qué pasa en ese momento?, se frena el proceso de metamorfosis y el insecto en fase de pupa acaba muriendo. Y a los seres humanos nos sucede algo parecido: si en nuestro mejor momento vital, que es una crisis existencial como la que te estoy contando, frenamos el proceso con medicación o dejando que alguien externo influya sobre nosotros y nos diga cómo vivir el proceso, dicha transformación se bloquea y acabamos muriendo en vida. Yo conozco a gente a la que le ha sucedido; cada día cuando paseo por la calle, veo a muchas personas en la terraza de los bares cercanos a mi casa en modo perplejo, su mirada está ida, se las ve perdidas, sin rumbo, y si sigo observando un poco más, siempre veo que toman alcohol para no sentir el sufrimiento o que fuman en exceso o, en muchas ocasiones, las dos cosas a la vez. Y me pregunto «¿Qué le habrá pasado a esta persona para estar aquí todos los días bebiendo y fumando como si no hubiera fin? ¿Qué miedos acechan su mente?, ¿lo habrán abandonado y no sabrá cómo superarlo?, ¿tendrá una enfermedad complicada y no sabrá cómo curarla?, ¿o quizá haya fracasado y tenga miedo de volver a empezar debido a lo que podrían opinar los demás y no sabe cómo hacerlo? No tengo ni idea, lo que sé es que son personas que se rindieron ante la adversidad, y tú no estás aquí para eso, has venido a brillar, a transformarte en tu mejor versión, como el gusano que se transforma en mariposa y empieza a volar, ¡confía en el proceso, que todo irá bien!

A través de la autobservación me notaba que me hacía muy feliz tener tiempo para mí y los míos, estar en paz y relajado y comer cosas sanas y nutritivas. Las viejas creencias del pasado se estaban quedando atrás, la acumulación de objetos y los complementos del personaje pasaron a un segundo plano. Me vestía de forma mucho más sencilla, me daba igual lo que pensaran de mí y sobre todo entendí que lo más importante de la vida es estar bien con uno mismo. Por fin y por primera vez en la vida estaba dejando de ser el mismo de siempre, y lo mejor de todo, me empezaba a gustar la nueva realidad que vivía; tanto fue así que dejé de buscar la felicidad donde la busca la gran mayoría de los que pertenecen a la clase social en la que me movía y empecé a encontrarla en un lugar distinto, ¿quieres saber dónde? A continuación te ejemplifico lo que eran para mí los lujos:

- **Lujos para mi yo antiguo:** relojes suizos, coches deportivos, ropa de marca, joyas, yates, hoteles de cinco estrellas, privados en *beach clubs*, botellas de alcohol caras.*
- **Lujos para mí en la actualidad:** salud, paz mental, amor incondicional y tiempo.

Como ves, los verdaderos lujos de la vida son intangibles, pero nos pasamos años y años luchando por acumular cosas materiales, para impresionar a personas que no nos conocen y a las que no importamos. Sí, quizá tuve que llegar a una saturación de sufrimientos para ser consciente de esta verdad existencial y dar un giro de trescientos sesenta grados a mi vida; de no haber sido así, me habría calcinado en busca de una felicidad falsa e inventada por el ego humano. A continuación te dejo un texto de Mateo en el que se explica de forma muy sabia de qué trata el verdadero éxito en la vida; podrás estar de acuerdo o no, pero si ahora lo ves y te parece un sinsentido, te animo a que lo releas después de una crisis existencial.

Si el José Luis de veinte años hubiera leído un texto tan profundo, se habría muerto a carcajadas, así somos cuando vivimos esclavizados por la ignorancia…

> **En el fondo, el verdadero significado del éxito es triunfar en la empresa de vivir.**
> **Un largo periodo de paz, alegría y felicidad en este plano puede llamarse éxito. La perpetua experimentación de estas cualidades es la vida eterna de la que hablaba Jesús en la Biblia. Las verdaderas cosas de la vida, tales como la paz, la armonía, la integridad y la felicidad, son intangibles, proceden del yo profundo del hombre. Meditar sobre estas cualidades desarrolla estos tesoros del cielo en nuestro subconsciente. Verdadero lugar donde ni la polilla ni el orín los corroen y donde los ladrones no minan ni roban.**
>
> MATEO 6, 20

Ahora prosigamos con un acontecimiento que te impactará por su veracidad y connotación espiritual. Cuando yo lo viví en primera persona, me pasé más de un mes reflexionando sobre ello, y te lo quiero contar para compartir contigo mi certeza de que hay vida más allá de la muerte, que existen otros planos a pesar de que nadie te hable de ellos; y es que en el mundo espiritual todo es posible, aunque la ciencia no sepa explicarlo aún, y recuerda una cosa más: «Tu poder no está en tu cuerpo, sino en tu voluntad indomable para crecer espiritualmente», ¡ahora sí! ¿Estás preparado para seguir evolucionando?

Un día iba con mi hermana en el coche, recuerdo que íbamos de camino a un IKEA y con mucha prisa cuando de repente me dice: «José, he leído una cosa que me ha impactado y quiero contártela, ¿sabes que cuando murió el yayo te eligió a ti para seguir con su legado? No recuerdo bien cómo era, pero cuando un familiar tuyo muere el día de tu cumpleaños, tiene un significado muy profundo», y ahí se quedó la cosa. Como soy una persona muy curiosa y me gusta aprender continuamente, cuando tuve un momento, busqué información y encontré lo siguiente: «¿Qué significa que un familiar muera el día de mi cumpleaños?», la respuesta era esta:

«En el plano espiritual, si la muerte ocurre el mismo día del cumpleaños, o cinco días antes o después, podría significar que el fallecido está diciendo que el familiar ha sido elegido para continuar con su legado personal».

Le envié la información a mi hermana y me contestó así: «Sí, lo que te he dicho, te eligió a ti. Es fuerte, ¿eh? El yayo era un hombre respetado, de negocios, bien posicionado... ¿Te suena?». Ahora conocía una información que tenía mucho sentido, inmediatamente se la mandé a mi madre y me dijo que ella nunca había querido hablar del asunto pero que quedáramos en persona y me lo contaría, porque así era, mi hipótesis era real. Guau, estaba flipando con lo que acababa de descubrir. Finalmente quedé con mi madre y le pregunté de nuevo por el día de la muerte de mi abuelo. Ella me contó con todo detalle lo que sucedió; estas fueron sus palabras:

Hijo, nunca te lo había querido contar, la verdad es que nunca creí que pudiera ser verdad; gracias a que tú me lo hayas preguntado y a mi madurez como mujer, creo que es el momento de que sepas la verdad sobre lo que sucedió el día en que falleció tu abuelo. Como sabes, tu abuelo y tú erais muy parecidos, él también se llevaba unos doce o trece años con su hermano pequeño, como tú con los tuyos; siempre fue un líder y se preocupó de su familia como tú, y tiene mucho sentido que te eligiera a ti para seguir con su legado. El doctor que me informó de la muerte me pidió que lo acompañara a una sala, allí estábamos él y yo a solas, entonces me dijo que cerrara la puerta y cuando estábamos tranquilos procedió diciendo: «Sé que hoy es el cumpleaños de su hijo pequeño de cinco años y usted quiere estar con su pequeño y por supuesto le gustaría que su padre y abuelo del niño estuviera allí, pero le pido que mantenga la calma, lo que ha ocurrido es una bendición, y no quiero que me malinterprete, su padre ha elegido a su hijo para ser el líder familiar, para seguir con su legado y cuidar de todos como él lo hacía; esto sucede muy pocas veces en la vida, pero su pequeño es el afortunado de este acontecimiento, usted podrá ver, que a lo largo de la vida, su hijo sufriría muchas adversidades y serios problemas de salud, le digo que no se preocupe de nada, su padre y abuelo del niño le guiará como un ángel de la guarda para que no le ocurra nada grave y pueda seguir adelante, y sé que usted es escéptica, pero el día que lo vea con sus propios ojos, acabará creyéndome, ¡que Dios la bendiga!».

Aquel día, mi madre salió del hospital triste y escéptica, pero no sabía que las palabras del doctor la habían impactado de forma positiva para siempre. Aquello sucedió en 1984 y, como puedes imaginar, si mi madre hubiera contado lo que el doctor le había dicho, incluso lo habrían podido detener acusándolo de violar los derechos humanos a la intimidad, o a saber de qué. Esta historia puede impactarte de forma negativa o causarte rechazo, si no crees en la espiritualidad, pero es real, me ha sucedido a mí, al autor de este libro. Además, te digo que mi madre no está loca y es una persona muy racional, de las que creen solo en lo que ven, ¿te suena? Por eso ha esperado cuarenta años para contarme la historia, mientras veía con sus propios ojos que lo que dijo ese doctor era real.

Estamos llegando al final del libro y supongo que mi historia te estará gustando, si no, no estarías leyendo esta página. En el final verás que los finales no siempre son felices o perfectos como en las películas de Hollywood; a veces no se cumplen nuestras expectati-

291

vas de perfección y también hay que amar este hecho incondicionalmente, pues, como habrás aprendido a lo largo del libro, todo son procesos que forman parte de nuestra transformación. Sin las adversidades, yo no habría podido escribir el libro para brindártelo a ti, así que confía en Dios, la vida o el universo, pero confía en algo superior, esa energía sabe qué es lo mejor para ti y te lo pone en el camino para que evoluciones constantemente.

LA METÁFORA DEL HUEVO

¿Alguna vez has pelado un huevo duro? Seguro que sí, todos lo hemos hecho; yo suelo hacerlo cada día porque una de las bases de mi alimentación son los huevos, y curiosamente este alimento tiene una particularidad especial cuando se come hervido, ¿sabes cuál? El huevo hervido —o duro, como se lo suele llamar—, es un alimento que se pela: aquí quiero mostrarte lo que aprendí mientras pelaba huevos cada día. Observé que algunos se pelaban muy fácilmente mientras que otros costaban mucho; o bien se rompían o se les pegaba demasiado la piel. Así que un día, después de muchas rabietas provocadas por mi impaciencia, al no poder pelar los huevos a la velocidad que yo quería, me planteé: «¿Y si cambio el sistema de pelado?, ¿y si en vez de empezar por una parte del huevo empiezo por otra?, ¿y si lo hiervo menos minutos?, ¿y si respiro hondo cada vez que no se pueda pelar rápido y pienso en encontrar la solución en vez de ponerme nervioso y tirar el huevo a la basura?». ¿Quién no ha vivido estas experiencias alguna vez? Vivir de forma consciente también implica esto, observar qué emociones y sentimientos tienes cuando un huevo no cumple tus expectativas.

Tu única limitación es aquella que tú mismo implantas en tu mente.

NAPOLEON HILL

Metafóricamente, cuando suceden este tipo de cosas como con el huevo, podemos hacer una comparación con los retos de la vida. Si te fijas, muchas veces intentamos algo como progresar en un deporte, superar un problema de salud, mejorar la nutrición, estudiar una carrera, montar una empresa, comprar o alquilar una casa, buscar un hijo/a, conseguir el trabajo de nuestros sueños, ascender en la empresa, ganar más dinero, etcétera; y si no sale a la primera, nos frustramos por no haberlo conseguido, y abandonamos. Y aquí es donde hay que intentar pelar el huevo de la forma que sea, amar ese proceso de dificultad y sacar lo mejor de nosotros; no vale rendirse con facilidad, recuerda que la disciplina se aplica en estos casos y es la que marca la diferencia entre las personas que progresan constantemente y las que se quedan estancadas, ¿cuál de las dos quieres ser?, porque no puedes estar en ambas, debes elegir para poder crecer como ser humano, tenemos un potencial tremendo en nuestro interior, pero solo hemos de utilizarlo para nuestro bien. ¿Te animas? Yo confío en ti, ¡comencemos!

NO TODOS LOS FINALES SON FÁCILES Y BONITOS

Como te he ido contando, la vida en su inmensa generosidad no paraba de mandarme retos que superar. En esta etapa tan bonita de mi vida, me divertía gestionando la situación de Oblack Caps, porque el 2025 marcaba un momento histórico de la marca en el que habíamos cedido los derechos de explotación a un grupo inversor y habíamos creado una nueva empresa con ellos para su gestión. En ese acuerdo empresarial teníamos un pequeño porcentaje del 20 % y no nos podíamos diluir bajo ningún concepto; sin embargo, lo mejor del acuerdo era que la marca Oblack seguía a nombre de mi socio Nacho Arauz y al mío. Esto nos había costado unos cinco meses de negociación, porque se negaban, pero al final lo conseguimos; una vez más, me demostré a mí mismo que todo es posible si crees en ti. Fueron muchas las negociaciones y, como sabes, nuestra situación no era la mejor después de la dana, pero yo tenía claro nuestro valor y el de la marca y no tenía la menor intención de soltarla a cualquier precio, así que nos mantuvimos firmes hasta que accedieron.

En la nueva empresa junto a los nuevos accionistas, había grandes cambios en la operativa y su mensaje fue claro: «No queremos a nadie del viejo equipo, ya que nosotros tenemos gente y recursos de sobra para llevar Oblack Caps al siguiente nivel», así que mis socios y yo salimos de la operativa, además cedí el puesto de CEO a otra persona. Como ya sabes, mi única intención era recuperarme por completo de mis problemas de salud y acabar con el dolor crónico, por lo que tenía que estar centrado en mí 24/7; fue una decisión difícil, pero tú sabes que la vida son decisiones y hay que tener la determinación suficiente para tomarlas en los momentos adecuados. Con todos los documentos firmados y un acuerdo en el que ambas partes nos sentíamos cómodos, la marca despegó de nuevo. ¿Quieres saber qué sucedió más tarde?

A medida que pasaban los días, mi Instagram se colapsaba con mensajes de clientes, fanáticos de Oblack y su filosofía, recibía cosas como: «Esto apesta a ovejas blancas», «Los productos y la presentación ya no son iguales desde que tú no estás», «Recibí dos gorras metidas en una caja» o «La imagen del Instagram es lamentable», entre muchísimos más. Por este motivo se inició un proceso de comunicación con la nueva dirección de la marca, para que fueran modificando y mejorando todos los procesos de servicio e imagen que estaban cambiando; una vez tras otra incumplían cláusulas contractuales firmadas ante notario —algo que yo no haría ni loco— y llegó un punto en que la cosa se puso tan tensa tras muchos e-mails que tuvimos que mandar un requerimiento por burofax y un e-mail certificado —a ver si así nos hacían caso—, pero respondieron que lo estaban haciendo todo bien. Día tras día se repetía lo mismo de siempre, subían publicaciones que no reflejaban la imagen ni el status de la marca, además de muchas otras cosas que no te contaré para no aburrirte, y por supuesto los clientes seguían escribiéndome compulsivamente por Instagram, quejándose de lo que veían y de cómo les llegaban las gorras que compraban. Hasta que un día perdí la paciencia al ver que no hacían caso de nada y la imagen de la marca se estaba infravalorando muchísimo, y decidí coger un post que había hecho la nueva directiva de la empresa, compartirlo en mis historias de Instagram y hacer un comentario al respecto. Ahí un montón de gente se puso a escribirme por privado y a criticar muy duramente la nueva gestión de Oblack Caps: en ese momento ya no era solo una cuestión nuestra, ya no era una opinión subjetiva de los fundadores de la marca, sino que había cientos de clientes y seguidores de Oblack dando su opinión, hecho que aproveché para compartir públicamente con la única intención de que la otra parte se diera por aludida e hiciera los cambios necesarios en la gestión operativa del *branding*. Sin embargo, lo único que recibí desde la dirección de la marca fue un e-mail amenazándonos y avisando de que decidían suspender los pagos que recibíamos en concepto de asesoramiento empresarial y *branding*, los cuales estaban firmados por contrato ante notario. Una vez más, se saltaban otra cláusula contractual alegando cosas inventadas por su propia mente.

Fue entonces cuando me di cuenta de que la situación me estaba desbordando, empecé a sentir rabia, ira, frustración y un sinfín de emociones negativas, y estuve así durante dos largas semanas en las que me debatí entre armar una guerra y luchar, o actuar desde el poder y pensar; al final me decidí por lo último. Bien, contacté con mis abogados y preparamos la reclamación, mi única intención era ir por las buenas y de forma totalmente amistosa, siempre velando por los intereses de la marca Oblack, así que le transmití cuáles eran mis intenciones para que él redactara el documento que más tarde se enviaría al actual CEO de la marca. En ese documento se les sugerían varias opciones:

A. Entrar yo en la empresa como director creativo y tener la última palabra en todo lo referente a la imagen corporativa y del producto, a las redes y a la web.

B. Prestarles servicio de dirección creativa igual que en la opción A, pero sin estar dentro de la empresa, sino que seríamos una empresa colaboradora con la suya.

C. Si no aceptaban ninguna de las otras dos, rescindiríamos el contrato de licencia de marca, ya que teníamos motivos justificables de sus incumplimientos contractuales. ¿Y sabes cuál fue su respuesta?

Su respuesta fue negativa, mostraban una vez más la falta de empatía y cooperación, además de que amenazaban de forma desmesurada avisando de que, si no cumplíamos con sus deseos, interpondrían una demanda contra mi persona por injurias y calumnias, y otra contra mis otros dos socios fundadores Nacho Arauz y Rubén Conchillo por estafa. Al verlo entendí una cosa: la mejor opción para acabar con el asunto era que nuestros abogados y los suyos mantuvieran una conversación en busca de un punto de encuentro, de lo contrario la situación acabaría con la rescisión del contrato y seguramente en un juicio. Y ahí estamos todavía, así que si quieres saber cómo termina esta historia, te animo a seguirme en las redes sociales, donde suelo informar de mis proyectos empresariales y de mi rutina. Aunque si me has conocido un poco y sabes con qué actitud afronto las adversidades, podrás imaginar cómo será el desenlace final, ¿confías en mí o no?

Durante esta última fase de Oblack, mis dolores seguían acompañándome cada día; a pesar de que me había mejorado la sintomatología, no lograba encontrar la respuesta para sanar por completo, y, aunque no lo creas, la tensión que se generó con la marca me empeoró un poco más si cabe los problemas de salud, por lo que, en vez de avanzar, di algunos pasos atrás. La carga emocional y mi gran responsabilidad me agravaron los dolores en el hombro derecho, provocándome un principio de capsulitis adhesiva, un problema que causa mucho dolor articular y si no se detecta a tiempo puede desembocar en la congelación de un hombro que perdería por completo la movilidad. Así pues, me puse manos a la obra y empecé un tratamiento para combatirlo, ya que dos años antes me había sucedido en el hombro izquierdo, que se me había inmovilizado; aquella vez tuve que recurrir a la hidrodilatación con anestesia local, un proceso muy doloroso, ya que te movilizan el hombro hasta que recuperas toda la movilidad, pero ¡continuemos!

Una vez que ya estuvo todo en manos de los abogados, me centré de nuevo en mi salud, y tanto fue así que me lo tomé como mi nuevo proyecto de vida: las lecturas diarias iban de nuevo dirigidas a la medicina integrativa, al funcionamiento de la mente, la fisiología, la somatización y un largo etcétera de libros, todos ellos orientados a la comprensión del dolor crónico. En este proceso vital descubrí algo más: el dolor que me acompañaba desde hacía cuatro años no era otra cosa que un maestro, un mensaje de Dios para decirme que uno de mis propósitos sería ayudar a otros a sanar sus dolores crónicos para vivir con paz y plenitud. Así que cuando fui consciente de este mensaje tan trascendental, me propuse un reto: iba a dedicar todo mi tiempo a formarme en todo aquello relacionado con el dolor físico, para más tarde aplicarlo en mi propia persona y acabar sanando por completo. Esta sería la única forma mediante la cual me podría convertir en una persona con autoridad en este campo; así que empecé con ello y ahora mismo, cuando escribo estas líneas que estás leyendo, todo mi esfuerzo está destinado a este fin. Y si todo va según lo esperado, más pronto que tarde crearé un método revolucionario, basado en las enseñanzas que te conté en este libro. Será un sistema para aprender a vivir con plenitud, enfocado por completo para aquellos seres humanos que sufren cualquiera de los tres principales problemas que preocupan a la gran mayoría de las personas en este mundo: salud, dinero y amor. Pero este método tendrá una cosa diferente a los que hay en el mercado, tendrá un valor añadido, que será un manual para acabar con el dolor crónico, un problema que afecta a unos mil quinientos millones de personas en todo el mundo, según los datos encontrados en la red.

Si crees que el método de Oveja Negra Millonaria es una buena idea, sígueme en redes y escríbeme un mensaje: @SenaOblack o

@OvejaNegraMillonaria. ¡Contesto a todo el mundo! Me encanta leeros a todos y todas, para mí lo más importante es mi comunidad, juntos somos imparables, así que no tengas miedo y da el paso, recuerda que detrás de los miedos están todas las bendiciones, ¡no te detengas!

Y ahora sí que hemos llegado al final de este libro; podría estar escribiendo mucho tiempo porque siento que te hablo a ti, y espero que así lo sientas tú, pero ha llegado la hora de despedirme y lo haré de forma apoteósica, como lo hago todo. Para ello te dejo una cita del gran actor internacionalmente conocido Joaquin Phoenix que resume la esencia de este libro en boca de un gran artista; espero que te guste tanto como a mí y que te sientas identificado con ella, las verdaderas ovejas negras millonarias tenemos una mentalidad firme y no la cambiamos por nada ni por nadie, y eso es lo que nos hace únicos, singulares e irrepetibles, ¿alguna razón más para creer en ti y ser fiel a tus valores e ideas?

Me dijeron muchas veces que cambiara,
que suavizara mi forma de hablar,
que escondiera mis rarezas. Intenté hacerlo,
pero me sentía vacío, como si estuviera
traicionando a la única persona con la que debo
vivir toda mi vida: YO mismo. El problema no
es ser diferente, el problema es vivir temiendo
que lo noten. Así que aprendí que, si vas a ser
algo en este mundo, sé completamente tú,
sin disculpas. La autenticidad no es fácil,
pero es lo único que vale la pena al final del día.

JOAQUIN PHOENIX

AGRADECIMIENTOS A QUIENES ME IMPACTARON DE ALGUNA MANERA

A Juan Roig, por darme un consejo que cambió el rumbo de Oblack para siempre.

A Ilia Topuria, por ayudarme a recuperar la fe en Dios.

A Rauw Alejandro, por ayudarnos a llevar Oblack por medio mundo.

A Borja Vilaseca, por inspirarme en mi proceso de autoconocimiento con el eneagrama.

A Enric Corbera, por dedicarme una sesión personal e influir en mi cambio de mentalidad.

A Nemanja Gudelj, por enseñarme que la humildad no está reñida con el éxito.

A Nacho Arauz, por ser un gran amigo y estar siempre a mi lado.

A Rubén Conchillo, por escucharme desde el corazón, incluso cuando ni yo mismo lo hacía.

Al doctor Antonio Hernández, por ayudarme médica y emocionalmente.

A Fran Villalba Segarra, por mediar para que esta idea se convirtiera en una realidad.

A Toni Canyelles, por ser un gran hombre y dar lo mejor de sí por Oblack.

A Pablo Carcelén, por confiar en mí y darme la oportunidad de exponer mi historia en LEVEL UP ante cientos de personas.

A Paco Lorente, por brindarme la oportunidad de inspirar a sus alumnos del máster de Marketing en ESIC.

A Pedro Dols, por mediar para que la unión Oblack - Topuria se convirtiera en una realidad.

A Gonzalo Eltesch, por confiar en mí durante todo el proceso de creación y edición de este libro y por ser un gran compañero de viaje.

A Juan Faro, por demostrar su gran humanidad ofreciéndome su ayuda en la dana.

A Javier Jiménez, por echarme de Lanzadera y motivarme para hacer de Oblack la mejor marca de gorras de Europa.

A Mairobis Cabello, por enseñarme a cultivar la paciencia y aceptarme tal y como soy.

A Alberto Bosquet, por inspirarme a escribir este libro.

A David Martínez de las Heras, por enseñarme el significado de la frase «Es de bien nacido ser agradecido».

A Raul Gómez, por ayudarme a construir mi marca personal desde el minuto cero.

Al doctor Goosen, por abrirme nuevos caminos de sanación física y mental.

A Marta Chuliá, por llegar a mi vida en un momento clave y enseñarme MBSR.

A Susana Cubría, por ayudarme a gestionar mis demonios internos y guiar mi proceso de transformación.

A Antonio y Bárbara, por ser buenos amigos y escucharme sin juicio.

A Paula Sena, por ser la mejor hermana del mundo y estar ahí en mis peores momentos.

A Jaime Sena, por hablarme igual de claro que le hablo yo a la gente, aunque a veces me dé rabia.

A Carlos Sena, por haber dado la cara por mí y haber firmado cosas decisivas para mi crecimiento.

A papá, por enseñarme que hay que ser el mejor en algo si quieres ser un líder.

A mamá, por ser la persona más importante de mi vida y darle sentido a todo.

Y un agradecimiento especial a todas aquellas personas que no creyeron en mí; gracias a todas ellas superé mis miedos y me demostré a mí mismo que sus palabras no hablaban de mí, sino de sus propias limitaciones como seres humanos.